『중용』 완전정복

오역 없이 제대로 읽기,
그 새로운 지평을 열다

『중용』 완전정복

오역 없이 제대로 읽기,
그 새로운 지평을 열다

서명석

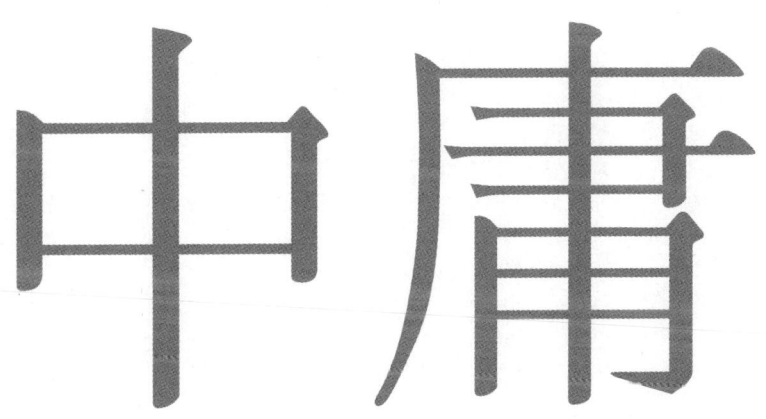

책인숲

『중용』 완전정복

오역 없이 제대로 읽기,
그 새로운 지평을 열다

초판인쇄   2021년 10월 12일
지은이   서명석
디자인   김현지
펴낸곳   책인숲
주소   경기도 용인시 기흥구 기흥역로 9 롯데캐슬레이시티 A동 2801호
대표전화   031-276-6062
팩스   031-696-6601
전자우편   booksinforest@gmail.com
ⓒ 책인숲, 2021, Printed in Korea
ISBN   979-11-89441-02-9 93140

저작권법에 의해 한국 내에서 보호를 받는 저작물이므로 무단전재와 무단복제를 금합니다.
책값은 뒤표지에 있습니다. 잘못 만들어진 책은 구입처에서 바꿔드립니다.

그러므로 지극한-참마음[至誠·天道]은
멈추지 않는다!
故 至誠不息!
— 『중용(中庸)』 26-1

Hence to entire sincerity there belongs ceaselessness!
— James Legge(1815~1897)(trans.)

차례

머리말 9

제1장	제2장	제3장	제4장	제5장	제6장
13	30	42	45	51	53
제7장	제8장	제9장	제10장	제11장	제12장
57	61	64	67	76	82
제13장	제14장	제15장	제16장	제17장	제18장
93	106	118	124	134	145
제19장	제20장	제21장	제22장	제23장	제24장
160	177	259	270	276	281
제25장	제26장	제27장	제28장	제29장	제30장
287	297	323	340	351	369
제31장	제32장	제33장			
378	390	397			

맺음말 416

부록

○ 원문집성 / 417
○ 용어풀이 / 431
○ 인명정리 / 433
○ 참고한 도서 / 434

일러두기

◦ 이 책은 『중용(中庸)』 원문만을 다룬 것이다.
◦ 원문의 구조분석을 통해 한문 해석의 신기원을 열었다.
◦ 국내 『중용』 번역 유통본의 오역을 온전히 바로 잡은 국내 유일 정역본이다.
◦ 『 』은 책이름을 말하고, 「 」은 책 안에 있는 편명을 말한다. 〈 〉는 특별한 강조를 위해 하나로 묶는 것으로 쓰거나 경우에 따라서 작품명을 나타낸다.
◦ 또한 원문에서 가져온 인용 구절을 하나로 묶을 때 사용했다. 예를 들어, 『시경』에서 가져와 인용한 원문에 쓴 경우다.
◦ 원문의 구조분석에 나온 음과 훈은 원래 맥락에 맞는 최적의 것을 아래 공구서[books of tool]에서 찾아 달은 것이다. 내가 자의적으로 음과 훈을 달지 않았다. 이를 위해 아래 버전을 주로 참고했다.

『교학 대한한사전』 (교학사, 1998)
『동아 한한대사전』 (동아출판사, 1990)
『연세 중중한사전』 상·하(연세대학교 대학출판문화원, 2015)
『진명 중한대사전』 (진명출판사, 1993)
『한한대사전』 1~15(단국대학교 동양학연구소, 2009)

◦ 한문의 문법구조를 파악하는 데 아래 책의 도움을 받았다.

『한문해석사전』 (글항아리, 2013)

◦ 축자식[逐字式·글자를 따라 가면서 번역하는 방식]으로 원문의 해석 순서를 따라 원문 위에 번호[numbering]를 달았다.
◦ 이 책을 만드는 데 참고한 판본은 아래와 같다.
　·영인본 『중용장구대전(中庸章句大全)』 (학선재, 2016)
　·언해본 『역주 중용언해』 (세종대왕기념사업회, 2012)
◦ 원문의 정확한 의미를 파악하기 위해 아래 영문판도 참고했다.
　Doctrine of the Mean (Dragon Reader, 2016)
◦ 원문에 장절을 표시했다. 예를 들어, 1-1은 1장 1절이라는 뜻이다.
◦ ≒은 서로 호환한다는 뜻이다. ↔는 서로 반대라는 뜻이다.
◦ ☞는 해당 사항을 찾아가거나 주의 깊게 보라는 뜻이다.
◦ [ ]는 [ ] 밖의 내용에 대한 풀이를 뜻한다. 그 예로 덕[德·작용]과 같은 것이다.
◦ −은 끊어주면서 동시에 강조하는 한 묶음을 나타냈다.
◦ 방금 배운 내용을 지속적으로 파지하기 위해 고비마다 〈깜짝 퀴즈〉를 배치해 두었다.
◦ 음과 훈을 반복적으로 제시하여 복습효과를 높였다.
◦ 본문에서 ·은 대등과 병렬을 뜻한다.
◦ /은 그리고 또는[and/or]이라는 뜻이다.
◦ 기타 내용은 기존 관례를 따랐다.

머리말

『중용(中庸)』은 어떤 책인가?
유학의 핵심을 총 3568자로 담아낸 것이다. 이때 2-2에 빠진 반(反)자를 포함하면 총 3569자이다. 분량으로 『논어』의 $\frac{1}{3}$ 정도이다.

원래 『중용』은 어디에 들어있는가?
『예기(禮記)』 제31편에 실려 있다.

『중용』을 누가 지었는가?
공자의 손자인 자사(子思)가 지은 책이다. 할아버지인 공자(Confucius)의 생각을 기본으로 삼고 여기에다 자신의 생각을 더해 놓았다. 『중용』 텍스트 중에서 자왈(子曰)로 시작하는 것은 공자가 말한 것이다. 그 외의 것은 자사의 것으로 보면 틀림없다.

몇 년이나 된 책인가?
정확한 기록이 남아 있지 않으나 자사의 생존 시기는 B.C. 483~B.C. 402로 연식 추정이 가능하다. 올해를 기준으로 삼아 〈2021년 + 402년〉으로 하면 대략 2423년이다. 이것은 어디까지나 추정치다.

유학사(history of Confucianism)에서 자사는 어떤 위치에 있는가?
할아버지인 공자의 사상을 맹자가 계승하도록 도운 결정적인 인물이다. 실제로 맹자가 자사 밑에서 수학한 문인에게서 유학(儒學)을 배웠기 때문이다. 결국 공자에서 시작한 유학이 맹자에게서 꽃이 피도록 다리를 놓은 인물이 자사인 셈이다.

『중용』은 어떤 성격의 책인가?
성리학의 바이블이다. 그리고 『논어』『맹자』『대학』『중용』의 사서 중 하나이며 사서의 공부 순서에서 마지막에 위치한다. 〈『대학』→『논어』→『맹자』→『중용』〉 유학철학의 핵심을 담아낸 것으로 이 책을 평가할 수 있다.

『중용』에서 말하는 중용(中庸) 개념은 무엇인가?

먼저, 중(中)이란 변화하는 시간과 공간 그리고 그 속의 상황과 맥락에 따라 인간이 맞추어가는 최적의 알맞음이다. 또한 용(庸)이란 인간이 그런 상태를 유지하면서 지속하는 것이다. 따라서 중용이란 최적의 알맞음을 찾아 그것을 흔들림 없이 지속적으로 유지하는 것이다.

저자와 독자의 가상 인터뷰

독자: 이 책은 어떤 책인가요?
저자: 『중용(中庸)』 완전 정복! 그 이상 그 이하도 아닙니다.
독자: 이 책의 특징은 무엇인가요?
저자: 예, 간단히 말씀드리면 이렇습니다. 첫째, 『중용』 텍스트 전해(詮解), 즉 설명-풀이입니다. 둘째, 기존 시중 유통본이 저지른 오역의 완전 추방입니다. 셋째, 한문의 초심자도 학습할 수 있도록 내용을 친절하게 제공한 점입니다.
독자: 잘 알겠습니다. 그럼 독자에게 더 하실 말씀이 있으십니까?
저자: 예, 많지만 간략히 두 가지만 말씀드리겠습니다. 첫째, 한문은 완전한 문법구조를 갖고 있습니다. 그러니 이 점을 반드시 숙지해야 합니다. 둘째, 개별 한자에 대하여 그간 알고 있었던 음과 훈을 완전히 잊으십시오. 한문은 텍스트의 맥락에 따라 같은 한자라 하더라도 다양한 음과 훈이 있습니다. 이점을 꼭 유념해 주시기 바랍니다.

독자: 기타 더 해주고 싶은 말씀이 있습니까?
저자: 예, 많지만 다 줄이고 몇 가지 여기다가 강조하고자 합니다.

첫째, 동양고전의 번역본을 읽을 때 무슨 뜻인지 모를 경우 우선 번역자의 오역을 의심하십시오.
둘째, 이 책은 동양 고전에 배가 고픈 세대를 위한 것입니다.
셋째, 한문을 처음 배우는 세대에게도 쉽게 학습하도록 최대한 배려했습니다.
넷째, 특히 한자를 전혀 모르는 한글세대를 위해 한자의 음과 훈을 반복으로 제시했습니다.

그리고 한 가지 더 있다. 책을 만드는 과정에서 각종 그림을 정성으로 그려준 석사과정 정선주 원생의 노고를 잊을 수 없다. 그 고마움을 여기에 깊이 새겨 둔다.

2021년 2월 12일
음력 설날 아침에
자사(子思)를 그리며

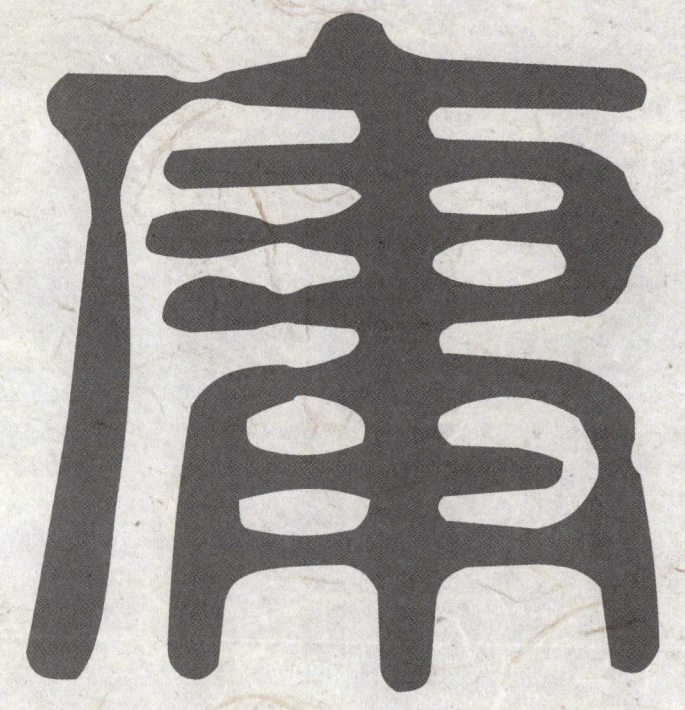

『중용(中庸)』 저자 프로필
자사(子思 · B.C. 483~B.C. 402)
전국시대 노나라 추읍 사람. 공자의 손자로 성은 공(孔)이고 이름[名]은 급(伋)이며 자사(子思)는 그의 자(字)임.
공자의 제자이자『대학(大學)』의 저자인 증자(曾子)에게 유학을 배우고 그의 사상이 맹자(孟子)에게 전해짐.

제1장

1-1
_{천명지위성 솔성지위도 수도지위교}
天命之謂性 率性之謂道 修道之謂敎
하늘의 명령은 본성이고, 본성을 따르는 것은 길이고, 길을 닦는 것은 가르침이다.

1-2
_{도야자 불가수유리야 가리 비도야 시고}
道也者 不可須臾離也 可離 非道也 是故
_{군자계신호기소부도 공구호기소불문}
君子戒愼乎其所不睹 恐懼乎其所不聞
길[道]이란 잠깐 동안이라도 떨어질 수 없다. 떨어질 수 있다면 길[道]이 아니다. 이 때문에 군자는 그 볼 수 없는 것을 경계하고 삼가며, 그 들을 수 없는 것을 무서워하고 두려워한다.

1-3
_{막현호은 막현호미 고 군자신기독야}
莫見乎隱 莫顯乎微 故 君子愼其獨也
숨기 때문에 나타나지 않고 작기 때문에 드러나지 않는다. 그러므로 군자는 그 홀로 있음에도 삼간다.

1-4
_{희노애락지미발 위지중 발이개중절 위지화}
喜怒哀樂之未發 謂之中 發而皆中節 謂之和
_{중야자 천하지대본야 화야자 천하지달도야}
中也者 天下之大本也 和也者 天下之達道也
기쁨·화남·슬픔·즐거움이 드러나지 않는 것, 그것을 본성-유지-상태[中]라 하고, 드러나지만 모두 법도에 맞는 것, 그것을 본성-조절-상태[和]라 한다. 본성-유지-상태[中]란 온 세상의 위대한 근본이고, 본성-조절-상태[和]란 온 세상의 두루 통하는 법도이다.

1-5
_{치중화 천지위언 만물육언}
致中和 天地位焉 萬物育焉
본성-유지-상태[中]와 본성-조절-상태[和]를 이루면 하늘과 땅이 제자리에 있고, 이 세상의 모든 것이 자란다.

원문 전석

☞ 이때 전석(詮釋)이란 설명하면서[詮]-푸는-것[釋]을 말한다. 이하 모두 같다.

1-1 | **天命之謂性 率性之謂道 修道之謂敎**
하늘의 명령은 본성이고, 본성을 따르는 것은 길이고, 길을 닦는 것은 가르침이다.

분석

1	2	3	5	4
天	命	之	謂	性
하늘 천	명령 명	~은 지	~이다 위	본성 성

하늘의 명령은 본성이고,

☞ 위의 1, 2, 3, 4, 5와 같은 넘버링은 해석순서를 뜻한다.
한자 아래에 음과 훈을 표기하였다. 예를 들어, 천(天)의 경우 하늘 천인데, 하늘은 훈[訓ㆍ풀이]이고 천은 음[音ㆍ소리]이다. 이하 모두 이와 같다.

풀이

천(天): 하늘
명(命): 명령
천명(天命): 하늘[天]의 명령[命]

☞ 천명이라고 할 때 명(命)에는 뜻이라는 의미도 있다. 따라서 천명은 〈하늘의 뜻〉이 된다. 즉 천명은 하늘의 명령이지만 그 명령은 나의 뜻이 아니라 하늘의 뜻이다. 그래서 내 의지와는 무관하다. 그런데 잘 보라! 우리가 살아가면서 하늘이 나에게 명령을 내리는 것을 본 적이 있는가. 아마 그런 경우는 없을 것이다. 따라서 천명을 글자 그대로 하늘의 명령이라고 읽으면 매우 곤란하다. 그러므로 하늘의 명령이라 읽고 내 뜻과는 무관하게 하늘이 명령을 내리듯이 우리에게 이미 내려주었다고 풀이한다.
천명≒하늘의 명령≒하늘의 뜻≒내 의지와 무관한 것≒하늘이 나에게 내려준 것

이를 방증하는 대목을 보자. 제임스 레게(Jamems Legge ㆍ 1815~1897)는 『중용 *The Doctrine of the Mean*』을 영문으로 번역하면서 위 구절을 이렇게 번역해 두었다.

What Heaven has conferred is called The Nature.

이때 conferred가 이른바 주었다는 뜻이다.
〈confer=주다≒give〉
따라서 이 맥락을 따르면 이렇게 변주한다. 〈천명(天命)≒천부(天賦)〉여기서 천부(天賦)는 하늘[天]이 내려준 것[賦]이다.

지(之): ~은. 주격 조사
위(謂): ~이다[is]. 물론 위(謂)에는 이르다 또는 말하다라는 뜻도 있지만 정확히 말하면 ~이다라는 뜻임.
☞ 『한한대사전』 12(단국대학교 동양학연구소, 2008), 983쪽.
성(性): 본성
☞ 천명지위성! 이것은 인간의 본성은 하늘이 주었다!는 유학의 선언적 언표(言表)이다. 그러므로 이 대목은 인간 본성에 대한 유학의 근본명제를 설파하고 있다.

〈깜짝 퀴즈 1〉
천명지위성을 두 글자로 줄이면 무엇인가? (   )
정답: 천성(天性)

이때 천성은 하늘이 인간에게 부모로부터 태어날 때 내려준 타고난 본성인 것이다.
천성≒하늘이 내려준 인간의 타고난 본성

분석

2	1	3	5	4
率	性	之	謂	道
따를 솔	본성 성	~은 지	~이다 위	길 도

본성을 따르는 것은 길이고,

풀이

솔(率): 따르다[循也].
성(性): 본성
지(之): ~은. 주격 조사
위(謂): ~이다.
도(道): 길. 도(道), 유로아(猶路也). 이때 유(猶)는 ~와 같음. 이를 번역하면, 도는 길과 같다. 이때 길이란 인간이 길을 가듯이 걸어 다니는 그런 길을 말하지 않는다. 차가 다니는 길은 차도이고, 사람이 다니는 길은 인도다. 다시 말해 인도에서의 도가 바로 길[路]이라는 뜻이다. 노(路)는 단순한 통행의 길이 아니라 인간이 마땅히 따라야 하는 도리나 규율을 말한다. 그러니 유학에서 인도란 오늘날 같이 사람이 다니는 인도의 개념이 결코 아니다! 인간이라면 반드시 인간으로서 가야만 하는 그런 길이라는 뜻이다. 그 본성의 길을 따라가는 것으로서 길, 이것이 유학[儒學·Confucianism]에서 그리는 인도의 길이다.

본성의 길≒인도

이러하기에 솔성(率性)이란 인간의 본성을 따르는 것이며, 이 솔성이 바로 인도이다.

〈깜짝 퀴즈 2〉
솔성지위도(率性之謂道)에서 도(道)의 뜻은 다음 중 어느 것인가? (   )
① 차도와 인도의 구분에서 사람이 다니는 길로서의 인도
② 하늘이 내려준 인간의 본성이 가야만 하는 길로서의 인도

정답: ②

〈깜짝 퀴즈 3〉
솔성지위도(率性之謂道)를 두 글자로 줄이면 무엇인가? (   )
정답: 솔도(率道)

☞ 솔성지위도, 즉 본성을 따르는 것이 길이다. 이것이 『중용』의 두 번째 근본명제다. 그렇다면 인간의 본성이란 구체적으로 무엇인가? 이에 대한 구체적 대답을 우리는 어디에서 찾아야 하는가?

〈깜짝 퀴즈 4〉
다음 사서 중에서 인간의 본성이론을 자세하게 말하고 있는 것은 어느 것인가? (   )
①『논어』 ②『맹자』 ③『대학』 ④『중용』

정답: ②
☞ 맹자는 『맹자』에서 인간 본성의 가능근거를 사단을 가지고 풀어내고 있다.

분석

2   1   3   5   4

修 道 之 謂 教

닦을 / 길 / ~은 / ~이다 / 가르침
수 / 도 / 지 / 위 / 교

길을 닦는 것은 가르침이다.

풀이

수(修): 닦다. 길 따위를 내다. 〈닦다=길 따위를 내다〉 이때 길은 도(道)가 되고, 따위 길에는 여러 가지 종류가 있다는 말임. 또한 〈내다〉라는 것은 마련하다 또는 준비하다라는 의미다.

도(道): 길. 인간이-인간으로서-가야하는-길

수도(修道): 길-닦음. 이것은 오늘날 도인들이나 종교인들이 자신의 수행활동을 하는 것을 말하고 있지만 『중용』에서 말하는 수도는 그런 수도가 절대 아니다! 이때 수(修)는 인간이 본성을 되찾고 그 본성을 다스리고 조절하는 것이다. 닦다[修]≒몸과 마음을 다스려 본성을 찾는다

지(之): ~은. 주격 조사

위(謂): ~이다.

교(敎): 가르침. 가르치는 활동을 줄이면 가르침이 된다. 그러나 여기서 가르침은 가르치는 활동으로서의 가르침이 아니라 가르칠 내용의 세계를 뜻한다. 다시 말하면 여기서 교(敎)는 교육내용이고 이를 라틴어로 말하면 교육과정을 뜻하는 커리큘럼(curriculum)이다. 〈교≒curriculum〉 이를 전통에서 예악형정(禮樂刑政)이라 말했다. 〈교=예악형정〉 이때 예악형정은 〈문화[예법+음악]+제도[형벌+정치]〉로써 전통에서 인간의 본성을 관리하고 다스리는 통치 시스템이자 프로그램이다.

〈깜짝 퀴즈 5〉
다음 중에서 교(敎)의 뜻을 말하는 것은 어느 것인가? 모두 고르시오. (   )
① 교육(education)
② 예악형정(禮樂刑政)
③ 프로그램
④ 커리큘럼

정답: ②③④

☞ 여기서 교(敎)는 오늘날 현대교육에서 시행하는 교육[教育·education]과는 아무 관련이 없다. 구체적 내용을 보고 싶은 독자는 국가교육과정정보센터(ncic.re.kr)에 탑재해 있는 학교급별 내용을 참고하라. 요점

만 말하면 현대교육은 해당 분야별로 각종 지식·기능·태도를 구성하는 핵심역량을 토대로 교육의 내용을 설계하고 있다는 점이다. 이러한 설계 방식은 『중용』에서 그리는 교(敎)와 아무런 상관이 없다.

〈깜짝 퀴즈 6〉
수도지위교(修道之謂敎)를 두 글자로 줄이면 무엇인가?
정답: 수교(修敎)

☞ 수도지위교는 『중용』의 제3의 근본명제이다. 천명지위성이 『중용』의 제1의 근본명제이고, 솔성지위도가 『중용』의 제2의 근본명제이듯이 말이다. 명제의 기본 형식은 〈A is B〉이다. 이것에 수도지위교를 대입해 보자. 수도지위교(修道之謂敎) → 수도[修道·A] 지위[之謂·is] 교[敎·B]. 따라서 A = B → 수도(修道) = 교(敎)! 이때 지위(之謂)는 〈~은 ~이다〉이다.

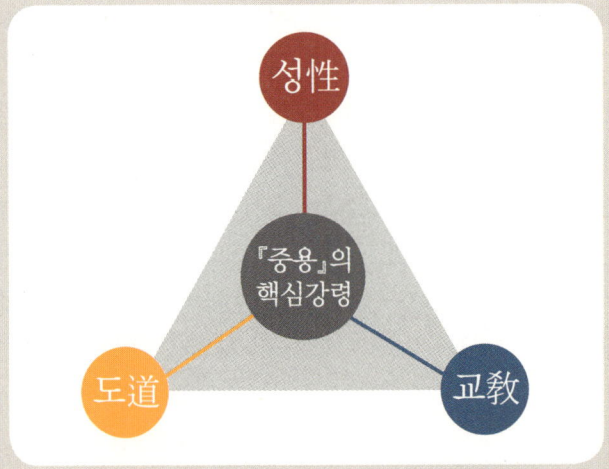

그림 1 『중용』의 성-도-교 패러다임

☞ 인간에게 천명으로서의 본성[性]이 있다. 그 본성을 따라가는 것이 인간의 길[道]이다. 그런 길을 프로그램으로 만들어 놓은 것이 가르침[敎]이다. 이것이 성-도-교 패러다임의 골수다! 〈천명(天命)≒성(性), 솔성(率性)≒도(道), 수도(修道)≒교(敎)〉로 말이다.

논평

이 장은 수장(首章)으로 『중용』의 핵심장이며 『중용』의 서론이자 결론이다. 나머지 장들은 이 수장에 대한 부언이자 사족이다. 동양 고전의 특징으로 결론을 먼저 말하고 각론으로 들어간다. 이 장이 역시 그렇다.

원문 전석

1-2

道也者 不可須臾離也 可離 非道也 是故
君子戒愼乎其所不睹 恐懼乎其所不聞

길[道]이란 잠깐 동안이라도 떨어질 수 없다. 떨어질 수 있다면 길[道]이 아니다. 이 때문에 군자는 그 볼 수 없는 것을 경계하고 삼가며, 그 들을 수 없는 것을 무서워하고 두려워한다.

분석

길[道]이란 잠깐 동안이라도 떨어질 수 없다.

풀이

도(道): 길[way]. 도로[road]의 개념이 아니라 인간이-인간으로서-나아가야-하는-길

야(也): ~이란. 어조사

자(者): 것. 어조사

야자(也者): ~이란 또는 ~이란 것은

불(不): 없다.

가(可): ~할 수 있다.

불가(不可): ~할 수 없다.

수(須): 잠깐

유(臾): 잠깐

수유(須臾): 잠시 동안. 부사

리(離): 떨어지다.

야(也): ~이다. 종결형 어조사

☞ 길로서의 도는 자신에게서 떨어지는 그 순간, 이미 그것은 도가 아니다. 비유해서 말하면 공기가 없으면 인간이 살 수 없듯이 도를 놓은 순간 이미 우리는 인간으로서의 위상을 잃는다. 우리가 공기의 소중함을 잊고 살듯이 마찬가지로 도[道·인간이-인간으로서-살아가야-하는-길]를 잊고 사는 경우가 허다하다.

분석

2	1	4	3	5
可	離	非	道	也
~할수있다	떨어질	아닐	길	~이다
가	리	비	도	야

떨어질 수 있다면 길[道]이 아니다.

풀이

가(可): ~ 할 수 있다. 조동사
리(離): 떨어지다. 본동사
☞ 가리(可離)는 가정형[If ~ 절]을 만드는 구절이다. 다시 말해 〈떨어질 수 있다면〉이라는 조건절을 이끌고 있다.

비(非): ~ 아니다.
도(道): 길[way]. 인간이-인간으로서-가야하는-길
야(也): ~ 이다. 종결형 어조사

분석

이 때문에 군자는 그 볼 수 없는 것을 경계하고 삼가며, 그 들을 수 없는 것을 무서워하고 두려워한다.

풀이

시(是): 이
고(故): 때문 또는 이유

시고(是故): 이 때문에. 부사
군(君): 어진이[仁者]

자(子): 사람. 존칭을 뜻하는 접미사
군자(君子): 어진이[仁者]. 군자는 성인보다 아래 등급이며 소인보다 위의 등급인 사람이다. 이때 군자는 인격적 개념이다.

성인·군자·소인의 비교

성인(聖人)	중용을 완벽하게 구현하며 사는 자	상
군자(君子)	중용을 따르면서 사는 자	중
소인(小人)	중용에 역행하며 사는 자	하

계(戒): 경계하다.
신(愼): 삼가다.
계신(戒愼): 경계하고 삼가다.
호(乎): ~을
기(其): 그
소(所): ~것

부(不): ~없다. 불자(不字) 뒤에 도자(睹字)가 나오기 때문에 〈ㄹ〉을 탈락시켜 〈부〉로 읽는다.
☞ 불(不) 뒤에 이어지는 글자의 초성이 디귿[ㄷ]과 지읒[ㅈ]으로 시작하면 〈불〉을 〈부〉로 읽는다. 불(弗)도 마찬가지다. 이하 모두 같다.

도(睹): 보다.
공(恐): 무서워하다.
구(懼): 두려워하다.
공구(恐懼): 무서워하고 두려워하다. 공(恐)≒구(懼)
호(乎): ~을
기(其): 그
소(所): ~것
불(不): ~없다.
문(聞): 듣다.

논평

도의 두 가지 특성을 말하고 있다. 첫째, 도는 우리가 볼 수 없는 것이다. 둘째, 도는 우리가 들을 수도 없는 것이다. 그럼에도 불구하고 우리는 그런 도에 대하여 계신하고 공구해야 한다. 그렇게 하지 않으면 우리는 그 도를 파지할 수 없기 때문이다.

원문 전석

莫見乎隱 莫顯乎微 故 君子愼其獨也

1-3

숨기 때문에 나타나지 않고 작기 때문에 드러나지 않는다.
그러므로 군자는 그 홀로 있음에도 삼간다.

☞ 이곳이 바로 시중에서 유통 중인 번역물 모두가 저지르는 오역의 생산기지다! 또한 동양 고전 신비화의 온상이다.

 # 오역 사례 비판: 자사와 현대인 사이의 상상적 만남

현대인: 선생님! 이렇게 현대에 방문해주시니 고맙습니다.
자사: 아닙니다. 동이족이 세운 상나라[은나라] 후손들이 사는 대한민국에 꼭 한 번 와보고 싶었습니다.

…〈중략〉…

현대인: 선생님도 한글에 대해 조예가 깊다는 말씀을 들은 적이 있습니다.
자사: 예. 조금 압니다.
현대인: 그래서 여쭈어보려 합니다. 아래 번역문을 잠시 살펴보십시오.
〈버전 1〉
숨은 것보다 더 잘 드러나는 것이 없고, 미세한 것보다 더 크게 발현하는 것이 없다(명문당, 『중용장구신강』, 2005, 107쪽).
〈버전 2〉
어두운 곳보다 잘 드러나는 것은 없으며, 작은 일보다 잘 나타나는 것은 없다(대유학당, 『집주완역 중용』, 2019, 127쪽).
〈버전 3〉
은(隱; 숨겨진 곳)보다 드러남이 없으며 미(微; 작은 일)보다 나타남이 없으니, 그러므로 군자는 그 홀로를 삼가는 것이다(도서출판 다운샘, 『대학·중용장구상설』, 2021, 264쪽).

위 내용은 선생님이 집필한 『중용』을 한글로 번역한 것 중 그 일부입니다. 어떻습니까? 이해하실 수 있습니까?

자사: 글쎄요. 통 무슨 말을 하는지 모르겠네요.

현대인: 동시대를 살아가는 저도 무슨 말을 하는지 전혀 감이 오지 않습니다.

☞ 오역의 원인은 호(乎)를 〈~보다〉로 보아 비교형 어조사로 바라보는 점 때문이다. 이때 호(乎)는 〈~때문에〉를 뜻하는 원인형 어조사이다! 레게가 번역한 영문판도 역시 틀렸다.

분석

4	3	2	1	8	7	6	5
莫	見	乎	隱	莫	顯	乎	微
않을 막	나타날 현	~때문에 호	숨을 은	않을 막	드러날 현	~때문에 호	작을 미

숨기 때문에 나타나지 않고 작기 때문에 드러나지 않는다.

풀이

막(莫): ~않다.

현(見): 나타나다. 현(見)≒현(顯)

호(乎): ~때문에

　☞ 호(乎)의 용법을 보고 싶으면 이를 참고하라: 글항아리, 『한문해석사전』, 2013, 1501쪽.

은(隱): 숨다.

막(莫): ~않다.

현(顯): 드러나다. 현(顯)≒현(見)

호(乎): ~때문에

미(微): 작다.

〈깜짝 퀴즈 7〉

다음 중 도의 특성이 아닌 것은 어느 것인가? (　　　　)

① 은(隱)　② 미(微)　③ 부도(不睹)　④ 불문(不聞)　⑤ 가견(可見)

정답: ⑤

　☞ 가견(可見)은 볼 수 있다는 뜻임.

제1장

분석

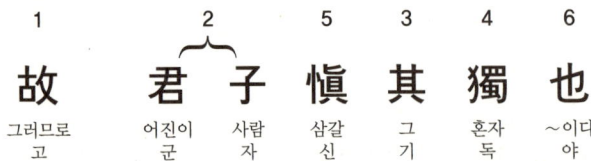

그러므로 군자는 그 홀로 있음에도 삼간다.

풀이

고(故): 그러므로
군(君): 어진이
자(子): 사람
군자(君子): 어진 사람[仁者]. 군자는 성인보다 아래 등급이며 소인보다 위의 등급인 사람이다. 이때 군자는 인격적 개념이다.
신(愼): 삼가다. 삼가다≒태도나 언행을 조심스럽게 가지다

기(其): 그
독(獨): 홀로 또는 혼자. 여기서 독(獨)은 홀로-있음 이라는 뜻의 명사형으로 현재 상태를 의미함. 이를 혼자라고 한다. 이 경우 혼자란 다른 사람과 어울리거나 함께 있지 아니하고 그 사람 한 명만 있는 상태를 뜻한다.
야(也): ~이다. 종결형 어조사

〈깜짝 퀴즈 8〉
신기독야(愼其獨也)를 두 글자로 줄이면 무엇인가? (   )
정답: 신독(愼獨)

☞ 인간은 홀로 있을 때 가장 조심해야 한다는 것이 자사의 메시지다. 왜냐하면 나의 행동을 남이 보고 있지 않기 때문에 자신의 행동을 함부로 해서 자신의 본성을 해치기 쉽기 때문이다. 그렇기 때문에 도를 파지하기 위해서는 더욱 더 혼자 있을 때를 삼가라는 뜻이다.

〈깜짝 퀴즈 9〉
다음 중에서 도를 파지하는 전략이 아닌 것은 어느 것인가? (   )
① 계신(戒愼) ② 공구(恐懼) ③ 신독(愼獨) ④ 천도(天道)

정답: ④

논평

1-3은 1-2와 같이 도의 특성을 말하고 있는 곳이다. 〈도의 특성=은(隱)+미(微)〉 이를 두고 도는 은미하다라고 한다. 이때 은미(隱微)란 다음과 같다. 첫째, 겉으로 드러나는 일이 거의 없다. 둘째, 묻히거나 작아서 알기 어렵다. 여기서 첫째가 은(隱)이고, 둘째가 미(微)이다. 그러므로 도가 은미하기 때문에 설사 혼자 있더라도 그 도를 각별하게 파지해야 한다. 그것이 군자의 길이다.

원문 전석

1-4

喜怒哀樂之未發 謂之中 發而皆中節 謂之和
中也者 天下之大本也 和也者 天下之達道也

기쁨·화남·슬픔·즐거움이 드러나지 않는 것, 그것을 본성-유지-상태[中]라 하고, 드러나지만 모두 법도에 맞는 것, 그것을 본성-조절-상태[和]라 한다. 본성-유지-상태[中]란 온 세상의 위대한 근본이고, 본성-조절-상태[和]란 온 세상의 두루 통하는 법도이다.

분석

1	2	3	4	5	7	6	10	8	9
喜	怒	哀	樂	之	未	發	謂	之	中
기쁠 희	화낼 노	슬플 애	즐거울 락	~이 지	않을 미	드러날 발	할 위	그것 지	알맞을 중

11	12	13	15	14	18	16	17
發	而	皆	中	節	謂	之	和
드러날 발	~해도 이	모두 개	맞을 중	법도 절	할 위	그것 지	알맞게 조절할 화

기쁨·화남·슬픔·즐거움이 드러나지 않는 것, 그것을 본성-유지-상태[中]라 하고, 드러나지만 모두 법도에 맞는 것, 그것을 본성-조절-상태[和]라 한다.

풀이

희(喜): 기쁘다. 명사인 기쁨으로 쓰임.
노(怒): 화내다. 명사인 화냄으로 쓰임.
애(哀): 슬프다. 명사인 슬픔으로 쓰임.
락(樂): 즐겁다. 명사인 즐거움으로 쓰임.
☞ 희노애락을 통상 정(情)이라 부른다. 이때 정(情)이란 우리 마음이 외부 사태에 따라 그 마음에서 피어나는 스펙트럼이다.
지(之): ~이. 주격 조사
미(未): ~않다. 뒤에 나오는 본동사를 부정하면서 명사형을 만듦.
발(發): 드러나다 또는 나타나다.
위(謂): 하다. 위(謂)≒위(爲)
지(之): 그것[it]. 희노애락지미발(喜怒哀樂之未發)을 가리킴.
〈지(之)=희노애락지미발(喜怒哀樂之未發)〉
중(中): 알맞다. 명사형인 알맞음으로 쓰임. 본성에 딱 들어맞는 상태, 이것이 중(中)이다. 그 점을 반영하여 나는 중(中)을 본성-유지-상태로 의역했다. 결국 중은 1-1에서 말하는 천명지위〈성(性)〉에서의 그 〈성(性)〉이 바로 중(中)이다.
중(中)≒성(性)≒본성-유지-상태

발(發): 드러나다 또는 나타나다. 〈발〉앞에 희노애락지(喜怒哀樂之)가 생략되어 있음. 즉 〈희노애락지(喜怒哀樂之)〉발(發)이다. 다시 말해 희노애락이 드러나다. 〈 〉안의 내용이 생략된 것임.
이(而): ~해도. 역접의 접속사로 쓰임.
개(皆): 모두. 부사
중(中): 알맞다.
절(節): 법, 법도, 예절로 때와-장소에-따라-맞는-정도[節度]
중절(中節): 알맞고[中] 바르니[正] 절도에 맞는 것
위(謂): 하다. 위(謂)≒위(爲)
지(之): 그것[it]. 발이개중절(發而皆中節)을 가리킴. 〈지(之)=발이개중절(發而皆中節)〉
화(和): 알맞게 조절하다. 명사형인 알맞게 조절함으로 쓰임. 그래서 화(和)를 본성-조절-상태로 의역함. 이를 현대적으로 풀면 화(和)가 이른바 감정조절이다.
화(和)≒알맞게 조절함≒본성-조절-상태≒감정조절

중(中)과 화(和)의 비교

중(中)	화(和)
미발(未發)	발이개중절(發而皆中節)
본성-유지-상태	본성-조절-상태
타고난-마음[性]	일어난-마음[情]이 평정을 찾음
본성을 나타내는 작용	평정으로 곧 마음에 다시 바름[正]을 찾음

중화(中和)≒중정(中正)

분석

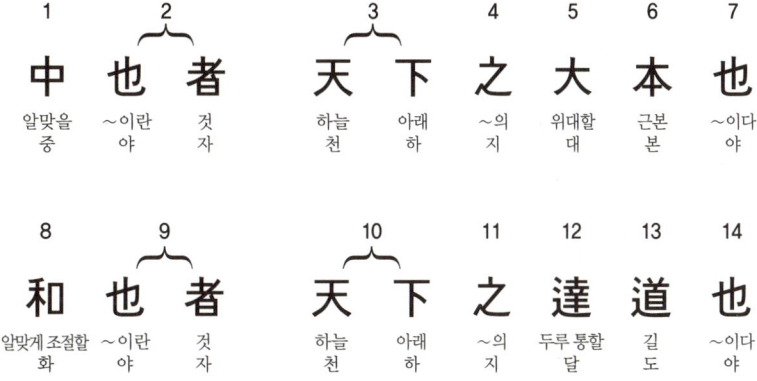

본성-유지-상태[中]란 온 세상의 위대한 근본이고, 본성-조절-상태[和]란 온 세상의 두루 통하는 법도이다.

풀이

중(中): 알맞다. 명사형인 알맞음으로 쓰임. 본성에 딱 들어맞는 상태, 이것이 중(中)이다. 그래서 나는 중(中)을 본성-유지-상태로 의역했다. 결국 중은 1-1에서 말하는 천명지위〈성(性)〉에서의 그 〈성(性)〉이 바로 중(中)이다.
중(中)≒성(性)≒본성-유지-상태

야(也): ~이란

자(者): 것

야자(也者): ~이란 또는 ~이라는 것

천(天): 하늘

하(下): 아래

천하(天下): 하늘 아래, 즉 온 세상

지(之): ~의

대(大): 위대하다.

본(本): 근본

대본(大本): 위대한 근본 또는 크고 중요한 근본

야(也): ~이다. 종결형 어조사

화(和): 알맞게 조절하다. 명사형인 알맞게 조절함을 뜻함. 이런 점 때문에 화(和)를 본성-조절-상태로 의역함. 이를 현대적으로 풀면 화(和)가 이른바 감정조절이다.
화(和)≒알맞게 조절함≒본성-조절-상태≒감정조절

야(也): ~이란

자(者): 것

야자(也者): ~이란 또는 ~이라는 것

천(天): 하늘

하(下): 아래

천하(天下): 하늘 아래, 즉 온 세상

지(之): ~의

달(達): 두루 통하는 또는 일반의

도(道): 길[way]. 도로[road]의 개념이 아니라 인간이-인간으로서-나아가야-하는-길

달도(達道): 사람이 사람으로서 마땅히 따라야 할 법도. 이때 법도(法度)란 예법과 제도를 의미함.

야(也): ~이다. 종결형 어조사

논평

이 절은 중과 화의 개념을 규정하고 있다. 이때 중(中)이란 성(性)과 같은 것으로 성이란 인간의 본성 또는 성품이라는 뜻이다. 〈중(中)=성(性)〉 그런데 중으로서의 성은 감정이 일어나기 전에는 본성의 상태를 유지하고 있지만 감정이 일어나면 본래 본성의 상태에서 멀어지는 경우가 허다하다. 이렇게 본성의 상태에서 멀어지거나 본성의 상태에서 이탈했을 때 이를 조절하여 원래 본성의 모습으로 돌아가는 것, 이것을 우리는 화(和)라 부른다. 그래서 화(和)를 〈알맞게 조절할 화〉로 푸는 것이다.

☞ 중(中): 본성에 알맞다! 화(和): 본성에 알맞도록 조절하다!

그러므로, 중(中)은 본성-유지-상태요, 화(和)는 본성-조절-상태다. 따라서 중화는 사람의 성정(性情)이 중용의 상태를 잃지 아니한 상태를 말한다.

원문 전석

1-5

致中和 天地位焉 萬物育焉

본성-유지-상태[中]와 본성-조절-상태[和]를 이루면 하늘과 땅이 제자리에 있고, 이 세상의 모든 것이 자란다.

분석

3	1	2	4	5	6	7	8	9	10	11
致	中	和	天	地	位	焉	萬	物	育	焉
이룰 치	알맞을 중	알맞게 조절할 화	하늘 천	땅 지	제자리에 있을 위	~이다 언	많을 만	만물 물	자랄 육	~이다 언

본성-유지-상태[中]와 본성-조절-상태[和]를 이루면 하늘과 땅이 제자리에 있고, 이 세상의 모든 것이 자란다.

풀이

치(致): 이루다 또는 도달하다.
중(中): 알맞다. 명사형인 알맞음으로 쓰임. 본성에 딱 들어맞는 상태, 이것이 중(中)이다. 그 점을 반영하여 중(中)을 본성-유지-상태로 의역함. 결국 중은 1-1에서 말하는 천명지위〈성(性)〉에서의 그 〈성(性)〉이 바로 중(中)이다.
중(中)≒성(性)≒본성-유지-상태
화(和): 알맞게 조절하다. 명사형인 알맞게 조절함을 뜻함. 그래서 화(和)를 본성-조절-상태로 의역함. 이를 현대적으로 풀면 화(和)가 이른바 감정조절이다.
화(和)≒알맞게 조절함≒본성-조절-상태≒감정조절
중화(中和): 사람의 성정(性情)이 중용을 잃지 아니한 상태, 다시 말해 본성이 중용을 잃지 아니한 상태를 중화라 함.
중화(中和)=중(中)+화(和)=〈본성-유지-상태〉+〈본성-조절-상태〉

중화(中和)	
중(中): 본연의 상태	화(化): 조절된 상태
중(中)	정(正)
사람의 성정(性情)이 중용(中庸)을 잃지 아니한 상태로, 다시 말해 본성이 중용을 잃지 아니한 상태를 중화(中和)라 한다.	

☞ 마음의 중용이 중화다! 물론 중용에는 마음의 중용만 있는 것이 아니다. 정치에도 중용이 있고 운동에도 중용이 있듯이 중용의 예는 너무나 많다. 그 중에서 자사가 마음의 중용을 예로 든 것이다.
천(天): 하늘
지(地): 땅
천지(天地): 하늘과 땅. 온 세상을 뜻함.
위(位): 제자리에 있다.
언(焉): ~이다. 종결형 어조사. 단순한 사실 기술은 ~야(也)를 쓰고, 강조를 나타낼 때에는 ~언(焉)을 사용함.
☞ 다음 두 문장을 비교해서 보라.
天下之大本也(1-4)
天地位焉(1-5)

만(萬): 다수, 크다 또는 많다.
물(物): 만물. 이때 물(物)에는 세 가지 뜻이 있다. ① 생명체를 가지고 있는 동·식물, ② 형체를 가지고 있는 물체, ③ 상황이나 맥락을 가진 사태. 그런데 여기서 물(物)은 ①+②이다.
만물(萬物): 이 세상의 모든 것[all-things]
육(育): 자라다.
언(焉): ~이다. 종결형 어조사

논평

이 절은 중화의 기능과 역할을 말하고 있다. 중화일 때 천지가 제자리를 잡고, 만물이 자라게 된다. 그러므로 중화는 인간을 포함한 만물의 근원적 자리 잡음이라 할 수 있다.

제2장

2-1
_{중니왈 군자중용 소인반중용}
仲尼曰 君子中庸 小人反中庸

중니가 말했다. 군자는 중용이요, 소인은 중용에 상반된다.

2-2
_{군자지중용야 군자이시중 소인지반중용야}
君子之中庸也 君子而時中 小人之反中庸也
_{소인이무기탄야}
小人而無忌憚也

군자는 중용이다. 군자로서 그때마다 적중한다. 소인은 중용과는 상반된다. 소인으로서 두려워 하거나 무서워하지도 않는다.

원문 전석

2-1

仲尼曰 君子中庸 小人反中庸

중니가 말했다. 군자는 중용이요, 소인은 중용에 상반된다.

분석

중니가 말했다. 군자는 중용이요, 소인은 중용에 상반된다.

풀이

중(仲): 공자의 자(字)가 중니(仲尼)인데 그때의 중(仲)임.

공자(孔子 · B. C. 551~B. C. 479): 공(孔)은 성씨이고 자(子)는 존경의 접미사다.	
이름[名]	자(字): 이름을 중요하게 여겨서 함부로 부르지 않는 관습에서 장가든 이후 부르기 위하여 짓는 것을 자(字)라 하는데 이름[名]에 준해서 쓴다.
구(丘)	중니(仲尼)

니(尼): 이구(尼丘)라는 산 이름을 말하는데 그때의 니(尼)임. 이구(尼丘)는 산동성(山東省) 곡부현(曲阜縣) 동남에 있으며, 이곳이 바로 공자가 태어난 곳이다. 이구(尼丘)를 이산(尼山)이라고 부름.

중니(仲尼): 공자의 자(字). 자사(子思)의 할아버지

왈(曰): 말하다.
군(君): 어진이
자(子): 사람
군자(君子): 어진 사람[仁者]. 군자는 성인보다 아래 등급이며 소인보다 위의 등급인 사람이다. 이때 군자는 인격적 개념이다. 군자(君子)↔소인(小人)
중(中): 중도(中道). 이때 중도란 과불급(過不及)이 없는 작용[道]을 말함.

중(中)	
중(中)	도(道)
과불급(過不及)이 없을 중!	작용 도!

☞ 이때 중도는 불교에서 말하는 것과 다르다. 불교에서 중도란 차별과 집착[치우침]이 없는 세계로 교파마다 설명하는 방식이 조금씩 다르다.

그림 2 중(中)의 고전적 이미지

중(中)은 군대 용어에서 유래했다. 군 주둔지의 본부에 깃발을 꽂아 두었는데 그곳에서 바람이 부는 방향에 따라 깃발이 펄럭인다. 그 모습을 형상한 것이 그림 2이다. 이때 깃발이 있는 곳은 군대의 사령부가 위치한 곳이다. 오늘날로 말하면 중심부, 즉 헤드쿼터스(headquarters)를 말한다. 그것이 중(中)이다.

그림 3 중(中)의 현대적 이미지

중(中)은 중심의 이미지다. 이것이 그림 3이다. 골프를 연상해보라. 골퍼는 깃대가 꽂혀 있는 홀컵을 향해 골프공을 친다. 그는 오로지 홀컵에 골프공을 넣는데 모든 에너지를 쓴다. 이와 같이 핵심으로서의 중심이 바로 중(中)이다.

용(庸): ① 쓰다[用也]. 동사 ② 변하지 아니하다 [常也]. 동사 ③ 법 또는 법칙[法也]. 명사

그림 4 용자의 형상

그림 4에 대해 상상력을 더해보자. 용자(庸字)는 지금 본대로 크게 세 부분으로 되어 있다. 〈용(庸): ① 집[广]+② 손[又]+③ 쓰다[用]〉로 말이다. 이때 ①은 공간 개념, ②는 휴대 개념, ③은 활용 개념이다. 그러므로 용(庸)은 우리가 사는 공간[广]에서 휴대하고[又] 쓴다[用]는 뜻이다. 그러면 무엇을 휴대하고 쓴다는 말인가. 바로 중이다. 그래서 중-용이다.

● **중용(中庸):** 세 가지로 설명이 가능하다. ① 중도를 쓴다. ② 중도가 변하지 아니하다. ③ 중도의 법

● **정자(程子)의 중용 풀이**

> 불편지위중(不偏之謂中) 불역지위용(不易之謂庸)
> 중자(中者) 천하지정도(天下之正道) 용자(庸者) 천하지정리(天下之定理)

치우치지 않은 것이 중이요, 바꾸지 않은 것이 용이다. 중이란 온 세상의 바른 길이요, 용이란 온 세상의 정해진 이치다.

2	1	3	5	4		7	6	8	10	9
不	偏	之	謂	中		不	易	之	謂	庸
않을 불	치우칠 편	~이 지	~이다 위	중도 중		않을 불	바꿀 역	~이 지	~이다 위	일정하여 변함이없을 용

치우치지 않은 것이 중이요, 바꾸지 않은 것이 용이다.

1	2	3		4	5	6
中	者	天	下	之	正	道
알맞을 중	~이란 자	하늘 천	아래 하	~의 지	바를 정	길 도

7	8	9		10	11	12
庸	者	天	下	之	定	理
일정하여 변함이없을 용	~이란 자	하늘 천	아래 하	~의 지	정할 정	이치 리

중이란 온 세상의 바른 길이요, 용이란 온 세상의 정해진 이치다.

● **주자(朱子)의 중용 풀이**

중자(中者) 불편불의(不偏不倚) 무과불급지명(無過不及之名) 용(庸) 평상야(平常也)

중이란 치우치지도 않고 기울지도 않으며, 지나치거나 미치지 아니함이 없는 것의 이름이요, 용은 언제나[平] 일정하여-변함이-없음[常]이다.

1	2	4	3	6	5
中	者	不	偏	不	倚
중도 중	~이란 자	않을 불	치우칠 편	않을 불	기울 의

10	7	9	8	11	12	13	14	15	16
無	過	不	及	之	名	庸	平	常	也
없을 무	지나칠 과	않을 불	미칠 급	~의 지	이름 명	일정하여 변함이없을 용	언제나 평	일정하여 변함이없을 상	~이다 야

제2장

정자는 중(中)을 치우치지 않은 것, 즉 불편(不偏)으로 포착했다. 여기다 주자는 하나 더 추가했다. 즉 주자는 정자가 말한 불편(不偏)에다 불의(不倚)를 더해 중(中)을 불편불의(不偏不倚)로 말했다. 여기서 편(偏)과 의(倚)는 같은 뜻의 한자로 그 뜻은 치우치다[偏] 또는 기울다[倚]로 같은 것이다. 〈편(偏)≒의(倚)〉 그러나 이러한 주자의 생각, 즉 〈치우칠 편〉과 〈기울 의〉를 부정하며 연속해서 쓴 것은 단순하게 동어 반복을 말하는 것이 아니다. 그림 5를 보자. 삼각형 위에 막대기가 왼쪽으로 치우친다. 그래서 좌편(左偏)이다. 이것의 부정이 불편(不偏)이다. 또한 삼각형 위에 막대기가 오른쪽으로 기운다. 그래서 우의(右倚)이다. 이것의 부정이 불의(不倚)이다. 따라서 불편불의(不偏不倚)는 아래 그림 5에서 가운데 모습이고 이것이 바로 중(中)이다.

왼쪽으로
치우친다
[左偏]

절묘하게
균형을 잡는다
[中]

오른쪽으로
기운다
[右倚]

그림 5 중(中)의 본체[體]

● **체용(體用)으로 본 중(中)**

중(中)	
체(體): 본체로 해[日]와 같다.	용(用): 작용으로 햇빛[日光]과 같다.
불편불의(不偏不倚)	무과불급(無過不及)

왜 이런 해석이 가능할까. 그 열쇠는 주자의 중용(中庸)에 대한 정의 문구 중에서 그 다음에 연결되는 과불급(過不及)에 있다. 글자 그대로 과(過)는 지나치다라는 뜻이고, 불급(不及)은 미치지 못한다는 뜻이다. 그런데 지나치다[過]는 것과 미치지 못한다[不及]는 것은 반드시 〈어떤 기준〉에서 보았을 때 그렇다는 것이다. 따라서 〈어떤 기준〉의 설정 없이 지나치다는 것과 미치지 못한다는 것은 있을 수 없다. 즉 과불급(過不及)은 어떤 기준이 반드시 있어야 성립 가능한 개념이다. 이 〈어떤 기준〉이 바로 중(中)이다. 그럼 중의 관점에서 보면 두 가지 경우의 수가 생긴다. 다음 그림 6을 보면 더욱 그 의미가 뚜렷해진다.

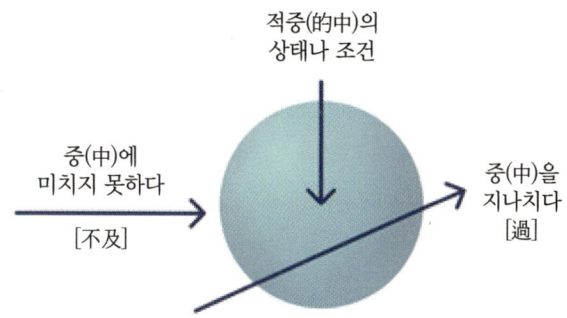

그림 6 중(中)의 작용[用]
*def.은 정의[definition]의 줄임말이다.

① 중(中)을 기준으로 했을 때, 그 중을 지나치는 경우
② 중을 기준으로 했을 때, 그 중에 미치지 못하는 경우

①의 경우가 과(過)요, ②의 경우가 불급(不及)이다. 이때 과와 불급은 기준인 중(中)에서 보면, 그것이 지나치든 미치지 못하든 관계없이 기준이 아니라는 점에서 보면 같은 것이 된다. 이런 점을 두고 공자는 『논어』「선진」11-5에서 과유불급(過猶不及), 즉 지나친 것은 미치지 못하는 것과 같다고 말했던 것이다. 그러니 주자가 중(中)을 설명하면서 말한 과불급(過不及)은 주자의 독창적 아이디어가 아니라 공자의 과유불급 중에서 유(猶)를 빼고 과불급을 사용한 것에 불과하다. 과유불급(過猶不及)에서 유(猶)는 〈~와 같다〉는 뜻이다.

지나치는 것은 미치지 못하는 것과 같다[過猶不及].

1	4	3	2
過	**猶**	**不**	**及**
지나칠 과	~와 같다 유	못할 불	미칠 급

그러므로 중(中)에서 보면 중을 지나치든 중에 미치지 못하든 간에 상관없이 과와 불급은 어느 한쪽으로 치우치거나 기운 것에 틀림없다. 이때 어느 한쪽은 과(過)도 될 수 있고, 불급(不及)도 될 수 있다. 그러니 중(中)은 주자의 말대로 과(過)도 아니고[無] 그렇다고 불급(不及)도 아닌[無] 상태가 되는 것이다. 이것이 이른바 무과불급(無過不及)이다.

제2장

무과불급(無過不及)≒無(過·不及)

여기서 말하는 중(中)은 과와 불급의 가운데[中]로서의 중간이 절대 아니다! 1에서 5까지의 자연수가 있다. 이때 가운데 수는 3이다. 이 3이 중일까? 아니다. 또 예를 들어보자. 국어, 영어, 수학 시험에서 각각 82점, 95점, 87점을 얻었다. 그래서 세 과목의 평균을 계산했더니 88점이었다. 이 88점이 중일까? 아니다. A지점에 B지점까지의 거리가 10km이다. 그러면 A지점에서 B지점 사이의 5km 지점이 중일까? 이것도 역시 중이 아니다. 중용(中庸)에서의 중은 산수에서의 중앙치, 산술적 평균치로서의 점수, 공간에서 중간 지점을 말하는 것이 결코 아니다!

〈깜짝 퀴즈 10〉
다음 중에서 중용(中庸)에서 말하는 중(中)은 어느 것인가? (   )
① 평균치
② 공간에서 중간 지점
③ 중앙치
④ 알맞음의 정도나 상태

정답: ④

오로지 중(中)은 매번 변하는 상황과 사태에 가장 알맞은 정도나 상태를 뜻한다. 그러므로 중은 고정 불변하는 무엇이 절대 아니다. 이제 용(庸)을 검토해보자. 정자는 용(庸)을 바꾸지 않는 것[不易]이라고 말했다. 〈용(庸)≒불역(不易)〉 이때 역(易)은 바꾼다는 뜻이다. 위에서 과 불급을 말할 때 어떤 기준이 있어야 한다고 말한 적이 있다. 물론 어떤 기준은 중이다. 〈어떤 기준=중(中)〉 그런데 우리는 어떤 기준인 중을 바꾸어서는 안 된다! 매번 그 기준을 바꾸면 더 이상 그것은 기준이 아니기 때문이다. 그래서 정자는 용을 온 세상의 정해진 이치라고 말한 것이다. 용자(庸者) 천하지정리(天下之定理), 이것이 그것이다. 중(中)이라는 기준이 있으면 어제도 그 기준을 적용하고 오늘도 그 기준을 적용하며 내일도 그 기준을 적용해야 된다. 어제의 기준이 다르고 오늘의 기준이 다르며 내일의 기준이 다르면 그것은 더 이상 기준이 아니다. 그러니 용(庸)은 중(中)이라는 기준을 바꾸지 않는 것[不易]이다. 이런 용(庸)의 정의를 맥락으로 깔고 이제 주자의 입장을 살펴보자. 그는 용(庸)을 평상(平常)이라고 단언한다. 〈용(庸)≒

평상야(平常也)〉 이때 평(平)은 명사일 때 평상시 또는 보통 때를 말하고, 평(平)이 부사일 때 늘 또는 언제나라는 뜻이다. 반면 상(常)은 형용사일 때 일정하여 변함이 없다라는 뜻이고, 명사일 때 법 또는 불변의 도라는 뜻이며, 부사일 때 늘 또는 언제나라는 뜻이다. 이렇듯 평(平)과 상(常)은 부사로 쓸 때 늘 또는 언제나로 뜻이 같다. 그래서 평상야(平常也)를 우리말로 번역하면, 언제나 일정하여 변하지 않는다는 뜻이다. 즉, 이때 평(平)은 부사로 상(常)은 동사로 읽은 것이다.

이제 용을 종합해보자. 정자는 용(庸)을 바꾸지 않는 것[不易]으로, 주자는 용(庸)을 언제나 일정하여 변함이 없는 것[平常]으로 보았다. 여기서 주자가 말한 평상에서 부사인 평(平)을 빼면 상(常)만 남는다. 그러면 일정하여 변함이 없는 것이나 바꾸지 않는 것은 같은 뜻의 다른 표현일 뿐이다. 〈일정하여 변함이 없는 것[常]=바꾸지 않는 것[不易]〉

용(庸)≒불역(不易)≒평상(平常也)

● **중용의 개념**

중(中)	용(庸)
상황과 사태에 따른 가장 알맞은 정도나 상태	일정하여 변하지 아니하다. 중을 언제나 변함없이 일정하게 한다.
평가: 기준의 설정	평가: 지속과 유지

따라서 중(中)은 기준설정을 알맞음[中]에 두는 것이요, 용(庸)은 그 기준인 중(中)을 우리가 살아가는 동안에 언제나 지속하고 유지하는 데 있다! 따라서 중용을 공간과 시간의 개념으로 설명이 가능하다.

● **공간과 시간의 개념으로 본 중용**

중용(中庸)	
공간[space=set] 개념	시간[time] 개념
중(中)	용(庸)
최적의 상황과 맥락의 세트(set)로서의 공간[state of setting]: 공간의 중	지속과 유지: 시간의 용

> **〈깜짝 퀴즈 11〉**
> 다음 중 중용(中庸)에서 용(庸)의 숨은 뜻으로 가장 적합한 것은 어느 것인가? (   )
> ① 바꾸지 않는 것
> ② 언제나 일정하여 변하지 않는 것
> ③ 중(中)의 지속과 유지
> ④ 일상
>
> 정답: ③

소(小): 소인
인(人): 사람
소인(小人): 중용을 따르지 않고 언제나 중용과 반대로 사는 사람. 이때 소인은 인격적 개념이다.

소인(小人)↔군자(君子)

반(反): 상반되다 또는 반대가 되다.
중용(中庸): 중도의 법
☞ 자세한 내용을 보려면 2-1을 참고하라.

군자와 소인의 비교

군자(君子)	소인(小人)
중용을 따르면서 사는 사람	중용과는 반대로 살아가는 사람
평가: 성인(聖人)을 지향하는 사람	평가: 스스로 자신의 존재의 질을 떨어뜨리며 사는 사람

논평

이 절은 군자와 소인을 대조하며 중용의 중요성을 알려주는 데 있다.

원문 전석

2-2

君子之中庸也 君子而時中 小人之反中庸也
小人而無忌憚也

군자는 중용이다. 군자로서 그때마다 적중한다. 소인은 중용과는 상반된다. 소인으로서 두려워하거나 무서워하지도 않는다.

분석

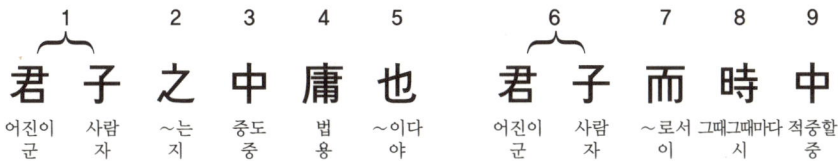

군자는 중용이다. 군자로서 그때마다 적중한다.

풀이

군(君): 어진이

자(子): 사람

군자(君子): 어진 사람[仁者]. 군자는 성인보다 아래 등급이며 소인보다 위의 등급인 사람. 이때 군자는 인격적 개념이다. 군자(君子)↔소인(小人)

지(之): ~는. 주격 조사

중(中): 중도

용(庸): 법

중용(中庸): 중도의 법
☞ 2-1을 참고하라.

야(也): ~이다. 종결형 어조사

군(君): 어진이

자(子): 사람

군자(君子): 어진 사람[仁者]. 군자는 성인보다 아래 등급이며 소인보다 위의 등급인 사람. 이때 군자는 인격적 개념이다. 군자(君子)↔소인(小人)

이(而): ~로서

시(時): 때라는 뜻도 있지만 여기서 시(時)는 그때그때마다를 뜻하는 부사. 다른 말로 매번이고, 영어로 말하면 every-time이다. 그러나 여기서의 시(時)는 단순한 시간만을 말하지 않는다. 이때 시(時)는 공간과 맥락과 사태를 모두 아우르는 개념으로 보아야 한다. 〈시(時)=시간+공간+맥락+사태〉

중(中): 적중하다 또는 들어맞다. 중[中道]에-딱-들어맞다라는 뜻이 중(中)이다.

시중(時中): 매번 알맞음[中]의 상태나 정도. 우리가 사는 곳은 시간만이 아니다. 공간 안에 반드시 시간이 있다. 따라서 인간은 시간과 공간을 함께 살아가는 존재다. 시간을 날줄로 공간을 씨줄로 하며 살고 있지만, 그런 공간과 시간은 인간이 처해 있는 맥락과 사태를 감싸는 시간과 공간일 뿐이다! 우리가 사는 시간도 변하고 공간도 변한다. 그것만이 아니다. 그런 시간과 공간을 감싸는 맥락과 사태도 변한다. 그 변하는 와중에서 가장 알맞은 상태를 유지하고 지속하는 것이 이른바 시중이다. 이를 굳이 영어로 말하면 everytime[매번] fit[적합하게 하다]가 시중(時中)인 셈이다.

시중(時中) 풀이

시(時)	중(中)
매번이라는 뜻으로 시간뿐만 아니라 공간, 맥락, 사태를 모두 포함하는 개념이다.	어떤 기준에 알맞음/딱-맞음으로 어떤 기준이 바로 중(中)이고, 이 중은 사태와 맥락에 따라 바뀐다.
매번[everytime]	적합하게 하다[fit].

분석

소인은 중용과는 상반된다. 소인으로서 두려워하거나 무서워하지도 않는다.

풀이

소(小): 소인

인(人): 사람

소인(小人): 중용에 반대로 사는 사람. 이때 소인은 인격적 개념이다. 소인(小人)↔군자(君子)

지(之): ~은. 주격 조사

반(反): 상반되다 또는 반대가 되다.
☞ 『중용』 원문에는 원래 〈반(反)〉이라는 글자가 들어있지 않다. 그러나 후대 주석가들에 따르면 반이 들어가야 맥락에 맞는다는 의견을 따라 반을 추가했다.

중(中): 중도

용(庸): 법

중용(中庸): 중도의 법
☞ 2-1을 참고하라.

야(也): ~이다. 종결형 어조사

소(小): 소인

인(人): 사람

소인(小人): 중용에 반대로 사는 사람. 이때 소인은 인격적 개념이다. 소인(小人)↔군자(君子)

이(而): ~으로서

무(無): 없다 또는 않다.

기(忌): 두려워하다.

탄(憚): 무서워하다.

기탄(忌憚): 걱정스럽고 두려워서 함부로 행동하지 않는다.

야(也): ~이다. 종결형 어조사

군자와 소인의 비교

군자(君子)	소인(小人)
중용을 알고 중용을 실천하는 사람	중용을 모르고 중용을 실천하지 않는 사람

☞ 따라서 소인(小人)은 반-중용(反-中庸)하는 자이거나 탈-중용(脫-中庸)하는 자이다. 이때 반(反)-은 반대로 하는 것이요, 탈(脫)-은 벗어나는/이탈하는 것이다.

논평

시중하는 사람이 군자임을 밝히고 있다. 그런데 생각해보라. 우리가 매번 시중할 수 있겠는가? 정말 어려울 것이다. 하지만 군자는 그렇게 산다. 그 시중의 지표가 중용이다. 따라서 시중의 중은 중용인 셈이다.

제3장

3-1
자 왈 중 용 기 지 의 호 민 선 능 구 의
子曰 中庸其至矣乎 民鮮能久矣

공자가 말했다. 중용은 아마 지극하구나! 백성들이 행함이 드문지가 오래다.

원문 전석

3-1

子曰 中庸其至矣乎 民鮮能久矣

공자가 말했다. 중용은 아마 지극하구나! 백성들이 행함이 드문지가 오래다.

분석

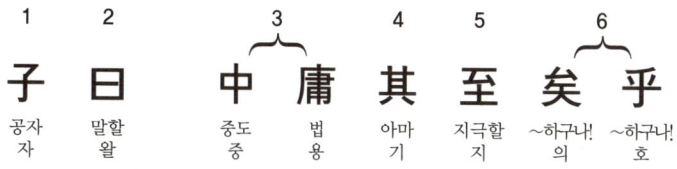

공자가 말했다. 중용은 아마 지극하구나!

풀이

자(子): 공자
왈(曰): 말하다.
중(中): 중도
용(庸): 법
중용(中庸): 중도의 법
  ☞ 2-1을 참고하라.
기(其): 아마. 부사
지(至): 지극하다.
의(矣): ~하구나!

호(乎): ~하구나!
의호(矣乎): ~하구나! 감탄형 어조사

☞ 공자는 『논어』「옹야」6-27에서 이와 비슷한 말을 했다. 그 내용을 보도록 하자. 아래는 해당 텍스트이다.

● 자왈(子曰) 중용지위덕야(中庸之爲德也) 기지의호(其至矣乎) 민선구의(民鮮久矣)

공자가 말했다. 중용은 덕이 된다.
  ☞ 덕(德)은 마음의 작용

제3장

그것이 지극하구나! 백성들이 드문지 오래다.

여기에서 공자가 『논어』를 통해 중용을 처음이자 마지막으로 딱 한번 말했다.

분석

1	3	2	4	5
民	鮮	能	久	矣
백성	드물	행할	오랠	~이다
민	선	능	구	의

백성들이 행함이 드문지가 오래다.

풀이

민(民): 백성. 백성들이라는 복수로 쓰임.
선(鮮): 드물다.
능(能): 행하다, 실행하다, 잘하다. 행한다는 것은 중용(中庸)을 행한다는 말임.
구(久): 오래다.
의(矣): ~이다. 종결형 어조사. 단정의 뜻이 들어 있음.

같은 용법의 종결형 어조사의 비교

야(也)	언(焉)	의(矣)
단순 사실을 나타내는 어조사	강조를 뜻하는 어조사	추측을 나타내는 어조사
1-3 군자(君子) 신기독야 (慎其獨也)	1-5 치중화(致中和) 천지위언 (天地位焉)	3-1 민선능구의 (民鮮能久矣)

☞ 의(矣)에는 진술, 필연, 추측, 가능성에 쓰이는 어조사의 용례가 있다.

논평

누구나 중용을 쓰면서 사는 것이 우리 삶이어야 한다. 백성들도 예외는 아니다. 이 점을 공자가 지적한 것이다.

제4장

4-1
　　　　자왈　도지불행야　아지지의　지자과지
　　　子曰 道之不行也 我知之矣 知者過之
　　　　우자불급야　도지불명야　아지지의
　　　愚者不及也 道之不明也 我知之矣
　　　　현자과지　불초자불급야
　　　賢者過之 不肖者不及也

공자가 말했다. 도가 행하여지지 않는다. 나는 그것을 안다. 지혜로운 사람은 그것을 지나치고, 어리석은 사람은 미치지 못한다. 도가 밝지 않다. 나는 그것을 안다. 어진 사람은 그것을 지나치고, 어질지 못한 사람은 미치지 못한다.

4-2
　　　　인　막　불　음　식　야　선　능　지　미　야
　　　人莫不飮食也 鮮能知味也

사람들은 먹고 마시지 아니함이 없다. 맛을 알 수 있는 것은 드물다.

원문 전석

4-1

子曰 道之不行也 我知之矣 知者過之
愚者不及也 道之不明也 我知之矣 賢者過之
不肖者不及也

공자가 말했다. 도가 행하여지지 않는다. 나는 그것을 안다. 지혜로운 사람은
그것을 지나치고, 어리석은 사람은 미치지 못한다. 도가 밝지 않다. 나는 그것을 안다.
어진 사람은 그것을 지나치고, 어질지 못한 사람은 미치지 못한다.

분석

1	2	3	4	6	5	7	8	10	9	11
子	曰	道	之	不	行	也	我	知	之	矣
공자 자	말할 왈	중도 도	~가 지	않을 불	행하여질 행	~이다 야	나 아	알 지	그것 지	~이다 의

공자가 말했다. 도가 행하여지지 않는다. 나는 그것을 안다.

풀이

자(子): 공자

왈(曰): 말하다.

도(道): 중도, 즉 중용(中庸)의 도

지(之): ~가. 주격 조사

불(不): ~않다.

행(行): 행하여지다.

야(也): ~이다. 어조사. 단순한 사실을 기술할 때 씀.

아(我): 나. 공자 자신 〈아(我)=공자(孔子)〉

지(知): 알다.

지(之): 그것[it]. 대명사 〈도가 행하여지지 않는다〉는 것을 가리킴.

의(矣): ~이다. 종결형 어조사. 기술한 내용을 추측해서 말할 때 씀.

분석

1	2	4	3	5	6	8	7	9
知	者	過	之	愚	者	不	及	也
지혜로울 지	사람 자	지나칠 과	그것 지	어리석을 우	사람 자	못할 불	미칠 급	~이다 야

지혜로운 사람은 그것을 지나치고, 어리석은 사람은 미치지 못한다.

풀이

지(知): 지혜롭다. 지(知)≒지(智)

자(者): 사람

지자(知者): 지혜로운 사람. 지자(知者)↔우자(愚者)

과(過): 지나치다. 〈아는 것[知]〉이 지나치다. 즉 아는 것은 중용의 도로 그것을 아는 것이 지나치다는 뜻임.

지(之): 그것. 그것은 아는 것으로 중용의 도임.

우(愚): 어리석다.

자(者): 사람

우자(愚者): 어리석은 사람. 우자(愚者)↔지자(知者)

불(不): 못하다.

급(及): 미치다.

불급(不及): 미치지 못한다. 즉 중용의 도에 미치지 못한다.

야(也): ~이다. 종결형 어조사

지자와 우자의 비교

지자(知者)=과자(過者)	우자(愚者)=불급자(不及者)
지혜로운 사람	어리석은 사람
중용의 도를 아는 것이 지나친 사람	중용의 도를 아는 것이 미치지 못하는 사람
과(過)의 차원	불급(不及)의 차원
평가: 중용의 도를 아는 것에 대한 예를 지자와 우자의 과 불급에 놓고 서로 비교하며 말하고 있다.	

분석

1	2	4	3	5	6	8	7	9
道	之	不	明	也	我	知	之	矣
중도 도	~가 지	않을 불	밝을 명	~이다 야	나 아	알 지	그것 지	~이다 의

1	2	4	3	6	5	7	9	8	10
賢	者	過	之	不	肖	者	不	及	也
어질 현	사람 자	지나칠 과	그것 지	않을 불	닮을 초	사람 자	못할 불	미칠 급	~이다 야

도가 밝지 않다. 나는 그것을 안다. 어진 사람은 그것을 지나치고, 어질지 못한 사람은 미치지 못한다.

풀이

도(道): 중도, 즉 중용(中庸)의 도
지(之): ~가. 주격 조사
불(不): ~않다.
명(明): 밝다.
야(也): ~이다.
아(我): 나. 공자 자신 〈아(我)=공자(孔子)〉
지(知): 알다.
지(之): 그것[it]. 〈도가 밝지 않다〉는 것을 가리킴.
의(矣): ~이다. 종결형 어조사. 의(矣)는 기술한 내용을 추측해서 말할 때 씀.
현(賢): 어질다.
자(者): 사람
현자(賢者): 어진 사람. 현자(賢者)↔불초자(不肖者)
과(過): 지나치다. 중용의 도를 행하는 것[行]에 지나치다.
지(之): 그것[it]. 중용의 도를 실천함.
불(不): ~않다.
초(肖): 닮다. 무언가를 닮다라는 뜻인데, 여기서 초(肖)는 현자를 닮는 것을 말함.

불초(不肖): 닮지 않다. 현자를 닮지 않다라는 뜻임.
자(者): 사람
불초자(不肖者): 닮지 않은 사람. 현자를 닮지 않은 사람인데, 어질지 못한 사람이라는 뜻임.
　　　　　불초자(不肖者)↔현자(賢者)
불(不): 못하다.
급(及): 미치다.
불급(不及): 미치지 못한다. 행하는 것[行], 즉 중용의 도를 실천하는 데 미치지 못한다는 뜻임.
야(也): ~이다. 종결형 어조사

현자와 불초자의 비교

현자(賢者)	불초자(不肖者)
어진 사람	어질지 못한 사람
중용의 도를 실천하는 것이 지나친 사람	중용의 도를 실천하는 것이 미치지 못하는 사람
과(過)	불급(不及)
평가: 중용의 도를 행하는 것, 즉 실천하는 것의 예를 과불급의 차원에서 현자와 불초자로 비교해서 말하고 있다.	

네 유형의 사람 비교

지자 (知者)	우자 (愚者)	현자 (賢者)	불초자 (不肖者)
아는 차원[知]		행하는 차원[行]	
과(過)	불급(不及)	과(過)	불급(不及)
중용의 도를 아는 것이 지나친 사람	중용의 도를 아는 것이 미치지 못하는 사람	중용의 도를 실천하는 것이 지나친 사람	중용의 도를 실천하는 것이 미치지 못하는 사람

논평

중용의 도[道·작용]가 행하여지지 않는 것과 중용의 도가 밝지 않는 것에 대한 안타까움을 나타내고 있다. 그러면서 지행(知行)을 중용의 과불급(過不及) 차원으로 구분한 뒤 이를 네 가지 유형의 사람에 넣어 비교하며 말하고 있다.

원문 전석

4-2

人莫不飮食也 鮮能知味也

사람들은 먹고 마시지 아니함이 없다. 맛을 알 수 있는 것은 드물다.

분석

1	5	4	3	2	6	10	9	8	7	11
人	莫	不	飮	食	也	鮮	能	知	味	也
사람 인	없을 막	아닐 불	마실 음	먹을 식	~이다 야	드물 선	~할수있다 능	알 지	맛 미	~이다 야

사람들은 먹고 마시지 아니함이 없다. 맛을 알 수 있는 것은 드물다.

풀이

인(人): 사람. 사람들이라는 복수로 쓰임.
막(莫): 없다.
불(不): 아니다.
막불(莫不): 아니함이 없다라는 이중 부정인데 강한 긍정을 뜻함. 〈아니함이 없다=한다〉
음(飮): 마시다.
식(食): 먹다.

야(也): ~이다. 종결형 어조사
선(鮮): 드물다.
능(能): ~ 할 수 있다. 조동사
지(知): 알다.
미(味): 맛
야(也): ~이다. 종결형 어조사

논평

사람들이 밥을 먹고 물을 마신다. 그러나 그 맛을 모르면서 먹고 마신다면 얼마나 불행한 일인가. 이와 마찬가지로 인간이 중용의 참맛을 모르는 것을 음식에 비유해서 말하고 있다.

제5장

5-1
자 왈 도 기 불 행 의 부
子曰 道其不行矣夫
공자가 말했다. 도가 이미 행하여지지 않는구나!

원문 전석

5-1 子曰 道其不行矣夫

공자가 말했다. 도가 이미 행하여지지 않는구나!

분석

1	2	3	4	6	5	7	
子	曰	道	其	不	行	矣	夫
공자	말할	중도	이미	않을	행하여질	~이구나!	~이구나!
자	왈	도	기	불	행	의	부

공자가 말했다. 도가 이미 행하여지지 않는구나!

풀이

자(子): 공자
왈(曰): 말하다.
도(道): 중도, 즉 중용(中庸)의 도
기(其): 이미. 부사
불(不): ~않다.

행(行): 행하여지다.
의(矣): ~이구나!
부(夫): ~이구나!
의부(矣夫): ~이구나! 감탄형 종결 어조사

논평

중용의 도[道·작용]가 행하여지지 않는 것에 대한 안타까움이 묻어 있다.

제6장

6-1
子曰 舜其大知也與 舜好問而好察邇言
隱惡而揚善 執其兩端 用其中於民
其斯以爲舜乎

공자가 말했다. 순임금은 아마도 위대한 지혜이구나! 순임금은 물음을 좋아하고 가까운 말을 살피기 좋아하고, 악을 숨기고 선을 드러낸다. 그 두 극단을 관장하여 백성들에게 그 중도를 쓴다. 아마도 이 분이 순임금이라고 생각할 것이다.

원문 전석

6-1

子曰 舜其大知也與 舜好問而好察邇言
隱惡而揚善 執其兩端 用其中於民
其斯以爲舜乎

공자가 말했다. 순임금은 아마도 위대한 지혜이구나! 순임금은 물음을 좋아하고 가까운 말을 살피기 좋아하고, 악을 숨기고 선을 드러낸다. 그 두 극단을 관장하여 백성들에게 그 중도를 쓴다. 아마도 이 분이 순임금이라고 생각할 것이다.

분석

1	2	3	4	5	6	7	
子	曰	舜	其	大	知	也	與
공자	말할	순임금	아마도	위대할	지혜	~이구나!	~이구나!
자	왈	순	기	대	지	야	여

공자가 말했다. 순임금은 아마도 위대한 지혜이구나!

풀이

자(子): 공자
왈(曰): 말하다.
순(舜): 순임금. 요임금과 함께 상고시대 중국의 성군(聖君)
기(其): 아마도. 부사
대(大): 위대하다, 훌륭하다, 탁월하다.
지(知): 지혜. 지(知)≒지(智)

대지(大知): 뛰어난 지혜 또는 뛰어난 지혜를 가진 사람
야(也): ~이구나!
여(與): ~이구나!
야여(也與): ~이구나! ~야여(也與)가 하나로 쓰이는 감탄의 종결형 어조사

분석

1	3	2	4	8	7	5	6	10	9	11	13	12
舜	好	問	而	好	察	邇	言	隱	惡	而	揚	善
순임금 순	좋아할 호	물음 문	~하고 이	좋아할 호	살필 찰	가까울 이	말 언	숨길 은	나쁠 악	~하고 이	드러낼 양	좋을 선

순임금은 물음을 좋아하고 가까운 말을 살피기 좋아하고, 악을 숨기고 선을 드러낸다.

풀이

순(舜): 순임금. 요임금과 함께 상고시대 중국의 성군(聖君)

호(好): 좋아하다.

문(問): 묻다. 물음이라는 명사로 쓰임.

이(而): ~하고. 순접의 접속사

호(好): 좋아하다.

찰(察): 살피다.

이(邇): 가깝다.

언(言): 말

이언(邇言): 비근하고 통속적인 말

은(隱): 숨기다.

악(惡): 나쁘다. 나쁨이라는 명사로 쓰임.
　　악(惡)↔선(善)

이(而): ~하고. 순접의 접속사

양(揚): 드러내다 또는 나타내다.

선(善): 좋다. 좋음이라는 명사로 쓰임.
　　선(善)↔악(惡)

분석

4	1	2	3	9	7	8	6	5
執	其	兩	端	用	其	中	於	民
관장할 집	그 기	두 양	끝 단	쓸 용	그 기	중도 중	~에게 어	백성 민

1	2	4	4	3	5
其	斯	以	爲	舜	乎
아마도 기	이 사	생각할 이	생각할 위	순임금 순	~일 것이다 호

그 두 극단을 관장하여 백성들에게 그 중도를 쓴다. 아마도 이 분이 순임금이라고 생각할 것이다.

제6장

풀이

집(執): 관장하다, 맡다, 맡아 다스리다, 처리하다. 양 극단에서 균형을 잡아 일을 처리한다는 뜻임.
기(其): 그
량(兩): 두 또는 둘
단(端): 끝이나 가장자리

양단(兩端): 두 끝. 서로 반대되는 두 극단
☞ 이 세상의 모든 것에는 양 극단이 존재한다. 그 예는 다음과 같다. 선악(善惡), 대소(大小), 후박(厚薄) 등이다.

〈깜짝 퀴즈 12〉
다음 중에서 두 극단이 아닌 것은 어느 것인가? (   )
① 선악(善惡)
② 대소(大小)
③ 중용(中庸)
④ 후박(厚薄)
⑤ 과불급(過不及)

정답: ③

용(用): 쓰다.
기(其): 그
중(中): 중도, 즉 중용의 도
☞ 자세한 것은 2-1을 참고하라.
어(於): ~에게. 전치사
민(民): 백성. 백성들이라는 복수로 쓰임.
기(其): 아마도. 부사
사(斯): 이(this) 〈사(斯)=순임금〉

이(以): 생각하다.
위(爲): 생각하다.
이위(以爲): 생각하다. 이(以)와 위(爲)의 합성어
순(舜): 순임금. 요임금과 함께 상고시대 중국의 성군(聖君)
호(乎): ~일 것이다. 추측의 종결형 어조사
기(其) ~ 호(乎): 아마도 ~일 것이다.

논평

공자가 중용의 도를 잘 쓴 사람으로 순임금을 들고 있다.

제7장

7-1 자왈 인개왈여지 구이납저고확함정지중

子曰 人皆曰予知 驅而納諸罟擭陷阱之中

이막지지피야 인개왈여지

而莫之知辟也 人皆曰予知

택호중용이불능기월수야

擇乎中庸而不能期月守也

공자가 말했다. 사람들은 모두 난 지혜롭다고 말한다. 그물, 덫, 함정 속에 그를 몰아넣어도 피하는 것을 알지 못한다. 사람들은 모두 난 지혜롭다고 말한다. 중용을 가리더라도 만 한 달 동안 지킬 수 없다.

원문 전석

7-1

子曰 人皆曰予知 驅而納諸罟擭陷阱之中
而莫之知辟也 人皆曰予知
擇乎中庸而不能期月守也

공자가 말했다. 사람들은 모두 난 지혜롭다고 말한다. 그물, 덫, 함정 속에 그를 몰아넣어도 피하는 것을 알지 못한다. 사람들은 모두 난 지혜롭다고 말한다. 중용을 가리더라도 만 한 달 동안 지킬 수 없다.

분석

1	2	3	4	7	5	6
子	曰	人	皆	曰	予	知
공자 자	말할 왈	사람 인	모두 개	말할 왈	나 여	지혜로울 지

15	16	17	13/14	8	9	10	10	11	12
驅	而	納	諸	罟	擭	陷	阱	之	中
몰 구	~해서 이	넣을 납	지어 저	그물 고	덫 확	함정 함	함정 정	~의 지	안 중

18	22	21	20	19	23
而	莫	之	知	辟	也
~해도 이	하지 못할 막	그것 지	알 지	피할 피	~이다 야

공자가 말했다. 사람들은 모두 난 지혜롭다고 말한다. 그물, 덫, 함정 속에 그를 몰아넣어도 피하는 것을 알지 못한다.

풀이

자(子): 공자
왈(曰): 말하다.
인(人): 사람. 사람들이라는 복수로 쓰임.
개(皆): 모두. 부사
왈(曰): 말하다.
여(予): 나
지(知): 지혜롭다. 지(知)≒지(智)
구(驅): 몰다.
이(而): ~해서. 순접의 어조사
납(納): 넣다.
구이납(驅而納): 몰아서 넣다.
저(諸): 지어(之於)라는 어조사의 용법임. 〈저(諸)=지어(之於)〉이때 지(之)는 목적격[그를/그녀를=him/her]을 나타내는 대명사이고 어[於=in]는 ~에라는 전치사임.
☞ 구이납저고확함정지중(驅而納諸罟攫陷阱之中)=구이납지어고확함정지중(驅而納之於罟攫陷阱之中). 그러나 제후(諸侯)라고 쓸 때는 음이 제(諸)로 다르다!

고(罟): 그물
확(攫): 덫
함(陷): 함정〈함(陷)=정(阱)〉
정(阱): 함정〈정(阱)=함(陷)〉
함정(陷阱): 〈함+정=함정〉
지(之): ~의
중(中): 속 또는 안
이(而): ~해도. 역접의 접속사
막(莫): 하지 못하다.
지(之): 그것[it]. 뒤에 나오는 〈피하는 것을 아는 것[知辟]〉을 가리킴.
지(知): 알다.
피(辟): 피하다.
야(也): ~이다. 종결형 어조사

분석

1	2	5	3	4
人	皆	曰	予	知
사람 인	모두 개	말할 왈	나 여	지혜로울 지

8	7	6		9	13	12	10		11	14
擇	乎	中	庸	而	不	能	期	月	守	也
가릴 택	~을 호	중도 중	법 용	~해도 이	없을 불	~할수있다 능	돌 기	달 월	지킬 수	~이다 야

사람들은 모두 난 지혜롭다고 말한다. 중용을 가리더라도 만 한달 동안 지킬 수 없다.

제7장

풀이

인(人): 사람. 사람들이라는 복수로 쓰임.
개(皆): 모두. 부사
왈(曰): 말하다.
여(予): 나
지(知): 지혜롭다. 지(知)≒지(智)
택(擇): 가리다 또는 고르다.
호(乎): ~을. 목적격 어조사
중(中): 중도, 즉 중용의 도
용(庸): 법
중용(中庸): 중도의 법
　☞ 보다 자세한 내용은 2-1을 참고하라.
이(而): ~해도. 역접의 접속사

불(不): ~ 없다.
능(能): 할 수 있다.
불능(不能): 할 수 없다.
기(期): 돌 또는 돐. 일정한 시간이 한 바퀴 돌아서 원래 처음 시점이 된 상태. 그 예로 일주기(一周期), 일주년(一周年) 등이 그것이다.
　　　　기(期)≒주(周)≒잡(匝)
월(月): 달
기월(期月): 만 한 달. 여기서 부사로 쓰여 〈만 한 달 동안〉이라는 뜻임.
수(守): 지키다.
야(也): ~이다. 종결형 어조사

논평

사람들은 자신이 지혜롭다고 입버릇처럼 말하지만, 중용을 가려서 쓰지 못한다. 설사 중용을 가려서 쓴다 하더라도 그 중용을 쓰는데 한 달도 버티지 못한다. 그러나 군자는 이를 잘 해낸다.

제8장

8-1

子曰 回之爲人也 擇乎中庸得一善
則拳拳服膺而弗失之矣

자왈 회지위인야 택호중용득일선
즉 권 권 복 응 이 불 실 지 의

공자가 말했다. 안회의 사람됨은 중용을 가려서 한번 선을 얻으면 공손하게 소중히 받들어 지키며 가슴으로 생각해 그것을 잃지 않았다.

원문 전석

8-1

子曰 回之爲人也 擇乎中庸得一善
則拳拳服膺而弗失之矣

공자가 말했다. 안회의 사람됨은 중용을 가려서 한번 선을 얻으면
공손하게 소중히 받들어 지키며 가슴으로 생각해 그것을 잃지 않았다.

분석

공자가 말했다. 안회의 사람됨은 중용을 가려서 한번 선을 얻으면 공손하게 소중히 받들어 지키며 가슴으로 생각해 그것을 잃지 않았다.

풀이

자(子): 공자
왈(曰): 말하다.
회(回): 안회(顔回). 공자의 여러 제자 중에서 최고의 제자로서 덕행이 뛰어난 것으로 유명함.
지(之): ~의
위(爲): 되다.

인(人): 사람
위인(爲人): 사람됨
야(也): ~은. 주격 조사
택(擇): 가리다 또는 고르다.
호(乎): ~을. 목적격 조사
중(中): 중도, 즉 중용의 도
용(庸): 법
중용(中庸): 중도의 법
☞ 중용의 구체적인 내용을 보려면 2-1을 참고하라.
득(得): 얻다.
일(一): 한번. 부사
선(善): 좋다. 좋음이라는 명사로 쓰임.
즉(則): ~하면. 앞 문장과 연결시키는 접속사
권(拳): 공손하다 또는 소중히 받들어 지키다.

권(拳): 공손하다 또는 소중히 받들어 지키다.
권권(拳拳): 진실한 마음으로 정성껏 지키는 모양. 부사로 〈진실한 마음으로 정성껏 지키며〉 정도의 의미임.
복(服): 생각하다.
응(膺): 가슴
복응(服膺): 가슴으로 생각하다 또는 가슴에 간직하다.
이(而): ~하면서. 순접의 접속사
불(弗): ~않다.
실(失): 잃다.
지(之): 그것[it]. 중용을 가리킴.
의(矣): ~이다. 추측 또는 가능성을 나타내는 종결형 어조사

논평

공자가 그의 제자인 안회의 중용 실천을 찬탄하는 내용이다. 안회는 제자 중에서 사람다움[仁]이 최고였던 사람이었다.

제8장

제9장

9-1 　子曰 天下國家可均也 爵祿可辭也
　　 白刃可蹈也 中庸不可能也

공자가 말했다. 온 세상의 국가를 다스릴 수 있다. 벼슬과 녹봉을 사양할 수 있다.
시퍼런 칼날을 밟을 수 있다. 중용은 불가능하다.

원문 전석

9-1

子曰 天下國家可均也 爵祿可辭也
白刃可蹈也　中庸不可能也

공자가 말했다. 온 세상의 국가를 다스릴 수 있다. 벼슬과 녹봉을 사양할 수 있다. 시퍼런 칼날을 밟을 수 있다. 중용은 불가능하다.

분석

공자가 말했다. 온 세상의 국가를 다스릴 수 있다. 벼슬과 녹봉을 사양할 수 있다. 시퍼런 칼날을 밟을 수 있다.

풀이

자(子): 공자

왈(曰): 말하다.

천(天): 하늘

하(下): 아래

천하(天下): 하늘 아래. 온 세상

국(國): 나라

가(家): 집

국가(國家): 나라의 집. 동양은 나라도 집[家]의 확장으로 바라봄.

가(可): ~할 수 있다. 조동사

균(均): 다스리다.

야(也): ~이다. 종결형 어조사

작(爵): 벼슬. 오늘날로 말하면 공직과 같음.

록(祿): 녹봉. 오늘날로 말하면 임금[pay]과 같음. 원래 녹봉이란 벼슬아치에게 일 년 또는 계절 단위로 나누어 주던 금품을 통틀어 이르는 말임.

제9장　65

가(可): ~할 수 있다. 조동사
사(辭): 사양하다.
야(也): ~이다. 종결형 어조사
백(白): 희다.
인(刃): 칼날
백인(白刃): 하얀 칼날. 칼날이 매우 예리하고 날카로운 상태를 말함. 날카로운 칼날 또는 시퍼런 칼날을 뜻함.
가(可): ~할 수 있다. 조동사
도(蹈): 밟다.
야(也): ~이다. 종결형 어조사

분석

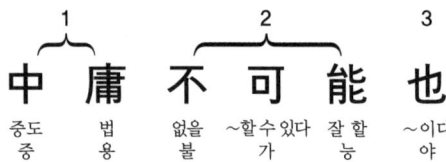

중용은 불가능하다.

풀이

중(中): 중도, 중용의 도
용(庸): 법
중용(中庸): 중도의 법
☞ 중용의 구체적인 내용을 보려면 2-1을 참고하라.
불(不): 없다. 뒤에 나오는 조동사를 부정

가(可): ~할 수 있다. 조동사
능(能): 잘하다.
불가능(不可能): 잘할 수 없다. 통상 불가능하다라고 씀.
야(也): ~이다. 종결형 어조사

논평

나라를 다스리는 일도 할 수 있는 일이고, 벼슬을 하기 싫으면 벼슬과 그에 따른 녹도 사양할 수 있으며, 용기만 있다면 시퍼런 칼날도 밟을 수 있다. 이러한 일들은 어렵지만 쉬운 일이다[難而易]. 하지만 중용을 잘 한다는 것은 아주 쉬우면서도 정말 어려운 일이다[易而難]!

제10장

10-1
_{자 로 문 강}
子路問强
자로가 굳셈을 물었다.

10-2
_{자 왈 남 방 지 강 여 북 방 지 강 여 억 이 강 여}
子曰 南方之强與 北方之强與 抑而强與
공자가 말했다. 남쪽 지방의 굳셈이냐? 북쪽 지방의 굳셈이냐? 그렇지 않으면 너의 굳셈이냐?

10-3
_{관 유 이 교 불 보 무 도 남 방 지 강 야 군 자 거 지}
寬柔以敎 不報無道 南方之强也 君子居之
너그러움과 온화함으로 가르친다. 법도가 없어도 보복하지 않는다. 남쪽 지방의 굳셈이다. 군자는 그곳에 산다.

10-4
_{임 금 혁 사 이 불 염 북 방 지 강 야 이 강 자 거 지}
衽金革 死而不厭 北方之强也 而强者居之
병기를 깔고 죽더라도 싫어하지 않는다. 북쪽 지방의 굳셈이다. 그래서 굳센 사람은 그곳에 산다.

10-5
_{고 군 자 화 이 불 류 강 재 교 중 립 이 불 의}
故 君子和而不流 强哉矯 中立而不倚
_{강 재 교 국 유 도 불 변 색 언 강 재 교 국 무 도}
强哉矯 國有道 不變塞焉 强哉矯 國無道
_{지 사 불 변 강 재 교}
至死不變 强哉矯
그러므로 군자는 화합하면서도 제멋대로 행동하지 않으니 굳세구나! 굳세. 중도를 세우고 치우치지 않으니 굳세구나! 굳세. 나라에 법도가 있어 얼굴색을 바꾸지 않는다. 굳세구나! 굳세. 나라에 법도가 없어 죽음에 이르러도 변치 않으니 굳세구나! 굳세.

원문 전석

10-1

子路問强

자로가 굳셈을 물었다.

분석

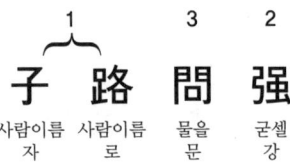

자로가 굳셈을 물었다.

풀이

자로(子路): 사람 이름. 공자의 여러 제자 중 한명. 중유(仲由)라고 하며, 용맹스러움을 좋아함.

문(問): 묻다.

강(强): 굳세다. 굳셈이라는 명사로 쓰임.

> 〈깜짝 퀴즈 13〉
> 군자를 평가하는 세 가지 기준이 무엇인지 쓰시오.(　　,　　,　　)
>
> 정답: 지(智), 인(仁), 용(勇)
> ☞ 구체적인 내용을 보려면 20-10을 참고하라.

논평

자로가 묻고 공자가 답한다. 자로의 물음에 대한 답은 아래에 이어진다. ① 〈지혜로움[智]〉의 최고는 순임금이요, ② 〈사람다움[仁]〉의 최고는 안회이며, ③ 〈굳셈[勇]〉의 최고는 자로다.

원문 전석

10-2

子曰 南方之强與 北方之强與 抑而强與

공자가 말했다. 남쪽 지방의 굳셈이냐? 북쪽 지방의 굳셈이냐? 그렇지 않으면 너의 굳셈이냐?

분석

1	2	3	4	5	6	7
子	曰	南	方	之	强	與
공자	말할	남쪽	지방	~의	굳셀	~인가?
자	왈	남	방	지	강	여

8	9	10	11	12	13	14	15	16
北	方	之	强	與	抑	而	强	與
북쪽	지방	~의	굳셀	~인가?	그렇지 않으면	너	굳셀	~인가?
북	방	지	강	여	억	이	강	여

공자가 말했다. 남쪽 지방의 굳셈이냐? 북쪽 지방의 굳셈이냐? 그렇지 않으면 너의 굳셈이냐?

풀이

자(子): 공자
왈(曰): 말하다.
남(南): 남쪽
방(方): 지방
남방(南方): 남쪽 지방
지(之): ~의
강(强): 굳세다. 굳셈이라는 명사로 쓰임.
여(與): ~인가? 의문형 어조사
북(北): 북쪽

방(方): 지방
북방(北方): 북쪽 지방
지(之): ~의
강(强): 굳세다. 굳셈이라는 명사로 쓰임.
여(與): ~인가? 의문형 어조사
억(抑): 그렇지 않으면[or]
이(而): 너[汝·you]
강(强): 굳세다. 굳셈이라는 명사로 쓰임.
여(與): ~인가? 의문형 어조사

제10장

논평

자로의 물음에 대해 공자가 어떤 종류의 굳셈인지 다시 묻는다. 이에 대한 답은 아래에 나온다.

원문 전석

10-3

寬柔以敎 不報無道 南方之强也 君子居之

너그러움과 온화함으로 가르친다. 법도가 없어도 보복하지 않는다.
남쪽 지방의 굳셈이다. 군자는 그곳에 산다.

분석

1	2	3	4	8	7	6	5
寬	柔	以	敎	不	報	無	道
너그러울 관	온화할 유	~으로 이	가르칠 교	않을 불	보복할 보	없을 무	법도 도

9	10	11	12	13	14		16	15
南	方	之	强	也	君	子	居	之
남쪽 남	지방 방	~의 지	굳셀 강	~이다 야	어진이 군	사람 자	살 거	그곳 지

너그러움과 온화함으로 가르친다. 법도가 없어도 보복하지 않는다. 남쪽 지방의 굳셈이다. 군자는 그곳에 산다.

풀이

관(寬): 너그럽다. 너그러움으로 쓰임.
유(柔): 온화하다. 온화함으로 쓰임.

이(以): ~으로[by]
교(敎): 가르치다.

불(不): ~않다.
보(報): 보복하다.
무(無): 없다.
도(道): 법도. 예법과 제도라는 뜻임.
무도(無道): 법도가 없다. 이를 확대하면 법도가 없는 사람을 말함.
남(南): 남쪽
방(方): 지방
남방(南方): 남쪽 지방
지(之): ~의
강(強): 굳세다. 굳셈이라는 명사로 쓰임.
야(也): ~이다.
군(君): 어진이[仁者]
자(子): 사람
군자(君子): 어진 사람. 『중용』에서 추구하는 군자란 중용을 알고 중용을 실천하는 사람이다. 그런데 여기서 이런 중용의 군자를 말하지 않는다. 이때 군자는 마냥 착한 사람, 즉 어진이를 말할 뿐이다. 군자를 판정하는 기준은 다음과 같다. 지혜로움[知], 사람다움[仁], 굳셈[勇]을 모두 갖추고 있어야 군자인 것이다. 그러나 남방의 군자는 나이브하게 어질 뿐이지 굳셀 때는 굳세야 하는데 성정(性情)이 너무나 착하다. 그렇다면 이것은 굳셈[勇]에 미치지 못하는[不及] 상태에 놓여 있다. 따라서 이런 군자는 중[中道]의 상태에 미치지 못한다. 무조건 관용적이고 무조건 착하기만 해도 그것은 중용의 도를 벗어난 것이다.

☞ 여기서 군자는 부정적 의미로 쓰였다.

거(居): 살다.
지(之): 그곳[it]. 지시대명사. 남쪽 지방을 가리킴.

논평

무조건 착하고 무조건 온화한 사람이 군자는 아니다. 지혜로움[知], 사람다움[仁], 굳셈[勇]을 골고루 갖추고 있어야 진정한 군자다. 그래서 군자가 되는 것은 매우 어렵다.

원문 전석

袵金革 死而不厭 北方之強也 而強者居之

10-4

병기를 깔고 죽더라도 싫어하지 않는다. 북쪽 지방의 굳셈이다.
그래서 굳센 사람은 그곳에 산다.

분석

병기를 깔고 죽더라도 싫어하지 않는다. 북쪽 지방의 굳셈이다. 그래서 굳센 사람은 그곳에 산다.

풀이

임(袵): 요와 같은 것을 깔다.
금(金): 무기. 쇠붙이로 만든 병기
혁(革): 갑주(甲胄). 가죽으로 만든 갑옷과 투구
금혁(金革): 전쟁에 쓰는 도구의 모든 것. 병기(兵器)
사(死): 죽다.
이(而): ~하더라도. 양보의 접속사
불(不): ~않다.
염(厭): 싫어하다.
북(北): 북쪽
방(方): 지방
북방(北方): 북쪽 지방
지(之): ~의
강(強): 굳세다. 굳셈이라는 명사로 쓰임.
야(也): ~이다.

이(而): 그래서. 순접의 접속사
강(強): 굳세다. 형용사
자(者): 사람
강자(強者): 굳센 사람
거(居): 살다.
지(之): 그곳[it]. 지시대명사. 북쪽 지방을 가리킴.

남방 군자와 북방 강자의 비교

남방의 군자	북방의 강자
너무 유약해서 굳셈에 미치지 못하는 사람이다.	굳셈이 너무 지나친 사람이다.
중에 미치지 못하는[不及乎中] 예를 말한다.	중을 지나친[過乎中] 예를 말한다.
평가: 남방의 군자는 불급(不及)해서 문제가 있고, 북방의 강자는 과(過)이기 때문에 문제가 있다. 둘 다 진정한 의미의 군자는 아니다.	

논평

북쪽 지방의 강자는 너무나 굳세서 중(中)을 지나쳤다. 그래서 그는 또한 군자가 아니다.

원문 전석

10-5

故 君子和而不流 强哉矯 中立而不倚 强哉矯
國有道 不變塞焉 强哉矯 國無道 至死不變
强哉矯

그러므로 군자는 화합하면서도 제멋대로 행동하지 않으니 굳세구나! 굳세. 중도를 세우고 치우치지 않으니 굳세구나! 굳세. 나라에 법도가 있어 얼굴색을 바꾸지 않는다. 굳세구나! 굳세. 나라에 법도가 없어 죽음에 이르러도 변치 않으니 굳세구나! 굳세.

분석

1	2		3	4	6	5	7	8	9
故	君	子	和	而	不	流	强	哉	矯
그러므로	어진이	사람	화합할	~하면서	않을	제멋대로 행동할	굳셀	~이구나!	굳셀
고	군	자	화	이	불	류	강	재	교

그러므로 군자는 화합하면서도 제멋대로 행동하지 않으니 굳세구나! 굳세.

풀이

고(故): 그러므로. 접속사
군(君): 어진 사람
자(子): 사람
군자(君子): 어진 사람. 중용을 따르면서 사는 사람
화(和): 화합하다.
이(而): ~하면서. 순접의 접속사

불(不): ~않다.
류(流): 제멋대로 행동하다.
강(强): 굳세다. 강(强)≒교(矯)
재(哉): ~하구나! 감탄 어조사
교(矯): 굳세다. 교(矯)≒강(强)

분석

1	2	3	5	4	6	7	8
中	立	而	不	倚	强	哉	矯
중도 중	세울 립	~하고 이	않을 불	치우칠 의	굳셀 강	~하구나! 재	굳셀 교

중도를 세우고 치우치지 않으니 굳세구나! 굳세.

풀이

중(中): 중도, 즉 중용의 도
립(立): 세우다.
이(而): ~하고. 순접의 접속사
불(不): ~않다.

의(倚): 치우치다.
강(强): 굳세다. 강(强)≒교(矯)
재(哉): ~하구나! 감탄 어조사
교(矯): 굳세다. 교(矯)≒강(强)

분석

1	3	2	6	5	4	7	8	9	10
國	有	道	不	變	塞	焉	强	哉	矯
나라 국	있을 유	법도 도	않을 불	바꿀 변	얼굴색 색	~이다 언	굳셀 강	~이구나! 재	굳셀 교

나라에 법도가 있어 얼굴색을 바꾸지 않는다. 굳세구나! 굳세.

풀이

국(國): 나라
유(有): 있다.
도(道): 도(道). 법도(法度) 〈법도=예법+제도〉
불(不): ~않다.

변(變): 바꾸다.
색(塞): 얼굴색
불변색(不變塞): 얼굴색을 바꾸지 않는다. 영달(榮達)을 기준으로 전후의 얼굴색을 바꾸지 않는다는 뜻임.

얼굴색의 두 모습

얼굴색[塞]	
미달시의 얼굴색[출세 전]	영달시의 얼굴색[출세 후]
평가: 미달(未達)하든 영달(榮達)하든 상관없이 미달시의 지조를 지키고 영달해도 그 지조를 변하지 않는다는 뜻이다.	

언(焉): ~이다. 강조의 어조사
강(强): 굳세다. 강(强)≒교(矯)
재(哉): ~하구나! 감탄 어조사
교(矯): 굳세다. 교(矯)≒강(强)

분석

1	3	2	5	4	7	6	8	9	10
國	無	道	至	死	不	變	强	哉	矯
나라 국	없을 무	법도 도	이를 지	죽음 사	않을 불	변할 변	굳셀 강	~하구나! 재	굳셀 교

나라에 법도가 없어 죽음에 이르러도 변치 않으니 굳세구나! 굳세.

풀이

국(國): 나라
무(無): 없다.
도(道): 도(道). 법도(法度) 〈법도=예법+제도〉
지(至): 이르다.
사(死): 죽음
불(不): ~않다.

변(變): 변하다.
불변(不變): 변하지 않는다. 도(道)를 변치 않는다는 뜻임.
강(强): 굳세다. 강(强)≒교(矯)
재(哉): ~하구나! 감탄 어조사
교(矯): 굳세다. 교(矯)≒강(强)

논평

중립(中立)은 중도(中道)에 선다는 뜻이지 이쪽도 아니고 저쪽도 아닌 어정쩡한 상태[於中間]에 선다는 뜻이 아니다. 나라에 도가 있으면 그 도에 맞게 중용을 세우고, 나라에 도가 없으면 그 도에 맞게 중용을 세운다. 이런 군자가 진정한 군자이다.

제11장

11-1
<small>자왈 색은행괴 후세유술언 오불위지의</small>
子曰 索隱行怪 後世有述焉 吾弗爲之矣
공자가 말했다. 구석을 찾아 기이한 짓을 하고도 후세에 칭술이 있다. 나는 그것을 하지 않는다.

11-2
<small>군자 준도이행 반도이폐 오불능이의</small>
君子 遵道而行 半途而廢 吾弗能已矣
군자가 도를 좇아 행하다가 도중에서 그만둔다. 나는 그만둘 수 없다.

11-3
<small>군자 의호중용 둔세불견지이불회</small>
君子 依乎中庸 遯世不見知而不悔
<small>유성자능지</small>
唯聖者能之
군자는 중용을 따르며 세상에 숨어 알려지지 않더라도 뉘우치지 않는다. 오직 성인만이 그것을 할 수 있다.

원문 전석

11-1

子曰 素隱行怪 後世有述焉 吾弗爲之矣

공자가 말했다. 구석을 찾아 기이한 짓을 하고도 후세에 칭술이 있다. 나는 그것을 하지 않는다.

분석

공자가 말했다. 구석을 찾아 기이한 짓을 하고도 후세에 칭술이 있다. 나는 그것을 하지 않는다.

풀이

자(子): 공자
왈(曰): 말하다.
소(素): 흴 소이지만 이 글자는 찾을 색, 즉 색(索)의 오자(誤字)임. 이때 색(索)은 찾는다는 뜻임.
☞ 소안한서당작색(素按漢書當作索)!

소(素)는 『한서(漢書)』를 살펴보니 마땅히 색(索)으로 써야 한다!

은(隱): 구석[nook]
행(行): 하다.
괴(怪): 기이하다. 기이한 짓으로 쓰임.
후(後): 뒤
세(世): 때 또는 시대

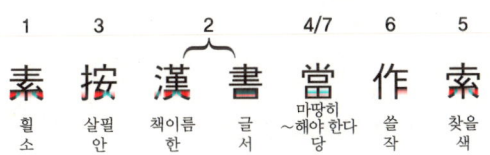

제11장

후세(後世): 뒤의 시대. 후세라는 부사로 쓰임.
유(有): 있다.
술(述): 짓다 또는 기술하다. 칭찬하여 말함, 즉 칭술(稱述)을 뜻함.
언(焉): ~이다. 강조의 종결형 어조사
오(吾): 나 〈오(吾)=공자(孔子)〉

불(弗): ~않다.
위(爲): 하다.
불위(弗爲): 하지 않는다.
지(之): 그것[it]. 앞의 색은행괴(索隱行怪)를 가리킴.
의(矣): ~이다. 추측 또는 가능성의 종결형 어조사

논평

군자의 몸가짐에 대한 당부가 실려 있다. 그리고 군자의 길이 무엇인지 전해주고 있다. 그 길은 아래 구절에 나온다.

원문 전석

11-2

君子 遵道而行 半途而廢 吾弗能已矣

군자가 도를 좇아 행하다가 도중에서 그만둔다. 나는 그만둘 수 없다.

분석

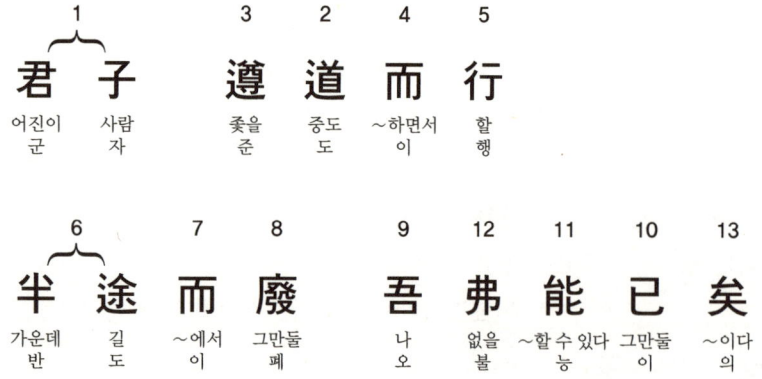

군자가 도를 좇아 행하다가 도중에서 그만둔다. 나는 그만둘 수 없다.

풀이

군(君): 어진이
자(子): 사람
군자(君子): 어진 사람
  ☞ 실천력이 부족한 사람으로서의 군자를 말하고 있다. 이때 군자는 부정적 의미로 쓰였다.
준(遵): 좇다 또는 따르다.
도(道): 중도, 즉 중용의 도
이(而): ~하면서. 순접의 접속사
행(行): 행하다.
반(半): 가운데 또는 중간
도(途): 길
  ☞ 같은 길이지만 도(道·Tao)는 추상성이 매우 강한 것이고, 도(途)는 구체적인 도로(road)를 말한다.

반도(半途): 중간의 길로 도중이라는 뜻임.
이(而): ~에. 부사를 만드는 접미사형 어조사
반도이(半途而): 도중에 또는 중도에라는 부사
폐(廢): 그만두다.
오(吾): 나 〈오(吾)=공자(孔子)〉
불(弗): 없다.
능(能): ~할 수 있다. 조동사
불능(弗能): ~할 수 없다.
이(已): 그만두다.
의(矣): ~이다. 추측 또는 가능성의 종결형 어조사

논평

중용의 도를 실천하다가 도중에 그만두는 군자는 진정한 군자가 아니다. 그런 군자를 공자가 경계하고 있다.

원문 전석

11-3

君子 依乎中庸 遯世不見知而不悔 唯聖者能之

군자는 중용을 따르며 세상에 숨어 알려지지 않더라도 뉘우치지 않는다. 오직 성인만이 그것을 할 수 있다.

분석

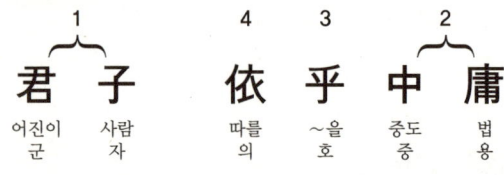

6	5	9	8	7	10	12	11	13	14	15	17	16
遯	世	不	見	知	而	不	悔	唯	聖	者	能	之
숨을	세상	않을	당할	알릴	~하더라도	않을	뉘우칠	오직	성인	사람	할수있다	그것
둔	세	불	견	지	이	불	회	유	성	자	능	지

군자는 중용을 따르며 세상에 숨어 알려지지 않더라도 뉘우치지 않는다. 오직 성인만이 그것을 할 수 있다.

풀이

군(君): 어진이
자(子): 사람
군자(君子): 어진 사람. 언제나 중용을 따르며 사는 사람
의(依): 따르다 또는 의지하다.
호(乎): ~을. 목적격 어조사
중(中): 중도, 즉 중용의 도
용(庸): 법
중용(中庸): 중도의 법
　☞ 보다 자세한 내용을 보고 싶으면 2-1을 참고하라.
둔(遯): 숨다.
세(世): 세상
둔세(遯世): 세상에 숨다 또는 세상을 피하다.
불(不): 않다.
견(見): 당하다 또는 되다. 수동형을 만듦.
지(知): 알리다.

견지(見知): 직역하면 알려짐을 당하다라는 뜻인데, 순역(順譯)하면 알려지게 된다라는 뜻임.
불견지(不見知): 알려지지 않게 되다.
이(而): ~하더라도. 양보[though]를 나타내는 접속사
불(不): ~않다.
회(悔): 뉘우치다.
　　　뉘우치다≒제 잘못을 깨달아 스스로 꾸짖다
유(唯): 오직. 부사
성(聖): 성인
자(者): 사람
성자(聖者): 성인[聖人·sage]
　　　〈성자(聖者)=성인(聖人)〉
능(能): 할 수 있다.
지(之): 그것[it]. 지시대명사로 둔세불견지이불회(遯世不見知而不悔)를 가리킴.

군자와 성자[聖者=聖人]의 비교

군자(君子)	성자(聖者)
쉬지 않고 중용의 도를 따르고자 노력하며 사는 사람을 말한다.	성자는 성인과 같은 것이며 그렇게 힘들게 노력하지 않아도 하는 일마다 중용의 도를 완벽하게 구현하는 사람이다.
평가: 군자보다 성인이 수준과 경지가 높다. 둘 다 인격직 개념이다.	

논평

군자의 길을 말하고 있다. 묵묵히 자신만의 중용의 길을 가는 자, 그가 바로 군자이며 그 순간, 그는 성인(聖人)의 반열에 선다.

제12장

12-1
君子之道 費而隱
군자의 도는 효용이 크지만 겉으로 드러나지 않는다.

12-2
夫婦之愚 可以與知焉 及其至也
雖聖人亦有所不知焉 夫婦之不肖
可以能行焉 及其至也 雖聖人亦有所不能焉
天地之大也 人猶有所憾 故 君子語大
天下莫能載焉 語小 天下莫能破焉

부부가 어리석어도 모두 알 수 있다. 그 지극함에 이르러서는 비록 성인이라도 또한 알지 못하는 것이 있다. 부부가 못난 사람이라도 잘 행할 수 있다. 그 지극함에 이르러서는 비록 성인이라도 또한 잘 할 수 없는 것이 있다. 천지가 위대한가? 사람들이 오히려 유감으로 여기는 것이 있다. 그러므로 군자가 큼을 말해도 온 세상에 잘 실을 수 없다. 작음을 말해도 온 세상에 잘 쪼갤 수 없다.

12-3
詩云 鳶飛戾天 魚躍于淵 言其上下察也
『시경』은 말한다: 「솔개가 날아 하늘에 이르고 물고기가 못에서 뛰어 오른다」 그것이 천지에 드러나는 것을 말한다.

12-4
君子之道 造端乎夫婦 及其至也 察乎天地
군자의 도는 부부에서 시초가 된다. 그 지극함에 이르러서는 천지에 드러난다.

원문 전석

12-1

君子之道 費而隱

군자의 도는 효용이 크지만 겉으로 드러나지 않는다.

분석

군자의 도는 효용이 크지만 겉으로 드러나지 않는다.

풀이

군(君): 어진이
자(子): 사람
군자(君子): 어진 사람. 언제나 중용을 따르며 사는 사람으로 인격적 개념이다.
지(之): ~의
도(道): 도. 그것[道]의 작용이라는 뜻임. 〈도(道)=작용〉
비(費): 효용이 크다 또는 널리 쓰이다.
이(而): ~하지만. 역접의 접속사

은(隱): 겉으로 드러나지 않다.

비(費)와 은(隱)의 비교

비(費)	은(隱)
효용이 크다./널리 쓰이다.	겉으로 드러나지 않다.
형이하자(形而下者)/용(用)	형이상자(形而上者)/체(體)
작용/드러남	본체/숨음

논평

군자의 도는 널리 쓰여 그 효용이 매우 크다. 그러나 그것의 모습은 구체적 형태로 드러나지 않는다. 이를 작용[用]과 본체[體]라는 논리를 깔고 비(費)와 은(隱)의 구조로 파악하고 있다.

제12장

원문 전석

12-2

夫婦之愚 可以與知焉 及其至也
雖聖人亦有所不知焉 夫婦之不肖 可以能行焉
及其至也 雖聖人亦有所不能焉 天地之大也
人猶有所憾 故 君子語大 天下莫能載焉 語小
天下莫能破焉

부부가 어리석어도 모두 알 수 있다. 그 지극함에 이르러서는 비록 성인이라도 또한 알지 못하는 것이 있다. 부부가 못난 사람이라도 잘 행할 수 있다. 그 지극함에 이르러서는 비록 성인이라도 또한 잘 할 수 없는 것이 있다. 천지가 위대한가? 사람들이 오히려 유감으로 여기는 것이 있다. 그러므로 군자가 큼을 말해도 온 세상에 잘 실을 수 없다. 작음을 말해도 온 세상에 잘 쪼갤 수 없다.

분석

1	2	3	4	7		5	6	8
夫	婦	之	愚	可	以	與	知	焉
남편	아내	~가	어리석을	~할 수 있다	할	모두	알	~이다
부	부	지	우	가	이	여	지	언

부부가 어리석어도 모두 알 수 있다.

풀이

부(夫): 남편
부(婦): 아내
부부(夫婦): 남편과 아내
지(之): ~가. 주격 조사
우(愚): 어리석다.
가(可): ~ 할 수 있다.

이(以): 하다.
가이(可以): ~ 할 수 있다. 조동사
여(與): 모두 또는 함께. 부사
지(知): 알다.
언(焉): ~이다. 강조의 종결형 어조사
   ☞ 중용의 도는 필부필부(匹夫匹婦)라도 알 수 있

을 정도로 쉬운 것이다. 이때 필부필부는 평범한 남녀를 말한다. 중용의 도에서 지(知)의 차원을 말하고 있다.

분석

及 其 至 也
이를 그 지극함 ~는
급 기 지 야

雖 聖 人 亦 有 所 不 知 焉
비록~일지라도 성인 사람 또한 있을 것 못할 알 ~이다
수 성 인 역 유 소 부 지 언

그 지극함에 이르러서는 비록 성인이라도 또한 알지 못하는 것이 있다.

풀이

급(及): 이르다.
기(其): 그
지(至): 지극함.
야(也): ~는. 주격 조사
수(雖): 비록 ~일지라도
성(聖): 성인
인(人): 사람
성인(聖人): 중용의 도를 완벽하게 구사하는 사람
 ☞ 군자(君子)
역(亦): 또한
유(有): 있다.

소(所): ~것
부(不): 못하다.
지(知): 알다.
부지(不知): 알지 못하다.
언(焉): ~이다. 강조의 종결형 어조사
 ☞ 평범한 부부도 알 수 있는 것이 중용의 도라 하더라도 그 지극함으로 말하면 완벽한 성인도 알지 못하는[不知] 중용의 도도 있다는 것을 말해주고 있다. 중용의 도에서 부지(不知)의 차원을 말하고 있다.

분석

부부가 못난 사람이라도 잘 행할 수 있다.

풀이

부(夫): 남편
부(婦): 아내
부부(夫婦): 남편과 아내
지(之): ~가. 주격 조사
불(不): 못하다.
초(肖): 닮다. 이상적인 모습을 닮다, 본받다, 따라 하다.
불초(不肖): 글자 그대로 직역하면 닮지 못한다는 뜻인데, 여기서 불초(不肖)는 닮지 못하는 사람이라는 뜻임. 이를 더 순역(順譯)하면 못난 사람이 불초이다. 〈불초(不肖)=못난 사람〉

가(可): ~할 수 있다.
이(以): 하다.
가이(可以): ~할 수 있다. 조동사
능(能): 잘. 부사
행(行): 행하다.
언(焉): ~이다. 강조의 종결형 어조사
☞ 중용의 도는 못난 부부도 〈실천할 수 있는 것[行]〉이라는 점을 말하고 있다. 중용의 도에서 행(行)의 차원을 말하고 있다.

분석

그 지극함에 이르러서는 비록 성인이라도 또한 잘 할 수 없는 것이 있다.

풀이

급(及): 이르다.
기(其): 그
지(至): 지극함.
야(也): ~는. 주격 조사
수(雖): 비록 ~일지라도
성(聖): 성인
인(人): 사람
성인(聖人): 성인[sage]으로서 중용의 도[道·작용]를 완벽하게 구사하는 사람 ☞ 군자(君子)
역(亦): 또한
유(有): 있다.

소(所): 것
불(不): ~없다.
능(能): 잘하다.
불능(不能): 잘 할 수 없다.
언(焉): ~이다. 강조의 종결형 어조사

☞ 못난 부부도 실천할 수 있는 것이 중용의 도라 하더라도 그 지극함으로 말하면 완벽한 성인도 잘 실천하지 못하는[不能] 중용의 도도 있다는 것을 말해주고 있다. 중용의 도에서 불능(不能)의 차원을 말하고 있다.

분석

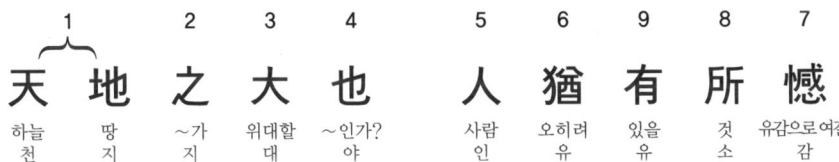

천지가 위대한가? 사람들이 오히려 유감으로 여기는 것이 있다.

풀이

천(天): 하늘
지(地): 땅
천지(天地): 하늘과 땅으로 천지를 번역하지 않고 씀.
지(之): ~가. 주격 조사
대(大): 위대하다.
야(也): ~인가? 반어를 나타내는 어조사
인(人): 사람. 사람들이라는 복수로 쓰임.
유(猶): 오히려. 부사

유(有): 있다.
소(所): ~것
감(憾): 유감으로 여기다, 원한을 품다, 마음에 걸리다.

☞ 여기서 사람들이 유감으로 여기는 것은 천지 사이에 일어나는 천재지변(天災地變)을 말한다.

분석

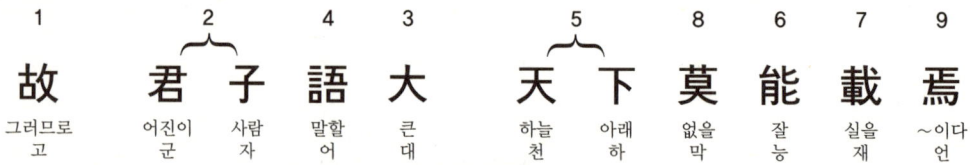

故 君子 語 大 天下 莫 能 載 焉
1   2   4 3   5   8 6 7 9

- 故: 그러므로 (고)
- 君: 어진이 (군)
- 子: 사람 (자)
- 語: 말할 (어)
- 大: 큰 (대)
- 天: 하늘 (천)
- 下: 아래 (하)
- 莫: 없을 (막)
- 能: 잘 (능)
- 載: 실을 (재)
- 焉: ~이다 (언)

그러므로 군자가 큼을 말해도 온 세상에 잘 실을 수 없다.

풀이

고(故): 그러므로
군(君): 어진이
자(子): 사람
군자(君子): 어진 사람. 언제나 중용을 따르며 사는 사람. ☞ 성인(聖人)
어(語): 말하다.
대(大): 큼. 중용의 도의 위대함을 말함. 12-1의 비이은(費而隱) 중에서 효용이 크다는 비(費)를 뜻함.
　☞ 대(大)→비(費)
천(天): 하늘

하(下): 아래
천하(天下): 하늘 아래. 온 세상
막(莫): 없다.
능(能): 잘. 부사
재(載): 싣다.
언(焉): ~이다. 강조의 종결형 어조사
　☞ 중용의 도[道·작용]의 효용성이 너무나 크기 때문에 온 세상에 이것을 다 실을 수 없다는 것을 말하고 있다.

분석

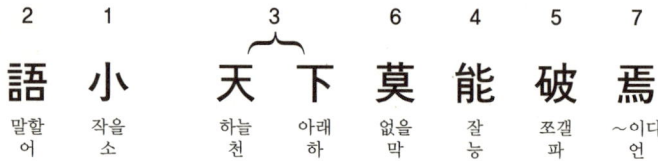

語 小 天下 莫 能 破 焉
2   1   3   6 4 5 7

- 語: 말할 (어)
- 小: 작을 (소)
- 天: 하늘 (천)
- 下: 아래 (하)
- 莫: 없을 (막)
- 能: 잘 (능)
- 破: 쪼갤 (파)
- 焉: ~이다 (언)

작음을 말해도 온 세상에 잘 쪼갤 수 없다.

풀이

어(語): 말하다.
소(小): 작음. 중용의 도의 은미함을 말함. 12-1의 비이은(費而隱) 중에서 겉으로 드러나지 않는다의 은(隱)을 뜻함. ☞ 소(小)→은(隱)

천(天): 하늘
하(下): 아래
천하(天下): 하늘 아래. 온 세상
막(莫): 없다.
능(能): 잘. 부사
파(破): 쪼개다. 잘게 나눈다는 뜻임.
언(焉): ~이다. 강조의 종결형 어조사

☞ 중용의 도의 은미함이 너무나 심하기 때문에 온 세상에 이것을 다 쪼개 놓을 수 없다는 것을 말하고 있다. 중용의 도가 구체적으로 눈에 보이지 않기 때문에 쪼갤 수 없다.

중용(中庸)의 도[道·작용]가 가진 비(費)와 은(隱)

비(費)	은(隱)
효용성이 크다.	은미함이 심하다.
대(大): 매우 크다.	소(小): 너무나 미미하여 눈에 보이지 않다.
양(陽)의 측면: 드러나다.	음(陰)의 측면: 숨다.

군자와 성인의 비교

군자(君子)	성인(聖人)
중용(中庸)의 도(道)를 따르면서 사는 사람	중용(中庸)의 도(道)를 체현하는 사람

논평

중용의 도는 누구나 알고 누구나 실천할 수 있다. 그러나 그 지극함으로 말하면 비록 성인일지라도 알 수도 없고 그것을 다 실천할 수도 없다. 부부와 성인을 등장시켜 이러한 점을 말하고 있다. 또한 중용의 도에서 보면 군자라 하더라도 그 큰 효용성과 그 은미함을 다 실을 수도 없고 다 쪼갤 수도 없음을 말한다.

원문 전석

12-3

詩云「鳶飛戾天 魚躍于淵」 言其上下察也

『시경』은 말한다:
「솔개가 날아 하늘에 이르고 물고기가 못에서 뛰어 오른다」
그것이 천지에 드러나는 것을 말한다.

분석

『시경』은 말한다:「솔개가 날아 하늘에 이르고 물고기가 못에서 뛰어 오른다」
그것이 천지에 드러나는 것을 말한다.

풀이

시(詩): 『시경(詩經)』.『시경(詩經)』「대아(大雅)」〈한록편(旱麓篇)〉에 들어있음.

운(云): 말하다. 〈운(云)=왈(曰)〉

연(鳶): 솔개

비(飛): 날다.

려(戾): 이르다.

천(天): 하늘

어(魚): 물고기

약(躍): 뛰어오르다.

우(于): ~에서[in]. 전치사

연(淵): 못

언(言): 말하다.

기(其): 그것[it]. 도(道)를 가리킴.

상(上): 하늘

하(下): 땅

상하(上下): 하늘과 땅으로 천지(天地)를 뜻함. 여기서 상하(上下)는 천지(天地)라는 부사로 쓰임.
　☞ 상(上)은 하늘을 말하고, 하(下)는 땅을 말한다! 〈상(上)=하늘, 하(下)=땅〉

찰(察): 드러나다.

야(也): ~이다. 사실을 드러내는 종결형 어조사

논평

도(道)가 천지 사이에 드러나는 것을 말하고 있다. 도(道)의 비이은(費而隱)이 천지에 가득함을 말하는 것이다.

원문 전석

12-4

君子之道 造端乎夫婦 及其至也 察乎天地

군자의 도는 부부에서 시초가 된다. 그 지극함에 이르러서는 천지에 드러난다.

분석

군자의 도는 부부에서 시초가 된다. 그 지극함에 이르러서는 천지에 드러난다.

풀이

군(君): 어진이

자(子): 사람

군자(君子): 어진 사람. 중용의 도를 따르면서 사는 사람 ☞ 성인(聖人)

지(之): ~의

도(道): 도리 또는 작용

조(造): 만들다.

단(端): 시초

조단(造端): 시초가 되다.

호(乎): ~에서. 전치사

부(夫): 남편

부(婦): 아내

부부(夫婦): 남편과 아내

급(及): 이르다.

기(其): 그

지(至): 지극하다. 지극함이라는 명사로 쓰임.

야(也): ~는. 주격을 만드는 어조사

찰(察): 드러나다.

호(乎): ~에[in]. 어조사

천(天): 하늘

지(地): 땅

천지(天地): 하늘과 땅

논평

부부는 음양이 화합하는 원초적 공간이며 집[家]을 이루는 시초가 된다. 이런 집이 확대하여 크게는 국가를 만든다. 그래서 도의 시작을 부부에서 찾고 있으며, 부부의 도뿐 아니라 그런 도가 천지에 활발하게 드러난다.

제13장

13-1 子曰 道不遠人 人之爲道而遠人 不可以爲道

공자가 말했다. 도는 사람들을 멀리하지 않는다. 사람들이 도를 행하면서 사람들을 멀리하면 도를 행할 수 없다.

13-2 詩云 伐柯伐柯 其則不遠 執柯以伐柯 睨而視之 猶以爲遠 故 君子以人治人 改而止

『시경』은 말한다:「도끼자루를 베는구나 도끼자루를 베는구나 그 법칙을 멀리하지 않는다 도끼자루를 잡고 도끼자루를 벤다 곁눈질하면서 도끼자루를 본 채 오히려 멀다고 생각하는구나」그러므로 군자는 인품으로 사람을 다스려서 고치면 그만둔다.

13-3 忠恕違道不遠 施諸己 而不願亦勿施於人

충서는 도와 서로 떨어진 거리가 멀지 않다. 자신에게 그것을 행하며 원하지 않는 것을 또한 남에게 행하지 말라.

13-4 君子之道四 丘未能一焉 所求乎子 以事父未能也 所求乎臣 以事君未能也 所求乎弟 以事兄未能也 所求乎朋友 先施之未能也 庸德之行 庸言之謹 有所不足 不敢不勉 有餘不敢盡 言顧行 行顧言 君子胡不慥慥爾

군자의 도는 네 가지인데, 나는 한 가지도 잘 할 수 없었다. 자식에게 바라는 것으로 부모 섬기는 것을 잘 할 수 없었다. 신하에게 바라는 것으로 임금 섬기는 것을 잘 할 수 없었다. 아우에게 바라는 것으로 형 섬기는 것을 잘 할 수 없었다. 벗에게 바라는 것으로 먼저 도를 행하는 것을 잘 할 수 없었다. 일정하여 변하지 않는 행위를 하고 일정하여 변하지 않는 말을 지키며, 충족하지 못하는 것이 있으면 감히 힘쓰지 아니할 수 없고 여유가 있더라도 감히 다하지 못한다. 말로는 행동을 반성하고 행동으로는 말을 반성한다. 군자가 어찌 착실하지 않겠는가?

원문 전석

13-1

子曰 道不遠人 人之爲道而遠人 不可以爲道

공자가 말했다. 도는 사람들을 멀리하지 않는다. 사람들이 도를 행하면서 사람들을 멀리하면 도를 행할 수 없다.

분석

1	2	3	6	5	4
子	曰	道	不	遠	人
공자 자	말할 왈	솔성 도	않을 불	멀리할 원	사람 인

7	8	10	9	11	13	12	16			15	14
人	之	爲	道	而	遠	人	不	可	以	爲	道
사람 인	~이 지	행할 위	솔성 도	~하면서 이	멀리할 원	사람 인	없을 불	~할 수 있다 가	할 이	행할 위	솔성 도

공자가 말했다. 도는 사람들을 멀리하지 않는다. 사람들이 도를 행하면서 사람들을 멀리하면 도를 행할 수 없다.

풀이

자(子): 공자

왈(曰): 말하다.

도(道): 솔성(率性)의 도[道·작용]. 도(道)는 본성을-따르는-것[率性]을 말함. 〈도(道)=솔성(率性)〉

☞ 1-1 솔성지위도(率性之謂道)를 참고하라.

불(不): ~않다.

원(遠): 멀리하다.

인(人): 사람. 복수인 사람들로 쓰임.

원인(遠人): 사람들을 멀리한다.

인(人): 사람. 복수인 사람들로 쓰임.

지(之): ~이. 주격 조사

위(爲): 행하다.

도(道): 솔성(率性)의 도[道·작용]. 다시 말해 도(道)는 본성을-따르는-것[率性]을 말함.

〈도(道)=솔성(率性)〉

☞ 1-1 솔성지위도(率性之謂道)를 참고하라.

위도(爲道): 도를 행한다.

이(而): ~하면서. 순접의 어조사

원(遠): 멀리하다.
인(人): 사람. 복수인 사람들로 쓰임.
원인(遠人): 사람들을 멀리한다.
불(不): 없다.
가(可): ~할 수 있다. 조동사
이(以): 하다.
불가이(不可以): ~할 수 없다.
　　　〈불가이(不可以)=불가능(不可能)〉

위(爲): 행하다.
도(道): 솔성(率性)의 도[道·작용]. 다시 말해 도(道)는 본성을-따르는-것[率性]을 말함.
　　　〈도(道)=솔성(率性)〉
☞ 1-1 솔성지위도(率性之謂道)를 참고하라.
위도(爲道): 도[率性]를 행한다.

논평

도란 본성을 따르는 것이다. 이런 도를 행하면서 사람들을 멀리할 수 없다. 왜냐하면 사람들과 만날 때, 그 순간 인도(人道)가 발행하기 때문이다. 그런 인도의 길 위에 솔성(率性)이 함께한다.

원문 전석

13-2

詩云「伐柯伐柯 其則不遠 執柯以伐柯
睨而視之 猶以爲遠」
故 君子以人治人 改而止

『시경』은 말한다:「도끼자루를 베는구나 도끼자루를 베는구나 그 법칙을 멀리하지 않는다 도끼자루를 잡고 도끼자루를 벤다 곁눈질하면서 도끼자루를 본 채 오히려 멀다고 생각하는구나」
그러므로 군자는 인품으로 사람을 다스려서 고치면 그만둔다.

분석

1	2	4	3	6	5	7	8	10	9
詩	云	伐	柯	伐	柯	其	則	不	遠
시경 시	말할 운	벨 벌	도끼자루 가	벨 벌	도끼자루 가	그 기	법칙 칙	않을 불	멀리할 원

2	1	3	5	4	6	7	9	8	10	12	11
執	柯	以	伐	柯	睨	而	視	之	猶	以	爲	遠
잡을 집	도끼자루 가	~하고 이	벨 벌	도끼자루 가	곁눈질할 예	~하면서 이	볼 시	그것 지	오히려 유	할 이	생각할 위	멀 원

『시경』은 말한다:「도끼자루를 베는구나 도끼자루를 베는구나 그 법칙을 멀리하지 않는다 도끼자루를 잡고 도끼자루를 벤다 곁눈질하면서 도끼자루를 본 채 오히려 멀다고 생각하는구나」

풀이

시(詩): 『시경(詩經)』.『시경(詩經)』「빈풍(豳風)」〈벌가편(伐柯篇)〉에 나옴.

운(云): 말하다. 〈운(云)=왈(曰)〉

벌(伐): 베다.

가(柯): 도끼자루

벌가(伐柯): 도끼자루를 벤다.

기(其): 그

칙(則): 법칙

불(不): ~않다.

원(遠): 멀리하다.

집(執): 잡다.

가(柯): 도끼자루

이(以): ~하고

벌(伐): 베다.

가(柯): 도끼자루

벌가(伐柯): 도끼자루를 벤다.

☞ 집가이벌가(執柯以伐柯)에서 두 가(柯)의 뜻

앞의 가(柯)	뒤의 가(柯)
기존의 도끼자루	새로 다듬는 도끼자루감
비(費)/드러나 있음	은(隱)/숨어있음

예(睨): 곁눈질하다.

이(而): ~하면서. 순접의 접속사

시(視): 보다.

지(之): 그것[it]. 새로 다듬는 도끼자루감을 가리킴.

유(猶): 오히려. 부사

이(以): 하다.

위(爲): 생각하다.

이위(以爲): 생각한다.

원(遠): 멀다.

분석

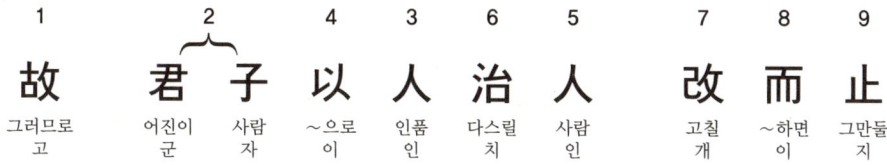

그러므로 군자는 인품으로 사람을 다스려서 고치면 그만둔다.

풀이

고(故): 그러므로
군(君): 어진이
자(子): 사람
군자(君子): 어진 사람. 중용의 도를 따르면서 사는 사람
이(以): ~으로[by/with]. 전치사
인(人): 인품 또는 사람됨
치(治): 다스리다. 사람의 본성을 다스린다는 뜻임.
인(人): 사람. 내가 아닌 타자[others]를 말함.

개(改): 고치다. 자신의 본성을 고친다는 뜻임.
이(而): ~하면. 접속사
지(止): 그만두다. 남의 본성을 고쳐주는 일을 그만둔다는 뜻임.

논평

도끼자루를 잡고 새 도끼자루를 다듬을 때는 새 도끼자루감을 똑바로 보고 다듬으면 된다. 아주 쉬운 법칙이다. 그런데 이를 지키지 못한다. 마찬가지로 남의 본성을 다스리기 전에 내 자신의 인품을 먼저 가다듬고 남의 본성을 다스려야 한다.

원문 전석

13-3

忠恕違道不遠 施諸己 而不願亦勿施於人

충서는 도와 서로 떨어진 거리가 멀지 않다. 자신에게 그것을 행하며 원하지 않는 것을 또한 남에게 행하지 말라.

분석

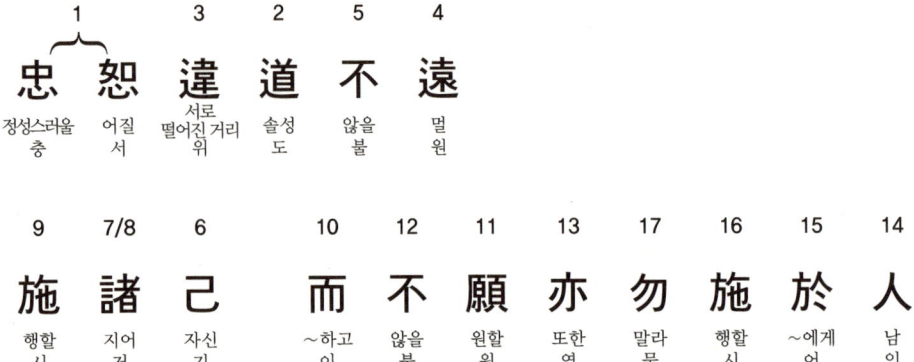

충서는 도와 서로 떨어진 거리가 멀지 않다. 자신에게 그것을 행하며 원하지 않는 것을 또한 남에게 행하지 말라.

풀이

충(忠): 명사로는 참마음[眞心]을 뜻하고, 극진하다 또는 정성스럽다는 형용사임. 이때 충(忠)을 왕조시대에 신하가 왕에게 충성을 다하는 식의 〈충성 충!〉으로 읽으면 곤란하다.

서(恕): 어질다. 역시 서(恕)도 충(忠)과 마찬가지로 저지른 죄 등에 대하여 용서한다는 식으로 〈용서할 서!〉라고 읽으면 곤란하다. 원래 서(恕)란 자신이 남의 처지에 서서 공감하며 동정하는 마음의 발로를 말한다. 서(恕)≒인(仁)

충서(忠恕): 인간의 참마음[忠]과 그와 같은[如] 마음[心]을 남에게도 베푸는 것을 말함. 이때 충서란 도를 획득하는 방법을 의미한다. 즉 참마음으로 자신의 도를 얻고, 그러한 마음을 타자에게도 베풀어 또한 도를 얻는다. 이것이 충서다.

그래서 충(忠)이란 다음과 같다: 자신의 마음을 다하는 것이 충이 된다[盡己之心爲忠].

盡 己 之 心 爲 忠
다할 자신 ~의 마음 ~될 참마음
진 기 지 심 위 충

☞ 다하다≒정성을 다하다≒온갖 정성을 쏟다

또한 서(恕)란 다음과 같다: 자신을 헤아려 남에게까지 미치는 것이 서(恕)가 된다[推己及人爲恕].

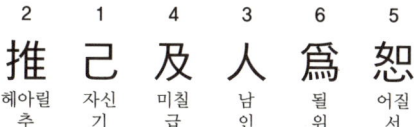

推(2, 헤아릴 추) 己(1, 자신 기) 及(4, 미칠 급) 人(3, 남 인) 爲(6, 될 위) 恕(5, 어질 서)

충(忠)과 서(恕)의 비교

충(忠)	서(恕)
충(忠)=중(中)+심(心) 중용의 마음	서(恕)=여(如)+심(心) 같은 마음
참마음, 극진하다, 정성스럽다.	남의 처지에 서서 동정하는 마음, 어질다.
내[己]	남[人]
자신에게서 도[道·率性]를 획득하는 법	타자에게서 도[道·率性]를 획득하는 법

☞ 내남이란 나와 남을 합친 말이다[내=나+남]. 그러니 내는 나라는 뜻이고, 남이란 타인이라는 뜻이다.

☞ 위와 같은 충서(忠恕)의 해석 방식은 주자의 것이다. 반면 다산은 저와 같은 주자 식의 충서 해석—충서에서 충(忠)은 체[體]요, 서(恕)는 용[用]으로 보는 방식—를 거부한다. 그는 충서(忠恕)에서 서[恕·어짊]가 핵심이며 충(忠)은 서(恕)의 기반일 뿐이라고 본다. 그래서 다산은 말한다: 충서란 중용[中]의 마음[心]으로 어짊[恕]을 실천하는 것이다!

위(違): 서로 떨어진 거리
도(道): 솔성(率性)의 도. 이때 도(道)란 인간의 본성을 따르는 것임.

충서위도(忠恕違道): 충서와 도가 서로 떨어진 거리

충서(忠恕)	위(違)	도(道)
A	A와 B 사이에 서로 떨어진 거리	B

불(不): ~않다.
원(遠): 멀다.
시(施): 행하다.
저(諸): 어조사로서 지어(之於). 이때 지(之)는 그것[it]을 뜻하는데, 도[道·率性]를 가리킴. 그리고 어(於)는 ~에게[to]라는 뜻임. 〈시저기(施諸己)=시지어기(施之於己)〉로 자신에게 도를 행하다.
기(己): 자신[self]
   ☞ 인(人)은 남, 즉 타자를 뜻한다.
이(而): ~하고. 순접의 접속사
불(不): ~않다.
원(願): 원하다.
역(亦): 또한. 부사
물(勿): 말라.
시(施): 행하다.
어(於): ~에게[to]
인(人): 남 또는 타자[others]

기(己)와 인(人)의 비교

기(己)	인(人)
자기 자신[내]	남으로서의 타자[남]
평가: 기[己·self]와 인[人·others]이 한 문장 안에서 함께 쓰일 때를 말한다.	

논평

내가 가지고 있는 참마음[忠]을 나에게도 쓰고, 같은[如] 마음[心]을 남에게도 쓴다하자. 그러면 그런 사람은 도[道·率性]와 그 거리가 멀지 않다. 다시 말해 그런 사람은 도와 가깝게 있다는 뜻이다. 또한 내가 원하지 않는 것은 남도 원하지 않는다. 그러므로 내가 원하지

제13장

않는 것을 남에게도 행하지 말아야 한다. 이것은 『바이블』「마태복음」 7장 12절의 황금률(Golden Rule)과 같은 맥락이다.

> ☞ 『논어(論語)』「위령공(衛靈公)」 15-23의 황금률: 자신이 원하지 않는 것을 남에게 행하지 말라[己所不欲 勿施於人].
>
> | 1 | 4 | 3 | 2 | 8 | 7 | 6 | 5 |
> |---|---|---|---|---|---|---|---|
> | 己 | 所 | 不 | 欲 | 勿 | 施 | 於 | 人 |
> | 자신 | 것 | 않을 | 원할 | ~말라 | 행할 | ~에게 | 남 |
> | 기 | 소 | 불 | 욕 | 물 | 시 | 어 | 인 |
>
> ☞ 『바이블』의 황금률: 네가 대접받고 싶은 대로 그렇게 남에게 대접하라.

원문 전석

13-4

君子之道四 丘未能一焉 ①所求乎子
以事父未能也 ②所求乎臣 以事君未能也
③所求乎弟 以事兄未能也 ④所求乎朋友
先施之未能也 庸德之行 庸言之謹 有所不足
不敢不勉 有餘不敢盡 言顧行 行顧言
君子胡不慥慥爾

군자의 도는 네 가지인데, 나는 한 가지도 잘 할 수 없었다. ① 자식에게 바라는 것으로 부모 섬기는 것을 잘 할 수 없었다. ② 신하에게 바라는 것으로 임금 섬기는 것을 잘 할 수 없었다. ③ 아우에게 바라는 것으로 형 섬기는 것을 잘 할 수 없었다. ④ 벗에게 바라는 것으로 먼저 도를 행하는 것을 잘 할 수 없었다. 일정하여 변하지 않는 행위를 하고 일정하여 변하지 않는 말을 지키며, 충족하지 못하는 것이 있으면 감히 힘쓰지 아니할 수 없고 여유가 있더라도 감히 다하지 못한다. 말로는 행동을 반성하고 행동으로는 말을 반성한다. 군자가 어찌 착실하지 않겠는가?

분석

1 君　**2** 子　**3** 之　**4** 道　**5** 四　**8** 丘　**7** 未　**6** 能　**9** 一　焉
어진이 / 군　사람 / 자　~의 / 지　솔성 / 도　네 가지 / 사　공자 / 구　없을 / 미　잘 할 / 능　한 가지 / 일　~이다 / 언

군자의 도는 네 가지인데, 나는 한 가지도 잘 할 수 없었다.

풀이

군(君): 어진이
자(子): 사람
군자(君子): 어진 사람. 중용의 도를 따르며 사는 사람. 이때 군자는 인격적 개념이다.
지(之): ~의
도(道): 솔성(率性)의 도[道·작용]. 이때 도(道)란 인간의 본성을 따르는 것임.
사(四): 네 가지 〈네 가지[四]=①+②+③+④〉

구(丘): 공자의 이름. 공자(孔子)에서 공(孔)은 성씨를 말하고, 자(子)는 스승이라는 뜻임. 그의 이름[名]은 구(丘)이고, 성년식 이후 붙이는 두 번째 이름인 자(字)는 중니(仲尼)이다.
미(未): 없다.
능(能): 잘하다. 잘 할 수 있다는 뜻임.
일(一): 한 가지
언(焉): ~이다. 강조의 종결형 어조사

분석

4 所　**3** 求　**2** 乎　**1** 子　**7** 以　**6** 事　**5** 父　**9** 未　**8** 能　**10** 也
것 / 소　바랄 / 구　~에게 / 호　자식 / 자　~을 / 이　섬길 / 사　어버이 / 부　없을 / 미　잘 할 / 능　~이다 / 야

자식에게 바라는 것으로 부모 섬기는 것을 잘 할 수 없었다.

풀이

소(所): ~것
구(求): 바라다. 무언가 얻기를 바란다는 뜻임.
호(乎): ~에게

자(子): 자식
이(以): ~을. 목적어를 만듦.
사(事): 섬기다.

제13장

부(父): 어버이
미(未): 없다.
능(能): 잘하다. 잘 할 수 있다는 뜻임.
야(也): ~이다. 사실 판단의 종결형 어조사

종결형 어조사 언(焉)과 야(也)의 비교

언(焉)	야(也)
강조를 뜻하는 어조사이다.	사실 판단을 나타내는 어조사이다.

분석

4	3	2	1	7	6	5	9	8	10
所	求	乎	臣	以	事	君	未	能	也
것 소	바랄 구	~에게 호	신하 신	~을 이	섬길 사	임금 군	없을 미	잘 할 능	~이다 야

신하에게 바라는 것으로 임금 섬기는 것을 잘 할 수 없었다.

풀이

소(所): ~것
구(求): 바라다. 무언가 얻기를 바란다는 뜻임.
호(乎): ~에게
신(臣): 신하
이(以): ~을. 목적어를 만듦.

사(事): 섬기다.
군(君): 임금
미(未): 없다.
능(能): 잘하다. 잘 할 수 있다는 뜻임.
야(也): ~이다. 사실 판단의 종결형 어조사

분석

4	3	2	1	7	6	5	9	8	10
所	求	乎	弟	以	事	兄	未	能	也
것 소	바랄 구	~에게 호	아우 제	~을 이	섬길 사	형 형	없을 미	잘 할 능	~이다 야

아우에게 바라는 것으로 형 섬기는 것을 잘 할 수 없었다.

풀이

소(所): ~것
구(求): 바라다. 무언가 얻기를 바란다는 뜻임.
호(乎): ~에게
제(弟): 아우
이(以): ~을. 목적어를 만듦.

사(事): 섬기다.
형(兄): 형
미(未): 없다.
능(能): 잘하다. 잘 할 수 있다는 뜻임.
야(也): ~이다. 사실 판단의 종결형 어조사

분석

벗에게 바라는 것으로 먼저 도를 행하는 것을 잘 할 수 없었다.

풀이

소(所): ~것
구(求): 바라다. 무언가 얻기를 바란다는 뜻임.
호(乎): ~에게
붕(朋): 벗
우(友): 벗
붕우(朋友): 붕과 우의 합성어로 벗이라는 뜻임.

선(先): 먼저. 부사
시(施): 행하다.
지(之): 그것[it]. 지시대명사. 앞의 군자의 도(道)를 가리킴.
미(未): 없다.
능(能): 잘하다. 잘 할 수 있다는 뜻임.
야(也): ~이다. 사실 판단의 종결형 어조사

붕(朋)과 우(友)의 비교

붕(朋)	우(友)
같은 스승의 문하에서 배운 벗[同門]	뜻을 같이하는 벗[同志]

분석

1	2	3	4	5	6	7	8
庸	德	之	行	庸	言	之	謹
일정하여 변하지 않을 용	행위 덕	~을 지	할 행	일정하여 변하지 않을 용	말 언	~을 지	지킬 근

일정하여 변하지 않는 행위를 하고 일정하여 변하지 않는 말을 지키며,

풀이

용(庸): 일정하여 변하지 않다[constant]. 떳떳하다 또는 중용의 도에 맞다라는 뜻도 있음.
덕(德): 행위
지(之): ~을. 목적어를 만드는 어조사
행(行): 하다.

용(庸): 일정하여 변하지 않는다[constant]. 떳떳하다 또는 중용의 도에 맞다라는 뜻도 있음.
언(言): 말
지(之): ~을. 목적어를 만드는 어조사
근(謹): 지키다.

분석

4	3	2	1	8	5	7	6	10	9	13	11	12
有	所	不	足	不	敢	不	勉	有	餘	不	敢	盡
있을 유	것 소	못할 부	충족할 족	없을 불	감히 감	아니할 불	힘쓸 면	있을 유	여유 여	못할 불	감히 감	다할 진

충족하지 못하는 것이 있으면 감히 힘쓰지 아니할 수 없고 여유가 있더라도 감히 다하지 못한다.

풀이

유(有): 있다. 있다면으로 쓰임.
소(所): 것
부(不): 못하다.
족(足): 충족하다.
불(不): 없다.
감(敢): 감히. 부사
불(不): 아니하다.
불감불(不敢不)~: 감히 ~아니할 수 없다는 이중 부정으로 강한 긍정. 반드시 ~해야 한다는 뜻임.
면(勉): 힘쓰다.
유(有): 있다. 있더라도라는 뜻임.
여(餘): 여유
불(不): 못하다.
감(敢): 감히. 부사
진(盡): 다하다.

분석

말로는 행동을 반성하고 행동으로는 말을 반성한다. 군자가 어찌 착실하지 않겠는가?

풀이

언(言): 말
고(顧): 반성하다.
행(行): 행동 또는 행위
행(行): 행동 또는 행위
고(顧): 반성하다.
언(言): 말
군(君): 어진이
자(子): 사람
군자(君子): 어진 사람. 중용을 따르면서 중용을 실천하며 사는 사람. ☞ 성인(聖人)

호(胡): 어찌. 이(爾)와 호응관계를 만듦.
부(不): 아니하다.
조(慥): 착실하다.
조(慥): 착실하다.
조조(慥慥): 독실한 모양 또는 성의가 있는 모양
이(爾): ~이겠는가? 반문과 의문을 나타내는 어조사. 호(胡)와 호응관계를 이룸.
호(胡) ~ 이(爾)?: 어찌 ~이겠는가?

논평

군자가 그의 도를 실천하는 마당을 네 가지로 설정하여 말하고 있다. 부(父)—자(子)의 마당, 군(君)—신(臣)의 마당, 형(兄)—제(弟)의 마당, 붕(朋)—우(友)의 마당이다.

제14장

14-1 君子素其位而行 不願乎其外

군자는 그 자리에 분수를 지키면서 행하고 그 밖에 것을 원하지 않는다.

14-2 素富貴 行乎富貴 素貧賤 行乎貧賤
素夷狄 行乎夷狄 素患難 行乎患難
君子無入而不自得焉

부귀라는 분수를 지키면서 부귀에 따라 행동하고, 빈천이라는 분수를 지키면서 빈천에 따라 행동한다.
이적이라는 분수를 지키면서 이적에 따라 행동하고, 환난이라는 형편에 응하면서 환난에 따라 행동한다.
군자는 들어가는 곳마다 스스로 만족하지 않음이 없다.

14-3 在上位不陵下 在下位不援上 正己而不求於人
則無怨 上不怨天 下不尤人

윗자리에 있으면서 아랫사람을 깔보지 않고, 아랫자리에 있으면서 윗사람에게 매달리지 않는다.
자신을 바로잡으면서 남을 책망하지 않는다. 그러면 원망이 없다. 위로는 하늘을 원망하지 않으며 아래로는 남을 탓하지 않는다.

14-4 故 君子居易以俟命 小人行險以徼幸

그러므로 군자는 평온한 곳에 살면서 천명을 기다리고, 소인은 거짓을 행하면서 요행을 바란다.

14-5 子曰 射有似乎君子 失諸正鵠 反求諸其身

공자가 말했다. 활쏘기는 군자와 같은 점이 있다. 정곡에서 화살이 빗나가면 도리어 그 자신에게서 그것을 책망한다.

원문 전석

14-1

君子素其位而行 不願乎其外

군자는 그 자리에 분수를 지키면서 행하고 그 밖에 것을 원하지 않는다.

분석

1		4	2	3	5	6	11	10	9	7	8
君	子	素	其	位	而	行	不	願	乎	其	外
어진이 군	사람 자	분수를지킬 소	그 기	자리 위	~하면서 이	행할 행	않을 불	원할 원	~을 호	그 기	밖 외

군자는 그 자리에 분수를 지키면서 행하고 그 밖에 것을 원하지 않는다.

풀이

군(君): 어진이

자(子): 사람

군자(君子): 중용의 도[道·작용]를 따르며 실천하는 사람.

소(素): 분수를 지키다. 현재 있는 자리에서 분수를 지키다, 분수를 따르다 또는 현재의 형편에 응하다 라는 뜻임.

기(其): 그

위(位): 자리. 직위 또는 지위를 말함.

이(而): ~하면서. 순접의 접속사

행(行): 행하다.

불(不): ~않다.

원(願): 원하다.

호(乎): ~을. 목적격 어조사

기(其): 그. 앞에 나온 그 자리[其位]를 가리킴.

외(外): 밖 또는 바깥. 이때 밖이란 일정한 범위나 한도 밖의 쪽을 말함. 여기서 외(外)는 밖에 것, 즉 그 자리를 벗어나 있는 것을 말함.

논평

자신의 분수를 지키면서 사는 일은 매우 힘들다. 그러나 군자는 그렇게 산다. 그래서 우리는 다음과 같은 소식을 마음에 깊이 새겨야 한다. 하늘이 뜻을 따르는 사람은 살고, 하늘의 뜻을 거스르는 사람은 죽는다[順天者存 逆天者亡]!

제14장

```
 2   1   3   4    6   5   7   8
 順  天  者  存   逆  天  者  亡
따를 천명 사람 살아있을  거스를 천명 사람 죽을
 순   천   자   존    역   천   자   망
```

☞ 이때 천(天)은 천명 천!으로 천명(天命)이란 하늘의 뜻을 말한다.
☞ 하늘의 뜻을 따르다≒분수를 지키다≒소(素)

원문 전석

14-2

**素富貴 行乎富貴 素貧賤 行乎貧賤 素夷狄
行乎夷狄 素患難 行乎患難 君子無入而不自得焉**

부귀라는 분수를 지키면서 부귀에 따라 행동하고, 빈천이라는 분수를 지키면서 빈천에 따라 행동한다. 이적이라는 분수를 지키면서 이적에 따라 행동하고, 환난이라는 형편에 응하면서 환난에 따라 행동한다. 군자는 들어가는 곳마다 스스로 만족하지 않음이 없다.

분석

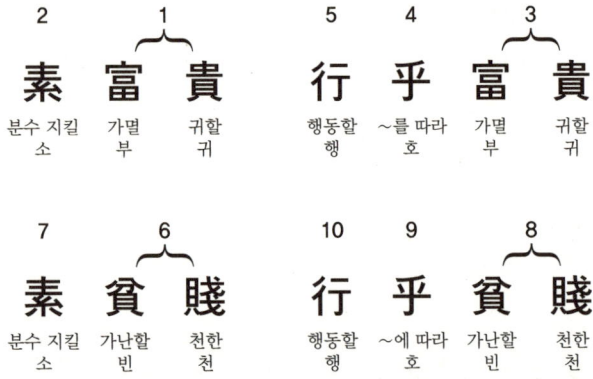

부귀라는 분수를 지키면서 부귀에 따라 행동하고, 빈천이라는 분수를 지키면서 빈천에 따라 행동한다.

풀이

소(素): 분수를 지키다. 현재 있는 자리에서 분수를 지키다, 분수를 따르다 또는 현재의 형편에 응하다 라는 뜻임.

부(富): 가멸. 부를 예스럽게 한 표현임. 〈가멸=부(富)〉

귀(貴): 귀하다. 신분이 높다는 뜻임.

부귀(富貴): 부자이면서 신분이 높음을 말함.

행(行): 행동하다.

호(乎): ~을 따라 또는 ~에 따라

부(富): 가멸. 부를 예스럽게 한 표현임. 〈가멸=부(富)〉

귀(貴): 귀하다. 신분이 높다는 뜻임.

부귀(富貴): 부자이면서 신분이 높음을 말함.

소(素): 분수를 지키다. 현재 있는 자리에서 분수를 지키다, 분수를 따르다 또는 현재의 형편에 응하다 라는 뜻임.

빈(貧): 가난하다.

천(賤): 천하다. 신분이 낮은 것을 말함.

빈천(貧賤): 가난하고 신분이 낮음을 말함.

빈부와 귀천

빈부(貧富)	귀천(貴賤)
빈(貧)↔부(富) 가난함과 부유함	귀(貴)↔천(賤) 신분의 높음과 낮음

행(行): 행동하다.

호(乎): ~을 따라 또는 ~에 따라

빈(貧): 가난하다.

천(賤): 천하다. 신분이 낮은 것을 말함.

빈천(貧賤): 가난하고 신분이 낮음을 말함.

분석

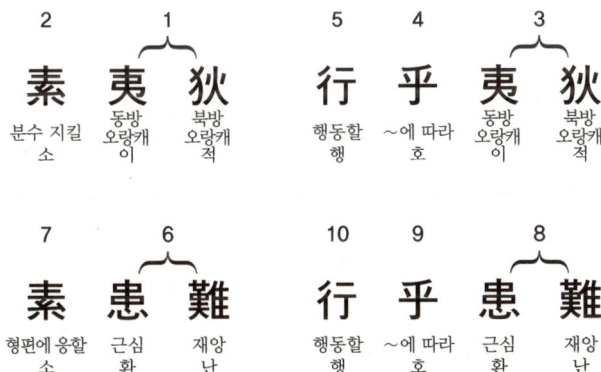

이적이라는 분수를 지키면서 이적에 따라 행동하고, 환난이라는 형편에 응하면서 환난에 따라 행동한다.

풀이

소(素): 분수를 지키다. 현재 있는 자리에서 분수를 지키다, 분수를 따르다 또는 현재의 형편에 응하다 라는 뜻임.

이(夷): 동방 오랑캐. 원래 이(夷)는 동쪽 군자의 나라에 사는 사람이라는 뜻임. 우리 선조를 동이족(東夷族)이라고 하는데 그 이(夷)가 바로 이것이다. 중국에서 보았을 때 동방에 사는 이민족이 이(夷)인 것이다. 오랑캐[夷]라고 하면 중국인의 중화사상으로 이민족에 대한 비하가 깔려 있다.

적(狄): 북방 오랑캐. 중국에서 보았을 때 북쪽에 살았던 이민족을 말함.

이적(夷狄): 동방의 이민족과 북방의 이민족

이적(夷狄)의 비교

이(夷)	적(狄)
동방에 사는 이민족에 대한 비칭(卑稱)	북방에 사는 이민족에 대한 비칭(卑稱)

행(行): 행동하다.

호(乎): ~을 따라 또는 ~에 따라

이(夷): 동방 오랑캐. 원래 이(夷)는 동쪽 군자의 나라에 사는 사람이라는 뜻임. 우리 선조를 동이족(東夷族)이라고 하는데 그 이(夷)가 바로 이것이다. 중국에서 보았을 때 동방에 사는 이민족이 이(夷)인 것이다. 오랑캐[夷]라고 하면 중국인의 중화사상으로 이민족에 대한 비하가 깔려 있다.

적(狄): 북방 오랑캐. 중국에서 보았을 때 북쪽에 살았던 이민족을 말함.

이적(夷狄): 동방의 이민족과 북방의 이민족

소(素): 분수를 지키다. 현재 있는 자리에서 분수를 지키다, 분수를 따르다 또는 현재의 형편에 응하다 라는 뜻임.

환(患): 근심

난(難): 재앙

환난(患難): 근심과 재앙

행(行): 행동하다.

호(乎): ~을 따라 또는 ~에 따라

환(患): 근심

난(難): 재앙

환난(患難): 근심과 재앙

분석

군자는 들어가는 곳마다 스스로 만족하지 않음이 없다.

풀이

군(君): 어진 사람
자(子): 사람
군자(君子): 어진 사람. 중용의 도[道·작용]를 따르면서 사는 사람
무(無): 없다.
입(入): 들어가다.
이(而): ~하는 대로. 부사를 만들어내는 접미사로서의 어조사

입이(入而): 들어가는 대로. 부사. 들어가는 곳마다 라는 뜻의 부사구로 순역(順譯)함.
부(不): 않다.
무(無) …… 부(不) ~ : ~않음이 없다. 이중부정인데 강한 긍정을 말함.
자(自): 스스로. 부사
득(得): 만족하다.
언(焉): ~이다. 강조의 종결형 어조사

논평

각자의 자리에서 중용의 길을 찾을 일이다. 자신의 분수를 지키면서 말이다. 그럴 때 스스로 군자의 길을 가게 된다.

원문 전석

14-3

在上位不陵下 在下位不援上 正己而不求於人 則無怨 上不怨天 下不尤人

윗자리에 있으면서 아랫사람을 깔보지 않고, 아랫자리에 있으면서 윗사람에게 매달리지 않는다. 자신을 바로잡으면서 남을 책망하지 않는다. 그러면 원망이 없다. 위로는 하늘을 원망하지 않으며 아래로는 남을 탓하지 않는다.

분석

3	1	2	6	5	4	9	7	8	12	11	10
在	上	位	不	陵	下	在	下	位	不	援	上
있을 재	위 상	자리 위	않을 불	깔볼 릉	아랫사람 하	있을 재	아래 하	자리 위	않을 불	매달릴 원	윗사람 상

윗자리에 있으면서 아랫사람을 깔보지 않고, 아랫자리에 있으면서 윗사람에게 매달리지 않는다.

풀이

재(在): 있다.
상(上): 위의. 상(上)↔하(下)
위(位): 자리. 신분이나 지위를 말함.
불(不): 않다.
릉(陵): 깔보다.
하(下): 아랫사람. 하(下)↔상(上)

재(在): 있다.
하(下): 아래의. 하(下)↔상(上)
위(位): 자리. 신분이나 지위를 말함.
불(不): ~않다.
원(援): 매달리다 또는 의탁하다.
상(上): 윗사람. 상(上)↔하(下)

분석

2	1	3	7	6	5	4	8	10	9
正	己	而	不	求	於	人	則	無	怨
바로잡을 정	자신 기	~하면서 이	않을 불	책망할 구	~을 어	남 인	그러면 즉	없을 무	원망 원

자신을 바로잡으면서 남을 책망하지 않는다. 그러면 원망이 없다.

풀이

정(正): 바로잡다 또는 다스리다.
기(己): 자기 자신[self]
이(而): ~하면서. 순접의 어조사
불(不): ~않다.

구(求): 책망하다.
어(於): ~을. 목적형 어조사
인(人): 남[others]

기(己)와 인(人)의 비교

기(己)	인(人)
자기 자신을 뜻한다. 나[me/self]의 의미이다.	자신이 아닌 남으로 타자를 뜻한다. 타인[others]의 의미이다.

즉(則): 그러면
무(無): 없다.
원(怨): 원망

분석

<pre>
 1   4   3   2   5   8   7   6
 上 不 怨 天   下 不 尤 人
 위 않을 원망할 하늘 아래 않을 탓할 남
 상 불 원   천   하   불 우   인
</pre>

위로는 하늘을 원망하지 않으며 아래로는 남을 탓하지 않는다.

풀이

상(上): 위로는. 부사
불(不): ~않다.
원(怨): 원망하다.
천(天): 하늘

하(下): 아래로는. 부사
불(不): ~않다.
우(尤): 탓하다.
인(人): 남[others]

논평

남을 탓하기보다 우선 자신에게서 허물을 찾고 이를 반성하며 바로잡는 길을 말하고 있다. 하늘을 탓하지 마라. 남을 탓하지 마라. 오로지 내 허물을 탓하라!

원문 전석

14-4

故 君子居易以俟命 小人行險以徼幸

그러므로 군자는 평온한 곳에 살면서 천명을 기다리고,
소인은 거짓을 행하면서 요행을 바란다.

분석

그러므로 군자는 평온한 곳에 살면서 천명을 기다리고, 소인은 거짓을 행하면서 요행을 바란다.

풀이

고(故): 그러므로. 접속사

군(君): 어진이

자(子): 사람

군자(君子): 어진 사람. 중용의 도[道 · 작용]를 따르고 실천하는 사람

거(居): 살다.

이(易): 평온하다 또는 편안하다. 평온한 곳을 말함.

이(以): ~하면서. 순접의 접속사

사(俟): 기다리다.

명(命): 천명. 하늘의 뜻으로 나에게 주어진 본성으로서의 삶을 말함.

☞ 1-1을 참고하라.

사명(俟命): 천명을 기다린다. 이것의 속뜻은 중용의 도[道 · 작용]를 따르면서 자신의 본성으로서의 삶을 마중한다는 의미이다.

소(小): 소인

인(人): 사람
소인(小人): 중용의 도에 역행하며 사는 사람
행(行): 행하다.
험(險): 거짓. 진실하지 않은 행동을 뜻함.
이(以): ~하면서. 순접의 접속사
요(徼): 바라다 또는 구하다.
행(幸): 요행. 마땅히 얻을 수 없는 것을 얻으려고 하는 것임.

군자(君子)와 소인(小人)의 비교
① 인격적 개념에 따른 비교

군자(君子)	소인(小人)
중용을 따르면서 이를 실천하며 사는 사람	중용을 따르지도 않고 이를 실천하지도 않는 사람

② 신분적 개념에 따른 비교

군자(君子)	소인(小人)
지배 계층을 말한다. 임금이 대표적이다.	피지배 계층을 말한다. 농민이나 노예 집단이 대표적이다.

☞ 14-4의 군자와 소인은 인격적 개념을 말한다.

논평

인간이 군자로 사느냐 아니면 소인으로 사느냐에 따라 존재의 질이 달라진다.

원문 전석

14-5

子曰 射有似乎君子 失諸正鵠 反求諸其身

공자가 말했다. 활쏘기는 군자와 같은 점이 있다. 정곡에서 화살이 빗나가면 도리어 그 자신에게서 그것을 책망한다.

분석

공자가 말했다. 활쏘기는 군자와 같은 점이 있다.

풀이

자(子): 공자
왈(曰): 말하다.
사(射): 활쏘기, 즉 궁도[archery]
유(有): 있다.
사(似): 같다. 같은 점이라는 명사로 쓰임.

호(乎): ~와. 어조사
군(君): 어진이
자(子): 사람
군자(君子): 어진 사람. 중용의 도[道·작용]를 따르고 지키며 사는 사람

분석

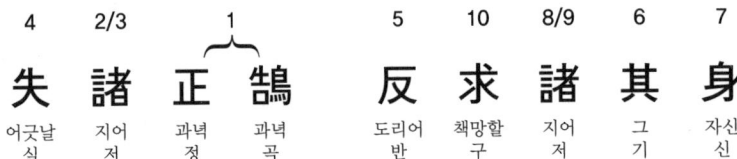

정곡에서 화살이 빗나가면 도리어 그 자신에게서 그것을 책망한다.

풀이

실(失): 어긋나다. 이를 순역(順譯)하면 〈벗어나다 ≒빗나가다〉로 할 수 있음.
저(諸): 어조사로서 지어(之於)와 같음. 이때 지(之)는 지시대명사로 그것[it=화살]을 뜻하고, 어(於)는 ~에서라는 전치사임.

정(正): 베로 만든 과녁
곡(鵠): 가죽으로 만든 과녁
정곡(正鵠): 옛날 활을 쏠 때의 과녁. 오늘날 정곡은 과녁의-한복판[bulls-eye]을 말함.

정(正)과 곡(鵠)의 비교

정(正)	곡(鵠)
베[布]에다 그린 과녁을 말한다.	가죽[皮]을 붙여놓은 과녁을 말한다.

반(反): 도리어. 부사
구(求): 책망하다 또는 나무라다.
저(諸): 어조사로서 지어(之於)와 같음. 이때 지(之)는 지시대명사로 그것[it=자신의 허물]을 뜻하고, 어(於)는 ~에게서라는 전치사임.

실저(失諸)와 구저(求諸)의 비교

실저(失諸)	구저(求諸)
실지어(失之於) ~	구지어(求之於) ~
맥락상 지(之)는 그것으로 화살이며 어(於)는 ~에서의 뜻이다.	맥락상 지(之)는 그것으로 자신의 허물이며 어(於)는 ~에게서의 뜻이다.
~에서 그것이 벗어나다.	~에게서 그것을 책망하다.

기(其): 그
신(身): 자신[self]
기신(其身): 자기 자신

논평

허물은 어디에 있는가? 밖에 있지 않고 오로지 내 안에 있다. 그것을 찾아서 고쳐라. 그럴 때 우리는 군자의 반열에 선다.

제15장

15-1 君子之道 辟如行遠必自邇 辟如登高必自卑

군자의 도는 비유하자면 마치 먼 곳을 가는 것은 반드시 가까운 데서 비롯하는 것과 같고, 비유하자면 마치 높은 곳을 오르는 것도 반드시 낮은 데에서 비롯하는 것과 같다.

15-2 詩曰 妻子好合 如鼓瑟琴 兄弟既翕 和樂且耽 宜爾室家 樂爾妻帑

『시경』은 말한다: 「아내와 자식이 마음이 맞아 마치 거문고를 타는 것과 같네 형과 아우가 이미 화합하여 화평하고 편안하며 또 기쁨을 누리네 너의 가정이 화목하니 너의 아내와 자손이 편안하네」

15-3 子曰 父母其順矣乎

공자가 말했다. 부모가 아마도 만족하겠구나!

원문 전석

君子之道 辟如行遠必自邇 辟如登高必自卑

15-1

군자의 도는 비유하자면 마치 먼 곳을 가는 것은 반드시 가까운 데서 비롯하는 것과 같고, 비유하자면 마치 높은 곳을 오르는 것도 반드시 낮은 데에서 비롯하는 것과 같다.

분석

군자의 도는 비유하자면 마치 먼 곳을 가는 것은 반드시 가까운 데서 비롯하는 것과 같고, 비유하자면 마치 높은 곳을 오르는 것도 반드시 낮은 데에서 비롯하는 것과 같다.

풀이

군(君): 어진이

자(子): 사람

군자(君子): 어진 사람. 중용의 도를 따르면서 실천하는 사람. 이때 군자는 인격적 개념이다.

지(之): ~의

도(道): 중도, 즉 중용의 도

☞ 자세한 내용을 보고 싶으면 2-1을 참고하라.

비(辟): 비유하다. 비유하자면으로 쓰임.

여(如): 마치 ~와 같다.

행(行): 가다.

원(遠): 멀다. 먼 곳이라는 명사로 쓰임. 원(遠)↔이(邇)

필(必): 반드시. 부사

자(自): 비롯하다. 처음 시작한다는 의미임.

이(邇): 가깝다. 가까운 데 또는 가까운 곳이라는 명사로 쓰임.

비(辟): 비유하다. 비유하자면으로 쓰임.

여(如): 마치 ~와 같다.

등(登): 오르다.

제15장   119

고(高): 높다. 높은 곳이라는 명사로 쓰임.
  고(高)↔비(卑)
필(必): 반드시. 부사

자(自): 비롯하다. 처음 시작한다는 의미임.
비(卑): 낮다. 낮은 곳이라는 명사로 쓰임.
  비(卑)↔고(高)

논평

군자의 도[中道]가 멀리 있다고 말하지 말라. 우리가 사는 바로 비근한 이곳에서부터 군자의 도가 시작된다.

원문 전석

15-2

詩曰「妻子好合 如鼓瑟琴 兄弟旣翕 和樂且耽
宜爾室家 樂爾妻帑」

『시경』은 말한다:
「아내와 자식이 마음이 맞아 마치 거문고를 타는 것과 같네 형과 아우가 이미
화합하여 화평하고 편안하며 또 기쁨을 누리네 너의 가정이 화목하니 너의 아내와
자손이 편안하네」

분석

1	2	3	4	5		6/10	9	7	8
詩	曰	妻	子	好	合	如	鼓	瑟	琴
시경 시	말할 왈	아내 처	자식 자	좋아할 호	화합할 합	마치 ~와 같다 여	탈 고	큰 거문고 슬	거문고 금

『시경』은 말한다:「아내와 자식이 마음이 맞아 마치 거문고를 타는 것과 같네

풀이

시(詩): 『시경(詩經)』. 『시경(詩經)』「소아(小雅)」 〈상체편(常棣篇)〉에 있음.
왈(曰): 말하다.
처(妻): 아내
자(子): 자식
호(好): 좋아하다.
합(合): 화합하다.
호합(好合): 서로 마음이 맞다.
여(如): 마치 ~와 같다.
고(鼓): 타다 또는 연주하다.
슬(瑟): 큰 거문고
금(琴): 거문고
슬금(瑟琴): 큰 거문고와 보통 거문고

분석

1	2	3	4	5	6	7	8
兄	弟	旣	翕	和	樂	且	耽
형 형	아우 제	이미 기	화합할 흡	화평할 화	편안할 락	또 차	기쁨을 누릴 탐

형과 아우가 이미 화합하여 화평하고 편안하며 또 기쁨을 누리네

풀이

형(兄): 형
제(弟): 아우
형제(兄弟): 형과 아우
기(旣): 이미. 부사
흡(翕): 화합하다.
화(和): 화평하다.
락(樂): 편안하다.
차(且): 또. 부사
탐(耽): 기쁨을 누리다.

분석

3	1	2		7	4	5	6
宜	爾	室	家	樂	爾	妻	帑
화목할 의	너 이	집 실	집 가	편안할 락	너 이	아내 처	자손 노

너의 가정이 화목하니 너의 아내와 자손이 편안하네」

제15장 121

풀이

의(宜): 화목하다.
이(爾): 너[you]
실(室): 집 또는 방
가(家): 집
실가(室家): 집, 일가 또는 가정

락(樂): 편안하다.
이(爾): 너[you]
처(妻): 아내
노(帑): 자손

〈깜짝 퀴즈 14〉
가정에서의 중용의 도가 실현되지 않는 모습을 나타내는 것은 어느 것인가? (   )
① 합(合) ② 흡(翕) ③ 화(和) ④ 탐(耽) ⑤ 의(宜) ⑥ 락(樂) ⑦ 오(惡)

정답: ⑦
☞ ⑦은 싫어한다는 뜻으로 이것은 가정에서 화목을 깨는 요소이다.

논평

가정의 중용의 도를 말하고 있다. 가정에서 중용의 도란 무엇인가? 그것은 가족 성원들 간의 화목함이다. 위 시는 이런 화목함을 노래하고 있다.

원문 전석

15-3

子曰 父母其順矣乎

공자가 말했다. 부모가 아마도 만족하겠구나!

분석

공자가 말했다. 부모가 아마도 만족하겠구나!

풀이

자(子): 공자
왈(曰): 말하다.
부(父): 아버지
모(母): 어머니
부모(父母): 어버이. 아버지와 어머니
기(其): 아마도. 부사

순(順): 만족하다 또는 기뻐하다.
의(矣): ~하구나!
호(乎): ~하구나!
의호(矣乎): ~하겠구나! 감탄형 어조사
기(其) ~ 의호(矣乎): 아마도 ~하겠구나!

논평

가정에서 중용의 도가 이루어지면 부모는 당연히 만족하고 기뻐한다. 결국 가족 간의 화목이 가정에서의 중용의 도가 되는 것이다.

제16장

16-1
_{자 왈 귀 신 지 위 덕 기 성 의 호}
子曰 鬼神之爲德 其盛矣乎
공자가 말했다. 음양의 작용함이 아마 성대하구나!

16-2
_{시 지 이 불 견 청 지 이 불 문 체 물 이 불 가 유}
視之而弗見 聽之而弗聞 體物而不可遺
그것을 보아도 보이지 않고, 그것을 들어도 들리지 않는다. 만물이 의거하니 빠뜨릴 수 없다.

16-3
_{사 천 하 지 인 재 명 성 복 이 승 제 사 양 양 호}
使天下之人 齊明盛服 以承祭祀 洋洋乎
_{여 재 기 상 여 재 기 좌 우}
如在其上 如在其左右
온 세상의 사람들로 하여금 재계하여 심신을 깨끗이 하고 의복을 단정히 해서 제사를 올리도록 한다. 충만하구나! 마치 그 위에 있는 것 같고, 마치 그 좌우에 있는 것 같다.

16-4
_{시 왈 신 지 격 사 불 가 탁 사 신 가 역 사}
詩曰 神之格思 不可度思 矧可射思
『시경』은 말한다: 「음양이 오는구나 헤아릴 수 없네 하물며 싫어할 수 있겠는가?」

16-5
_{부 미 지 현 성 지 불 가 엄 여 차 부}
夫微之顯 誠之不可揜 如此夫
무릇 형체-없음의 드러남이니 천도를 가릴 수 없는 것이 이와 같구나!

원문 전석

16-1

子曰 鬼神之爲德 其盛矣乎

공자가 말했다. 음양의 작용함이 아마 성대하구나!

분석

공자가 말했다. 음양의 작용함이 아마 성대하구나!

풀이

자(子): 공자
왈(曰): 말하다.
귀(鬼): 음
신(神): 양
귀신(鬼神): 음양

〈깜짝 퀴즈 15〉

다음 중 귀신(鬼神)은 어느 것인가? (   )
① 요괴 ② 도깨비 ③ 유령 ④ 음양

정답: ④

☞ 동양에서 우주(宇宙)의 운동을 기(氣)로 포착한다. 〈기(氣)=우주(宇宙)의 운동〉 이때 우주란 현대인들이 알고 있는 별나라와 달나라의 세계도 아니고 우주선을 쏘아 올리는 화성도 아니다!

우주(宇宙)의 개념

우(宇)	주(宙)
집 우	집 주
공간이라는 집	시간이라는 집
공간[space]	시간[time]

제16장

우리는 공간이라는 집과 시간이라는 집에서 살고 있다. 이것이 우주다! 따라서 우리는 우주적 존재다. 그런데 우주는 가만히 존재하는 것이 아니라 항상 변화하며 존재한다. 그런 변화의 운동을 우리는 기(氣)라 부른다. 〈우주의 운동[cosmic movement]=기(氣)〉 이러한 기의 변화 양상은 음과 양, 즉 귀와 신으로 드러난다.

귀신과 음양

귀(鬼)	신(神)
음(陰)	양(陽)

기(氣)≒귀신(鬼神)≒음양(陰陽)

☞ 흔한 예로 밤과 낮이 생기는 것은 음양의 작용이며 이런 음양의 작용이 기(氣)인 것이다. 이런 음양이 바로 귀신의 작용인 셈이다!

〈깜짝 퀴즈 16〉
동양에서 말하는 우주란 무엇인가? (   )
정답: 공간과 시간

지(之): ~의
위(爲): 하다.
덕(德): 작용 또는 기능
위덕(爲德): 작용을 하다. 줄이면 작용하다가 됨. 위덕(爲德)은 작용함이라는 명사로 쓰임.
기(其): 아마. 부사

성(盛): 성대하다 또는 크다.
의(矣): ~이구나!
호(乎): ~이구나!
의호(矣乎)!: ~하겠구나! 또는 ~이구나! 감탄형 어조사

논평

귀신의 작용, 즉 음양의 작용에 대하여 찬탄하고 있다.

원문 전석

16-2

視之而弗見 聽之而弗聞 體物而不可遺

그것을 보아도 보이지 않고, 그것을 들어도 들리지 않는다. 만물이 의거하니 빠뜨릴 수 없다.

분석

2	1	3	5	4	7	6	8	10	9
視	之	而	弗	見	聽	之	而	弗	聞
볼	그것	~하여도	않을	보일	들을	그것	~하여도	않을	들릴
시	지	이	불	견	청	지	이	불	문

2	1	3	6	5	4
體	物	而	不	可	遺
의거할	만물	~하니	없을	~할수있다	빠트릴
체	물	이	불	가	유

그것을 보아도 보이지 않고, 그것을 들어도 들리지 않는다. 만물이 의거하니 빠뜨릴 수 없다.

풀이

시(視): 보다.
지(之): 그것[it]. 지시대명사. 귀신, 즉 음양을 말함.
이(而): ~하여도. 역접의 접속사
불(弗): ~않다.
견(見): 보이다.
불견(弗見): 보이지 않는다.
청(聽): 듣다.

지(之): 그것[it]. 지시대명사. 귀신, 즉 음양을 말함.
이(而): ~하여도. 역접의 접속사
불(弗): ~않다.
문(聞): 들리다.
불문(弗聞): 들리지 않는다.
체(體): 의거하다.
물(物): 만물[all-things]. 물(物)은 사람을 포함해

제16장

동물, 식물 등 모두를 말함.
이(而): ~하니. 원인을 나타내는 접속사
불(不): 없다.

가(可): ~할 수 있다. 조동사
불가(不可): ~할 수 없다.
유(遺): 빠트리다, 잊다 또는 버리다.

논평

세상에는 보아도 보이지 않는 것이 있고, 들어도 들리지 않는 것이 있다. 귀신, 즉 음양이 그렇다. 동양에서는 음과 양이라는 패러다임으로 만물을 설명하는 전통이 강하게 자리를 잡고 있다.

원문 전석

16-3

**使天下之人 齊明盛服 以承祭祀 洋洋乎
如在其上 如在其左右**

온 세상의 사람들로 하여금 재계하여 심신을 깨끗이 하고 의복을 단정히 해서 제사를 올리도록 한다. 충만하구나! 마치 그 위에 있는 것 같고, 마치 그 좌우에 있는 것 같다.

분석

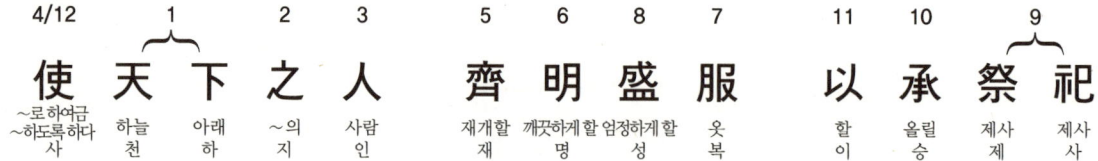

온 세상의 사람들로 하여금 재계하여 심신을 깨끗이 하고 의복을 단정히 해서 제사를 올리도록 한다.

풀이

사(使): ~로 하여금 ~하도록 하다[let]. ~로 하여금 ~하도록 시키다라는 뜻으로 사역동사
천(天): 하늘
하(下): 아래
천하(天下): 하늘 아래. 온 세상이라는 의미임.
지(之): ~의
인(人): 사람. 사람들로 복수로 쓰임.
재(齊): 재계하다. 몸과 마음을 깨끗이 씻고 부정한 일을 멀리하다.
명(明): 깨끗하게 하다[明潔]. 이때 결(潔)도 깨끗이 하다라는 의미임.
성(盛): 엄정하게 하다. 이때 엄정(嚴正)은 엄격하고 바르다는 뜻임.

복(服): 옷 또는 의복
재명성복(齊明盛服): 목욕재계하여 심신을 깨끗이 하고, 의복을 단정히 한다는 뜻임.
이(以): 하다. 조동사. 이(以)≒위(爲)
승(承): 받들어 올리다 또는 바치다.
이승(以承): 받들어-올리는-일[承]을 한다[以].
제(祭): 제사
사(祀): 제사
제사(祭祀): 귀신, 즉 음양에 대하여 음식을 바치고 정성을 드리는 일을 말함.

분석

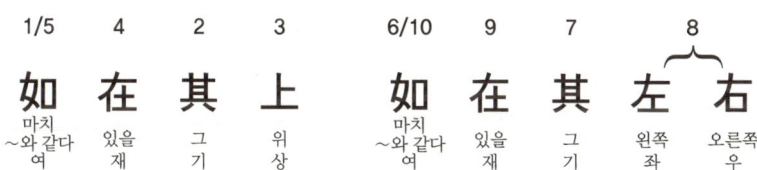

충만하구나! 마치 그 위에 있는 것 같고, 마치 그 좌우에 있는 것 같다.

풀이

양(洋): 성대하다 또는 광대하다.
양(洋): 성대하다 또는 광대하다.
양양(洋洋): 충만한 모양 또는 빠진데 없이 꽉 차

있는 모양을 뜻함. 즉, 귀신인 음양이 온 세상에 빠진데 없이 꽉 차있다는 뜻임.
호(乎): ~이구나! 또는 ~하구나! 감탄의 어조사

여(如): 마치 ~와 같다.
재(在): 있다.
기(其): 그. 제사상[祭祀床·제사를 지내기 위해 차려놓은 상]을 말함.
상(上): 위. 제사상 위를 뜻함.
여(如): 마치 ~와 같다.

재(在): 있다.
기(其): 그. 제사상[祭祀·제사를 지내기 위해 차려놓은 상]을 말함.
좌(左): 왼쪽
우(右): 오른쪽
좌우(左右): 왼쪽과 오른쪽

논평

귀신, 즉 음양이 천지간에 가득하다. 그 귀신에 제사를 올리고 경배하는 모양을 표현하고 있다.

원문 전석

16-4

詩曰
「神之格思 不可度思 矧可射思」

『시경』은 말한다:
「음양이 오는구나 헤아릴 수 없네 하물며 싫어할 수 있겠는가?」

분석

1	2
詩	曰
시경 시	말할 왈

『시경』은 말한다:

1	2	3	4	6		5	7	8/11	10	9	12
神	之	格	思	不	可	度	思	矧	可	射	思
귀신 신	~이 지	올 격	어조사 사	없을 불	~할수있다 가	헤아릴 탁	어조사 사	하물며 ~하겠는가? 신	~할수있다 가	싫어할 역	어조사 사

「음양이 오는구나 헤아릴 수 없네 하물며 싫어할 수 있겠는가?」

풀이

시(詩): 『시경(詩經)』.『시경(詩經)』「대아(大雅)」〈억편(抑篇)〉에 들어있음.

왈(曰): 말하다.

신(神): 귀신, 즉 음양을 뜻함. 귀신(鬼神)을 줄여서 신(神)이라 함. 이때 신은 종교적 신[神・God]이 절대 아니다!

지(之): ~이. 주격조사

격(格): 오다[come] 또는 이르다[reach]. 음양이 도래하는 것을 말함.

사(思): 종결형 어조사로 별 뜻은 없음. 운율[韻律・rhyme]을 맞추고 고르기 위해 여기에서 반복적으로 사용함.

불(不): 없다.

가(可): ~ 할 수 있다. 조동사

불가(不可): ~ 할 수 없다.

탁(度): 헤아리다[count or measure].

사(思): 종결형 어조사로 별 뜻은 없음. 운율[韻律・rhyme]을 맞추고 고르기 위해 여기에서 반복적으로 사용함.

신(矧): 하물며 ~ 할 수 있겠는가?

가(可): ~ 할 수 있다. 조동사

역(射): 싫어하다. 음양을 싫어한다는 뜻임. 음양은 우리가 싫어할 대상이 아니다.

사(思): 종결형 어조사로 별 뜻은 없음. 운율[韻律・rhyme]을 맞추고 고르기 위해 여기에서 반복적으로 사용함.

논평

귀신, 즉 음양의 작용을 시로 노래하고 있다. 음양이 오고 감을 우리가 헤아릴 수도 없고, 또한 우리가 그런 음양의 작용을 싫어할 수도 없다.

원문 전석

16-5

夫微之顯 誠之不可揜 如此夫

무릇 형체-없음의 드러남이니 천도를 가릴 수 없는 것이 이와 같구나!

분석

1	2	3	4	5	6	9	8	7	11	10	12
夫	微	之	顯	誠	之	不	可	揜	如	此	夫
무릇 부	형체가없을 미	~의 지	드러날 현	천도 성	~을 지	없을 불	~할수있다 가	가릴 엄	같을 여	이 차	~이구나! 부

무릇 형체-없음의 드러남이니 천도를 가릴 수 없는 것이 이와 같구나!

풀이

부(夫): 대저(大抵) 또는 무릇. 부사. 〈대체로 보아서 =대저=무릇〉 발어사로 굳이 해석하지 않아도 됨.

미(微): 형체가 없다 또는 나타나지 않다. 형체-없음이라는 명사로 쓰임.

지(之): ~의

현(顯): 드러나다.

성(誠): 하늘의 도, 즉 천도(天道)를 뜻함. 〈성(誠)=천도(天道)〉 이때 천도란 하늘의 운동을 말함. 음과 양 혹은 밤과 낮이 갈마드는 것이 바로 천도다. 여기서 갈마들다라는 뜻은 서로 번갈아들다 또는 서로 교대하다라는 의미이다.

성(誠)의 정의(definition)
성이란 하늘의 작용이다[誠者 天之道也].
다시 말해, 성(誠)이란 천도다!

1	2	3	4	5	6
誠	者	天	之	道	也
천도 성	~이란 자	하늘 천	~의 지	작용 도	~이다 야

☞ 보다 자세한 사항은 20-16을 참고하라.

성(誠)의 의미 연쇄
성(誠)≒천도(天道)≒음양(陰陽)≒귀신(鬼神)

이와 같이 성, 천도, 음양, 귀신은 서로 호환해서 쓰는 개념이다.

> 〈깜짝 퀴즈 17〉
> 다음 중에서 서로 호환되지 않는 것은 어느 것인가? (   )
> ① 천도(天道) ② 인도(人道) ③ 귀신(鬼神) ④ 음양(陰陽) ⑤ 성(誠)
>
> 정답: ②
> ☞ 인도(人道)를 제외한 모든 것은 귀신(鬼神)과 연관되는 것들이다.

지(之): ~을. 목적격 조사
불(不): 없다.
가(可): ~할 수 있다. 조동사
불가(不可): ~할 수 없다.

엄(揜): 가리다. 가리어 덮다 또는 가리어 싸다.
여(如): 같다.
차(此): 이. 이것[this]. 바로 앞의 내용 전체를 가리킴.
부(夫): ~이구나! 감탄의 어조사

논평

귀신, 즉 천도의 운동을 성(誠)으로 설명하고 있다. 밤과 낮이 교대로 운동을 쉬지 않고 계속한다. 하루도 쉰 적이 없다. 이러한 운동의 모습을 성(誠)이라 하는 것이다 〈성(誠)=성실함〉. 이러한 성실한 모습을 보고 진실하여-거짓이-없다[眞實無妄]라고 말한다.

제17장

17-1 子曰 舜其大孝也與 德爲聖人 尊爲天子 富有四海之內 宗廟饗之 子孫保之

공자가 말했다. 순임금은 아마도 위대한 효자이었구나! 품성은 성인이 되고 지위가 높은 임금이 된다. 부는 온 세상의 안에 있다. 사당에서 그를 흠향하고 자손은 그를 지켰다.

17-2 故大德 必得其位 必得其祿 必得其名 必得其壽

그러므로 대덕은 반드시 그 지위를 얻고, 반드시 그 녹을 얻으며, 반드시 그 명성을 얻고, 반드시 그 장수함을 얻는다.

17-3 故天之生物 必因其材而篤焉 故栽者培之 傾者覆之

그러므로 하늘이 만물을 내는 데에는 반드시 그 자질에 의거하고 돈독히 한다. 그러므로 심은 것은 그것을 더 많아지게 하고 기울어진 것은 그것을 무너뜨린다.

17-4 詩曰 嘉樂君子 憲憲令德 宜民宜人 受祿于天 保佑命之 自天申之

『시경』은 말한다: 「기뻐하며 즐거운 임금님 빛나고 융성한 아름다운 인정으로 백성들이 화순하고 사람들이 화목하네 하늘로부터 녹을 받네 지키고 도우며 그에게 명령을 내린다네 하늘로부터 그것을 거듭하네」

17-5 故大德者 必受命

그러므로 위대한 어진 사람은 반드시 천명을 받는다.

원문 전석

> 子曰 舜其大孝也與 德爲聖人 尊爲天子
> 富有四海之內 宗廟饗之 子孫保之

17-1

공자가 말했다. 순임금은 아마도 위대한 효도이었구나! 품성은 성인이 되고 지위가 높음은 임금이 된다. 부는 온 세상의 안에 있다. 사당에서 그를 흠향하고 자손은 그를 지켰다.

분석

1	2	3	4	5	6	7
子	曰	舜	其	大	孝	也 與
공자 자	말할 왈	순임금 순	아마도 기	큰 대	효도 효	~이구나! ~이구나! 야 여

공자가 말했다. 순임금은 아마도 위대한 효도이었구나!

풀이

자(子): 공자

왈(曰): 말하다.

순(舜): 순임금. 요임금과 함께 중국 상고 시대의 성군(聖君)으로 알려져 있음.

기(其): 아마도 또는 아마. 추측의 부사

대(大): 크다, 위대하다 또는 훌륭하다.

효(孝): 효도

대효(大孝): 지극한 효도 또는 지극한 효자.
　　　　대효(大孝)≒지효(至孝)

야(也): ~이구나!

여(與): ~이구나!

야여(也與)!: ~이구나! 감탄의 어조사

분석

품성은 성인이 되고 지위가 높음은 임금이 된다.

풀이

덕(德): 품성(品性)
위(爲): 되다.
성(聖): 성인[聖人 · sage]
인(人): 사람
성인(聖人): 중용의 도를 완벽하게 구현해 내는 자
존(尊): 지위가 높다. 지위가 높음이라는 명사로 쓰임.

위(爲): 되다.
천(天): 임금
자(子): 사람
천자(天子): 한 나라의 최고 통치자인 임금[king]
〈천자(天子)=왕(王)〉

분석

부는 온 세상의 안에 있다.

풀이

부(富): 부 또는 가멸 〈부=가멸〉
유(有): 있다.
사(四): 사방
해(海): 바다
사해(四海): 사방의 바다가 원뜻이지만 온 세상을 뜻함.

지(之): ~의
내(內): 안. 공간의 경계 안을 말함.

분석

사당에서 그를 흠향하고 자손은 그를 지켰다.

풀이

종(宗): 사당
묘(廟): 사당
종묘(宗廟): 왕가에서 제왕(帝王)의 조상을 모시는 사당
향(饗): 흠향(歆饗)하다. 제상에 음식을 차려 놓으면 돌아가신 분이 음식을 먹는다는 뜻임.
지(之): 그를[him]. 두 가지로 해석이 가능하다. 하나는 순임금이 선조에게 제사를 올리는 경우인데, 그러면 이때 지(之)는 순임금의 조상이 된다. 또 다른 하나는 후손이 순임금에게 제사를 올리는 경우인데, 그러면 이때 지(之)는 순임금이 된다. 여기서 나는 지(之)를 순임금을 가리키는 것으로 보았다.

자(子): 자식
손(孫): 후손
자손(子孫): 모든 후손 〈자손(子孫)=후손(後孫)〉
보(保): 지키다.
지(之): 그를[him]. 두 가지로 해석이 가능하다. 하나는 지(之)가 순임금, 그 자신을 가리킬 수도 있고, 다른 하나는 순임금을 포함한 모든 선조를 가리킬 수도 있다. 여기서 나는 지(之)를 순임금을 가리키는 것으로 보았다.

논평

공자가 순임금을 지극한 효자로 평가하고 있다. 나머지 내용은 그런 효자를 칭송하는 것들이다.

제17장

원문 전석

17-2

故大德 必得其位 必得其祿 必得其名 必得其壽

그러므로 대덕은 반드시 그 지위를 얻고, 반드시 그 녹을 얻으며, 반드시 그 명성을 얻고, 반드시 그 장수함을 얻는다.

분석

그러므로 대덕은 반드시 그 지위를 얻고, 반드시 그 녹을 얻으며, 반드시 그 명성을 얻고, 반드시 그 장수함을 얻는다.

풀이

고(故): 그러므로. 접속사
대(大): 크다.
덕(德): 어진사람 또는 현자
　　　〈덕(德)=인자(仁者)=현자(賢者)〉
대덕(大德): 큰 인덕(仁德)을 가진 사람
　☞ 여기서 대덕은 순임금을 말한다.
　　　〈대덕(大德)=순임금〉
필(必): 반드시. 부사
득(得): 얻다.

기(其): 그
위(位): 지위[position]
필(必): 반드시. 부사
득(得): 얻다.
기(其): 그
록(祿): 녹 또는 녹봉. 오늘날로 치면 임금[pay]를 뜻함.
필(必): 반드시. 부사
득(得): 얻다.

기(其): 그
명(名): 평판, 명성 또는 명예
필(必): 반드시. 부사
득(得): 얻다.
기(其): 그

수(壽): 장수하다 또는 오래 살다. 장수함으로 명사로 쓰임.
☞ 실제 순임금은 110세까지 살았다고 한다.

논평

순임금은 대덕, 즉 위대한 현자이다. 그런 이는 그가 바라지 않아도 지위, 임금, 명성이 저절로 따라온다. 뿐만 아니라 그는 장수까지 했다. 순임금은 이러한 천복을 받은 셈이다.

원문 전석

17-3

故天之生物 必因其材而篤焉 故栽者培之 傾者覆之

그러므로 하늘이 만물을 내는 데에는 반드시 그 자질에 의거하고 돈독히 한다.
그러므로 심은 것은 그것을 더 많아지게 하고 기울어진 것은 그것을 무너뜨린다.

분석

1	2	3	5	4	6	9	7	8	10	11	12
故	天	之	生	物	必	因	其	材	而	篤	焉
그러므로	하늘	~이	날	만물	반드시	의거할	그	자질	~하고	돈독히 할	~이다
고	천	지	생	물	필	인	기	재	이	독	언

그러므로 하늘이 만물을 내는 데에는 반드시 그 자질에 의거하고 돈독히 한다.

풀이

고(故): 그러므로
천(天): 하늘. 조물주(造物主)라는 뜻임. 〈천(天)=조물주(造物主)〉 이때 조물주란 만물을 만드는 주인이자 주체다. 하늘과 땅 사이의 만물을 만들어 자라게 하고 그 만물을 주재하는 것이 여기서 말하는 조물주의 천이다. 이런 의미 때문에 이런 천(天)을 신(神)이라고도 한다. 〈천(天)≒신(神)〉

하늘[天]의 이중적 의미

천(天)	
생성천(生成天)	주재천(主宰天)
만물을 만들어내는 하늘	그 만물이 성장과 쇠락을 하게 하는 하늘

☞ 하늘이 만물을 낸다[天之生物]가 바로 생성천(生成天)을 말하고, 그 뒤에 이어지는 구절이 모두 주재천(主宰天)의 내용을 다루는 것이다.

지(之): ~이. 주격조사
생(生): 내다 또는 나오다.
물(物): 만물(all-things). 동물과 식물을 다 포함. 인간도 여기에 포함됨.
필(必): 반드시. 부사
인(因): 의거하다.
기(其): 그
재(材): 자질, 성질 또는 바탕 재(材)≒질(質)
이(而): ~하고. 순접의 접속사
독(篤): 돈독히 하다 또는 두텁게 하다. 〈독(篤)≒후(厚)〉
언(焉): ~이다. 강조의 종결형 어조사

분석

1	2	3	5	4	6	7	9	8
故	栽	者	培	之	傾	者	覆	之
그러므로 고	심을 재	것 자	더 많아지게 할 배	그것 지	기울어질 경	것 자	무너뜨릴 복	그것 지

그러므로 심은 것은 그것을 더 많아지게 하고 기울어진 것은 그것을 무너뜨린다.

풀이

고(故): 그러므로. 접속사
재(栽): 심다.
자(者): 것
배(倍): 더 많아지게 하다 또는 늘리다.

지(之): 그것[it]. 지시대명사. 이때 그것은 심은 것[栽者]임. 〈지(之)=재자(栽者)〉

☞ 심은 것을 그것[之]이 더 많아지게 한다. 그것[之·수확물]을 더 많아지게 하는 것은 바로 앞에 나

온 하늘[天]이다. 바로 뒤에 나오는 경자복지(傾者覆之)의 지(之)도 이와 같다.
경(傾): 기울어지다.
자(者): 것
복(覆): 무너뜨리다 또는 뒤집어엎다.
지(之): 그것[it]. 이때 그것[之]은 기울어진 것[傾者]. 〈지(之)=경자(傾者)〉

다[生]는 뜻이고, 기(氣)가 흩어진다[散]는 것은 죽는다[死]는 뜻이다. 이런 의미에서 배(倍)는 사는 것이요, 복(覆)은 죽는 것이다. 이러한 배(倍)와 복(覆)도 결국 기(氣)의 작용인데, 이런 기의 작용은 음양, 즉 귀신의 작용이며 이런 작용을 하는 것은 결국 하늘이-하는-일[天道]이기 때문에 여기서 자사가 그런 하늘[天]을 논급(論及)하고 있다.

배(倍)와 복(覆)의 풀이

배(倍)	복(覆)
기지이자식위배 (氣至而滋息爲倍)	기반이유산즉복 (氣反而游散則覆)
기(氣)가 와서 번성하고 번식하는 것이 배(倍)이다.	기(氣)가 돌아가 퍼져서 흩어지는 것이 복(覆)이다.

☞ 이와 같은 풀이는 기(氣)의 취산(聚散)으로 바라보는 방식이다. 기(氣)가 모인다[聚]는 것은 산

〈깜짝 퀴즈 18〉
다음 중에서 동양에서 말하는 하늘의 성격과 작용을 나타내는 것이 아닌 것은 어느 것인가? (   )
① 생성천(生成天) ② 주재천(主宰天) ③ 창조천(創造天) ④ 천도(天道) ⑤ 기(氣)의 취산(聚散)

정답: ③
☞ 창조천은 기독교의 입장으로 신이 인간을 창조했다는 시각이다. 여기에는 천도도 없고, 그런 천도의 규칙을 인간이 따를 필요도 없다. 이 대목이 서양과 동양의 결정적 차이다.

논평

동양은 만물[物]의 생장과 쇠락을 하늘의-작용[天道]으로 포착했다. 이런 메시지를 말하고 있는 것이다.

원문 전석

詩曰 「嘉樂君子 憲憲令德 宜民宜人 受祿于天 保佑命之 自天申之」

17-4

『시경』은 말한다:
「기뻐하며 즐거운 임금님 빛나고 융성한 아름다운 인정으로
백성들이 화순하고 사람들이 화목하네 하늘로부터 녹을 받네
지키고 도우며 그에게 명령을 내린다네 하늘로부터 그것을 거듭하네」

분석

1	2
詩	曰
시경 시	말할 왈

『시경』은 말한다:

1	2	3		4		5	6	8	7	10	9
嘉	樂	君	子	憲	憲	令	德	宜	民	宜	人
기뻐할 가	즐거울 락	임금 군	사람 자	기뻐할 헌	기뻐할 헌	아름다울 령	인정 덕	화순할 의	백성 민	화목할 의	사람 인

「기뻐하며 즐거운 임금님 빛나고 융성한 아름다운 인정으로 백성들이 화순하고 사람들이 화목하네」

풀이

시(詩): 『시경(詩經)』. 『시경(詩經)』「대아(大雅)」 〈가락(假樂)〉에 들어 있음.

왈(曰): 말하다.

가(嘉): 기뻐하다.

락(樂): 즐겁다.

군(君): 임금[王·king] 〈군(君)=왕(王)〉

자(子): 사람

군자(君子): 신분적 개념으로 왕을 말함.

군자의 의미 스펙트럼

군자(君子)	
신분적 개념의 군자	인격적 개념의 군자
국가의 통치자인 임금을 말한다. 또한 지배 계층의 지위에 있는 자도 군자에 포함된다.	중용을 지키면서 이를 실천하려고 노력하는 사람을 뜻한다.
그 반대는 소인(小人)이다. 피지배자인 농민과 노예 계층을 말한다.	그 반대는 소인(小人)이다. 중용에 역행하며 사는 사람을 말한다.

헌(憲): 기뻐하다.
헌(憲): 기뻐하다.

헌헌(憲憲): 빛나며 융성한 모양
☞ 『시경』 원문에는 헌헌(憲憲)이 현현(顯顯)으로 되어 있다. 이때 현현(顯顯)은 빛나고 빛난다는 뜻이다.
령(令): 아름답다.
덕(德): 인정(仁政), 즉 어진 정치
의(宜): 화순(和順)하다 또는 화목하다.
민(民): 백성. 백성들을 말함.
의(宜): 화순(和順)하다 또는 화목하다.
인(人): 지식인로서의 선비를 말함. 사람들이란 복수로 쓰임.

분석

4	3	2	1	5	6	8	7	10	9	12	11
受	祿	于	天	保	佑	命	之	自	天	申	之
받을 수	녹봉 록	~로부터 우	하늘 천	지킬 보	도울 우	명령할 명	그 사람 지	~로부터 자	하늘 천	거듭할 신	그것 지

하늘로부터 녹을 받네 지키고 도우며 그에게 명령을 내린다네 하늘로부터 그것을 거듭하네」

풀이

수(受): 받다.
록(祿): 녹 또는 녹봉. 오늘날 급료[pay]를 뜻함.
우(于): ~로부터[from]. 전치사
천(天): 하늘
 ☞ 자세한 내용은 17-3을 참고하라.
보(保): 지키다.
우(佑): 돕다.
명(命): 명령하다.

지(之): 그 사람[him]. 목적격 대명사
 〈그 사람[him]=군자(君子)〉
자(自): ~로부터[from]. 전치사
천(天): 하늘
 ☞ 자세한 내용은 17-3을 참고하라.
신(申): 거듭하다.
지(之): 그것[it]. 앞의 보우명지(保佑命之)를 가리킴.

제17장

논평

순임금의 덕, 즉 어진 정치[仁政]을 찬탄하는 노래[頌]이다.

원문 전석

17-5

故大德者 必受命

그러므로 위대한 어진 사람은 반드시 천명을 받는다.

분석

그러므로 위대한 어진 사람은 반드시 천명을 받는다.

풀이

고(故): 그러므로
대(大): 위대하다 또는 훌륭하다.
덕(德): 어진이
대덕(大德): 어진이[仁者] 또는 현자(賢者). 순임금을 말함. 〈대덕(大德)=순임금〉
자(者): 사람

필(必): 반드시
수(受): 받다.
명(命): 천명. 하늘[天]의 뜻[命]을 말함.
☞ 하늘의 뜻을 받는다는 것은 천자(天子)가 된다는 것을 말한다. 〈천자(天子)=임금[王]〉

논평

임금이 된다는 것은 내가 하고 싶다고 하는 것이 아니라 하늘이 내린다는 것을 말하고 있다.

제18장

18-1
　　　자왈　무우자　기유문왕호　이왕계위부
　　　子曰 無憂者 其惟文王乎 以王季爲父
　　　이무왕위자　부작지　자술지
　　　以武王爲子 父作之 子述之

공자가 말했다. 근심이 없는 사람은 아마 오로지 문왕이구나! 왕계가 아버지가 되고 무왕이 아들이 된다. 아버지는 주나라를 일으키고 아들은 아버지를 계승했다.

18-2
　　　무왕찬태왕왕계문왕지서　일융의이유천하
　　　武王纘大王王季文王之緒 壹戎衣而有天下
　　　신불실천하지현명　존위천자　부유사해지내
　　　身不失天下之顯名 尊爲天子 富有四海之內
　　　종묘향지　자손보지
　　　宗廟饗之 子孫保之

무왕은 태왕, 왕계, 문왕의 사업을 이었다. 한번 전투를 행하고 온 세상을 보유했다. 자신은 온 세상에 드러난 명성을 잃지 않았다. 지위가 높음은 임금이 되고, 부는 온 세상의 안에 있고, 사당에서 그를 흠향하고 자손은 그를 지켰다.

제18장　145

18-3

武王末受命 周公成文武之德 追王大王王季
上祀先公以天子之禮 斯禮也
達乎諸候大夫及士庶人 父爲大夫 子爲士
葬以大夫 祭以士 父爲士 子爲大夫 葬以士
祭以大夫 期之喪 達乎大夫 三年之喪
達乎天子 父母之喪 無貴賤一也

무왕은 마침내 천명을 받았고 주공은 문왕과 무왕의 어진 정치를 이루었다. 태왕과 왕계라는 왕호를 추존했다. 위로는 임금의 예로 조상님께 제사지냈다. 이것이 예이다. 제후, 대부 그리고 선비, 일반 백성에게도 통했다. 아버지가 대부가 되며 아들이 선비가 되면 대부로 장사지내고 선비로 제사를 지냈다. 아버지가 선비가 되고 아들이 자식이 되면 선비로 장사지내고 대부로 제사를 지냈다. 일년상은 대부에게 통하고 삼년상은 천자에게 통한다. 부모의 상례는 귀천에 관계없이 같다.

원문 전석

18-1

子曰 無憂者 其惟文王乎 以王季爲父 以武王爲子 父作之 子述之

공자가 말했다. 근심이 없는 사람은 아마 오로지 문왕이구나! 왕계가 아버지가 되고 무왕이 아들이 된다. 아버지는 주나라를 일으키고 아들은 아버지를 계승했다.

분석

1	2	4	3	5	6	7	8		9
子	曰	無	憂	者	其	惟	文	王	乎
공자 자	말할 왈	없을 무	근심 우	사람 자	아마 기	오직 유	왕의이름 문	임금 왕	~이구나! 호

공자가 말했다. 근심이 없는 사람은 아마 오로지 문왕이구나!

풀이

자(子): 공자
왈(曰): 말하다.
무(無): 없다.
우(憂): 근심
자(者): 사람
기(其): 아마. 부사로 굳이 해석하지 않아도 됨.

유(惟): 오직. 부사
문(文): 왕의 이름
왕(王): 임금[king]
문왕(文王): 주나라를 세운 무왕의 아버지. 성(姓)이 희(姬)이고 이름은 창(昌)이다. 〈희창(姬昌)=문왕(文王)〉
호(乎): ~이구나! 감탄의 어조사

분석

왕계가 아버지가 되고 무왕이 아들이 된다.

풀이

이(以) A 위(爲) B: A를 B로 삼다. 이때 A는 왕계(王季)이고, B는 부(父)이다. 즉, A=왕계 그리고 B=부이다. 그래서 직역하면 왕계를 아버지로 삼다가 된다. 그러나 이렇게 번역하면 매끄럽지 않다. 여기서는 왕계가 아버지가 된다라고 순역(順譯)했다.

☞ 이(以) ~ 위(爲) …의 용법: ~을 …으로 삼다.

이(以)	~ [A]	위(爲)	… [B]
이(以)	왕계(王季)	위(爲)	부(父)
이(以)	무왕(武王)	위(爲)	자(子)

☞ 왕계를 부로 삼다./무왕을 아들로 삼다.

왕(王): 임금
계(季): 계력(季歷)에서의 계(季)
왕계(王季): 문왕의 아버지. 그의 이름은 계력(季歷)임. 이때 왕계는 손자가 할아버지를 왕으로 추존한 존칭이다.
부(父): 아버지. 왕계를 말함. 〈부(父)=왕계(王季)〉
이(以) A 위(爲) B: A를 B로 삼다. 이때 A는 무왕(武王)이고, B는 자(子)이다. 즉, A=무왕 그리고 B=자이다. 그래서 직역하면 무왕을 아들로 삼다가 된다. 그러나 이렇게 번역하면 매끄럽지 않다. 여기서는 무왕이 아들이 된다라고 순역(順譯)했다.
무(武): 무왕에서의 무
무왕(武王): 주나라를 세운 왕의 이름. 문왕의 아들이 무왕임.
자(子): 아들 〈자(子)=무왕(武王)〉

분석

```
  1    3   2     4    6   5
  父   作   之    子   述   之
아버지 일으킬 그것  아들  이을 그를
  부    작    지    자    술    지
```

아버지는 주나라를 일으키고 아들은 아버지를 계승했다.

풀이

부(父): 아버지. 문왕을 말함.
작(作): 일으키다. 나라의 바탕을 세운다는 뜻임.
지(之): 그것[it]. 지시대명사로 주(周)나라 〈그것=주나라〉
자(子): 아들. 무왕을 말함.
술(述): 잇다. 계승한다는 의미임.
지(之): 그를[him]. 목적격 대명사로 아버지 문왕을 가리킴.

논평

아버지인 문왕이 나라의 기틀을 세우고 그의 아들 무왕이 아버지의 뒤를 이었다.

원문 전석

18-2

武王纘大王王季文王之緒 壹戎衣而有天下
身不失天下之顯名 尊爲天子 富有四海之內
宗廟饗之 子孫保之

무왕은 태왕, 왕계, 문왕의 사업을 이었다. 한번 전투를 행하고 온 세상을 보유했다. 자신은 온 세상에 드러난 명성을 잃지 않았다. 지위가 높음은 임금이 되고, 부는 온 세상의 안에 있고, 사당에서 그를 흠향하고 자손은 그를 지켰다.

분석

무왕은 태왕, 왕계, 문왕의 사업을 이었다.

풀이

무(武): 무왕에서의 무. 문왕의 아들

왕(王): 임금

무왕(武王): 주나라 문왕의 아들. 주나라를 세움.

찬(纘): 잇다.

태(大): 크다. 이때 대(大)는 태(太)로 읽음.
　　　　대(大)≒태(太)

왕(王): 임금

태왕(大王): 상왕(上王)을 높여 부르는 말. 무왕의 증조할아버지인 고공단보(古公亶父)를 말함.

왕(王): 임금

계(季): 계력(季歷)에서의 계(季)

왕계(王季): 문왕의 아버지. 이름은 계력(季歷)이다. 이때 왕계는 손자가 할아버지를 왕으로 추존한 존칭이다.

문(文): 왕의 이름

왕(王): 임금[king]

문왕(文王): 주나라를 세운 무왕의 아버지. 성(姓)이 희(姬)이고 이름은 창(昌)이다. 〈희창(姬昌)=문왕(文王)〉

지(之): ~의

서(緒): 사업 또는 일[enterprise]

문왕의 가계표

왕명(王名)	속명(俗名)	관계
태왕(大王)	고공단보(古公亶父)	할아버지[祖父]
왕계(王季)	희계력(姬季歷)	아버지[父]
문왕(文王)	희창(姬昌)	자신[身]
무왕(武王)	희발(姬發)	아들[子]

☞ 희계력(姬季歷)에서 희(姬)는 성씨(姓氏)이고 계력(季歷)은 이름[名]이다. 희창(姬昌)과 희발(姬發)에서 희는 성씨이고 창(昌)과 발(發)은 이름이다.

〈깜짝 퀴즈 19〉
다음 중에서 그 속성이 다른 것은 어느 것인가? ( )
① 고공단보 ② 왕계 ③ 희계력 ④ 희발 ⑤ 희창

정답: ②
☞ 왕계는 추존된 왕의 이름이고 나머지는 모두 속가의 성과 이름이다.

분석

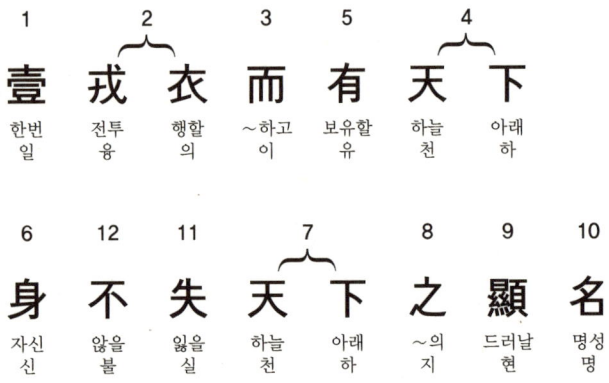

한번 전투를 행하고 온 세상을 보유했다. 자신은 온 세상에 드러난 명성을 잃지 않았다.

풀이

일(壹): 한번. 부사 일(壹)≒일(一)
융(戎): 전투 또는 병기

의(衣): 행하다.
일융의(壹戎衣): 한번 전투를 행하다. 이는 무왕이 은나라의 마지막 왕이자 폭군인 주왕(紂王)을 몰아낸 사건을 말함.
이(而): ~하고. 순접의 접속사
유(有): 보유하다.
천(天): 하늘
하(下): 아래
천하(天下): 하늘 아래. 온 세상을 말함.
신(身): 자신. 자신은 곧 무왕임. 〈신(身)=무왕(武王)〉
불(不): ~않다.

실(失): 잃다.
천(天): 하늘
하(下): 아래
천하(天下): 하늘 아래. 온 세상을 말함.
지(之): ~의
현(顯): 드러나다.
명(名): 명성 또는 명예
현명(顯名): 세상에 드러난 명성

분석

지위가 높음은 임금이 되고, 부는 온 세상의 안에 있고, 사당에서 그를 흠향하고 자손은 그를 지켰다.

☞ 이 내용은 17-1에도 나온다.

풀이

존(尊): 지위가 높다. 지위가 높음이라는 명사로 쓰임.
위(爲): 되다.
천(天): 임금
자(子): 사람

천자(天子): 한 나라의 최고 통치자인 임금[king]
〈천자(天子)=왕(王)〉
부(富): 부 또는 가멸 〈부=가멸〉
유(有): 있다.

제18장

사(四): 사방
해(海): 바다
사해(四海): 사방의 바다. 온 세상을 뜻함.
지(之): ~의
내(內): 안. 공간의 경계 안을 말함.
종(宗): 사당
묘(廟): 사당
종묘(宗廟): 왕가에서 제왕(帝王)의 조상을 모시는 사당
향(饗): 흠향(歆饗)하다. 제상에 음식을 차려 놓으면 돌아가신 분이 음식을 먹는다는 뜻임.
지(之): 그를[him]. 두 가지로 해석이 가능하다. 하나는 무왕이 선조에게 제사를 올리는 경우인데, 그러면 이때 지(之)는 무왕의 조상이 된다. 또 다른 하나는 후손이 무왕에게 제사를 올리는 경우인데, 그러면 이때 지(之)는 무왕이 된다.
자(子): 자식
손(孫): 후손
자손(子孫): 모든 후손 〈자손(子孫)=후손(後孫)〉
보(保): 지키다.
지(之): 그를[him]. 두 가지로 해석이 가능하다. 하나는 지(之)가 무왕 자신을 가리킬 수도 있고, 다른 하나는 무왕을 포함한 모든 선조를 가리킬 수도 있다. 여기서 나는 지(之)를 무왕을 가리키는 것으로 보았다.

논평

무왕을 칭송하고 있다. 무왕은 은나라를 물리치고 주나라를 창건했다.

원문 전석

18-3

武王末受命 周公成文武之德 追王大王王季
上祀先公以天子之禮 斯禮也
達乎諸候大夫及士庶人 父爲大夫 子爲士
葬以大夫 祭以士 父爲士 子爲大夫 葬以士
祭以大夫 期之喪 達乎大夫 三年之喪
達乎天子 父母之喪 無貴賤一也

무왕은 마침내 천명을 받았고 주공은 문왕과 무왕의 어진 정치를 이루었다.
태왕과 왕계라는 왕호를 추존했다. 위로는 임금의 예로 조상님께 제사지냈다.
이것이 예이다. 제후, 대부 그리고 선비, 일반 백성에게도 통했다.
아버지가 대부가 되며 아들이 선비가 되면 대부로 장사지내고 선비로 제사를 지냈다.
아버지가 선비가 되고 아들이 자식이 되면 선비로 장사지내고 대부로 제사를 지냈다.
일년상은 대부에게 통하고 삼년상은 천자에게 통한다.
부모의 상례는 귀천에 관계없이 같다.

분석

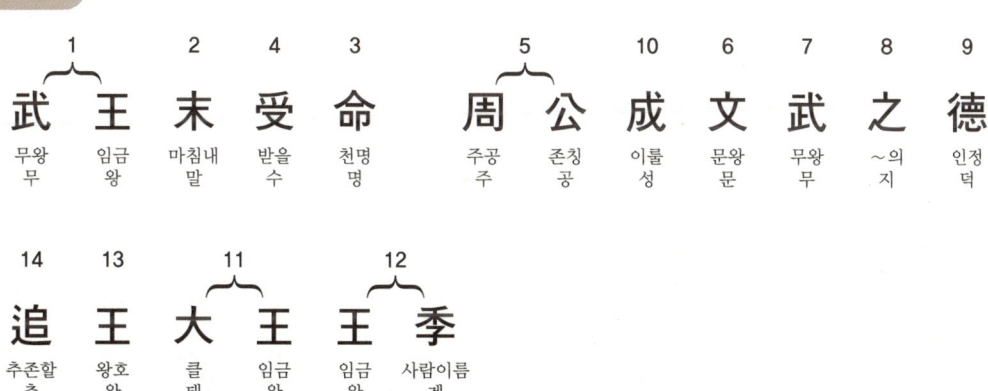

무왕은 마침내 천명을 받았고 주공은 문왕과 무왕의 어진 정치를 이루었다. 태왕과 왕계라는 왕호를 추존했다.

풀이

무(武): 무왕에서의 무
왕(王): 임금
무왕(武王): 주나라의 임금. 문왕의 아들
말(末): 마침내. 부사
수(受): 받다.
명(命): 천명
주(周): 주공(周公)이라는 사람 이름에서의 주
공(公): 존칭을 뜻하는 접미사
주공(周公): 무왕의 숙부이자 문왕의 동생. 무왕을 도와 주나라를 세움. 그는 주나라 초기 나라의 문물과 제도를 정비하는 데 큰 공을 세움.
성(成): 이루다.
문(文): 문왕. 무왕의 아버지
무(武): 무왕. 주나라의 초대 왕
지(之): ~의

덕(德): 어진 정치. 인정(仁政)을 뜻함.
추(追): 추존(追尊)하다. 추존이란 죽은 이에게 존호(尊號)를 올리는 것임.
왕(王): 왕호(王號). 왕의 호칭
추왕(追王): 왕호를 추존하다.
태(大): 크다. 태(太)≒대(大)
왕(王): 임금
태왕(大王): 문왕의 할아버지인 고공단보(古公亶父)를 가리킴. 주공이 태왕이라는 존호(尊號)를 바침.
왕(王): 임금
계(季): 문왕의 아버지인 희계력(姬季歷)을 가리킴.
왕계(王季): 문왕의 아버지인 희계력. 주공이 왕계라는 존호(尊號)를 바침.

〈깜짝 퀴즈 20〉
주나라의 문물과 제도를 정비한 인물은 누구인가? (   )
① 태왕 ② 문왕 ③ 무왕 ④ 주공

정답: ④

분석

위로는 임금의 예로 조상님께 제사를 지내니 이것이 예이다.

풀이

상(上): 위로는. 부사
사(祀): 제사지내다.
선(先): 선조 또는 조상
공(公): 존칭을 뜻하는 접미사. 우리말로 ~님 정도임.
선공(先公): 조상님 또는 선조님

주나라 왕가 계보[系譜 · lineage]

1대(시조)	후직(后稷)
…(중간 생략)…	
12대	조감(組紺)
13대	태공(太公)
14대	태왕(大王)
15대	왕계(王季)
16대	문왕(文王)
17대	무왕(武王)
…(이하 생략)…	

☞ 여기서 선공(先公), 즉 조상님은 1대 후직(后稷)부터 12대 조감(組紺)까지이다.

이(以): ~로[by] 또는 ~로써
천(天): 임금
자(子): 사람
천자(天子): 임금[king]
지(之): ~의
례(禮): 예도. 예의와 법도
사(斯): 이것[this]. 앞 문장 모두를 가리킴.
례(禮): 예도. 예의와 법도
야(也): ~이다. 종결형 어조사

분석

제후, 대부 그리고 선비, 일반 백성에게도 통했다.

풀이

달(達): 통하다. 조상님께 제사를 지내는 것이 모두에게 통하는 예라는 뜻에서 통한다는 것임.
호(乎): ~에게도[to]

제(諸): 모든[all]
후(侯): 제후
제후(諸侯): 작은 나라를 통치하는 사람

대(大): 큰
부(夫): 선생
대부(大夫): 주나라 때 하나의 벼슬아치 이름. 경(卿) 아래 사(士) 위에 위치하는 것이 대부임.
급(及): 그리고[and] 또는 및[&]
사(士): 선비이지만, 여기서 사(士)는 벼슬아치의 한 종류임.

서(庶): 무리 또는 여러[many]
인(人): 사람. 사람들이라는 복수로 쓰임.
서인(庶人): 여러 사람들, 즉 일반 백성을 말함.

사(士)의 세 가지 의미

사(士)		
큰 의미	작은 의미	기타 의미
천자(天子)나 제후(諸侯) 밑에서 벼슬하는 경(卿)과 대부(大夫) 그리고 모든 벼슬아치를 사(士)라 한다.	대부(大夫) 아래의 벼슬아치를 사(士)라 한다.	선비[士]로서 상류 사회의 지식인 계급을 사(士)라 한다.

☞ 위의 본문에서 사(士)는 작은 의미로 쓰였다.

분석

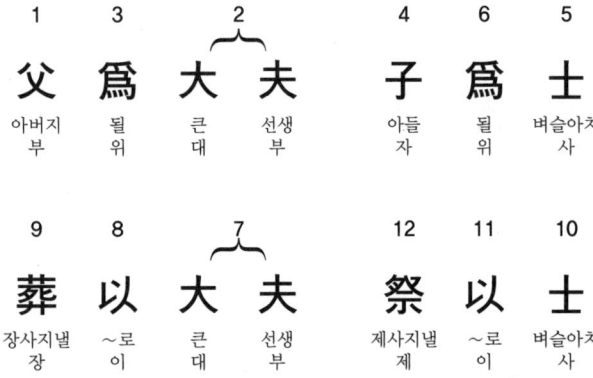

아버지가 대부가 되며 아들이 선비가 되면 대부로 장사지내고 선비로 제사를 지냈다.

풀이

부(父): 아버지
위(爲): 되다.
대(大): 큰
부(夫): 선생
대부(大夫): 주나라 때 하나의 벼슬아치 이름. 경(卿) 아래 사(士) 위에 위치하는 것이 대부임.
자(子): 아들
위(爲): 되다.
사(士): 선비이지만, 여기서 사(士)는 벼슬아치의 한 종류다. 대부(大夫) 아래의 벼슬아치를 사(士)라 함.

장(葬): 장사(葬事)지내다.
이(以): ~로[by] 또는 ~로써
대(大): 큰
부(夫): 선생
대부(大夫): 주나라 때 하나의 벼슬아치 이름. 경(卿) 아래 사(士) 위에 위치하는 것이 대부임.
제(祭): 제사(祭祀)지내다.
이(以): ~로[by] 또는 ~로써
사(士): 선비이지만, 여기서 사(士)는 벼슬아치의 한 종류다. 대부(大夫) 아래의 벼슬아치를 사(士)라 함.

분석

아버지가 선비가 되고 아들이 대부가 되면 선비로 장사지내고 대부로 제사를 지냈다.

풀이

부(父): 아버지
위(爲): 되다.
사(士): 선비이지만, 여기서 사(士)는 벼슬아치의 한 종류다. 대부(大夫) 아래의 벼슬아치를 사(士)라 함.
자(子): 아들

위(爲): 되다.
대(大): 큰
부(夫): 선생
대부(大夫): 주나라 때 하나의 벼슬아치 이름. 경(卿) 아래 사(士) 위에 위치하는 것이 대부임.

장(葬): 장사(葬事)지내다.
이(以): ~로[by] 또는 ~로써
사(士): 선비이지만, 여기서 사(士)는 벼슬아치의 한 종류다. 대부(大夫) 아래의 벼슬아치를 사(士)라 함.
제(祭): 제사(祭祀)지내다.

이(以): ~로[by] 또는 ~로써
대(大): 큰
부(夫): 선생
대부(大夫): 주나라 때 하나의 벼슬아치 이름. 경(卿) 아래 사(士) 위에 위치하는 것이 대부임.

분석

일년상은 대부에게 통하고 삼년상은 천자에게 통한다.

풀이

기(期): 만 일 년
지(之): ~의
상(喪): 상례. 장례를 치르는 모든 의식과 절차
달(達): 통하다.
호(乎): ~에게
대(大): 큰
부(夫): 선생
대부(大夫): 주나라 때 하나의 벼슬아치 이름. 경(卿) 아래 사(士) 위에 위치하는 것이 대부임.
삼(三): 삼[3]

년(年): 년[year]
삼년(三年): 삼년
지(之): ~의
상(喪): 상례. 장례를 치르는 모든 의식과 절차
달(達): 통하다.
호(乎): ~에게
천(天): 임금[王]
자(子): 사람
천자(天子): 임금[king]

분석

부모의 상례는 귀천에 관계없이 같다.

풀이

부(父): 아버지
모(母): 어머니
부모(父母): 아버지와 어머니
지(之): ~의
상(喪): 상례. 장례를 치루는 모든 의식과 절차
무(無): 관계없다.

귀(貴): 귀하다.
천(賤): 천하다.
귀천(貴賤): 귀함과 천함
일(一): 같다 또는 동일하다.
야(也): ~이다. 종결형 어조사

논평

주공은 조카인 무왕을 도와 가까운 조상에게는 왕으로 추존하고 먼 조상에게는 제를 올렸다. 그 뿐이 아니라 주나라의 상례와 제례의 규칙을 제정하였다.

제19장

19-1 子曰 武王周公 其達孝矣乎

공자가 말했다. 무왕과 주공은 아마 두루 통하는 효도이구나!

19-2 夫孝者 善繼人之志 善述人之事者也

무릇 효도란 사람의 뜻을 잘 계승하고 사람의 일을 잘 잇는 것이다.

19-3 春秋 脩其祖廟 陳其宗器 設其裳衣 薦其時食

봄과 가을에 그 조상의 사당을 고치고, 그 사당의 기물을 진열하고, 그 옷을 준비하여 제철 음식을 올린다.

19-4 宗廟之禮 所以序昭穆也 序爵 所以辨貴賤也
序事 所以辨賢也 旅酬 下爲上 所以逮賤也
燕毛 所以序齒也

사당의 예는 소목의 차례를 매기는 까닭이다. 벼슬에 차례를 매기는 것은 귀천을 분별하는 까닭이다. 일에 차례를 매기는 것은 재능이 있는 사람을 분별하는 까닭이다. 함께 술잔을 돌릴 때에 아래 사람이 윗사람을 위하는 것은 천한 사람에게 미치게 하는 까닭이다. 잔치에서 머리털의 색깔로 석차를 정하는 것은 나이에 차례를 매기는 까닭이다.

19-5
踐其位 行其禮 奏其樂 敬其所尊 愛其所親
事死如事生 事亡如事存 孝之至也

그 자리에 부임해서는 그 예를 행하고 그 악을 연주하며, 선왕이 존경했던 사람을 공경하며 선왕이 친애했던 사람을 사랑하며, 죽은 사람 모시는 것을 마치 산 사람을 모시는 것 같이 하며 없어진 사람을 모시는 것을 마치 생존해 있는 사람을 모시는 것 같이 하니 효도의 지극함이다.

19-6
郊社之禮 所以事上帝也 宗廟之禮
所以祀乎其先也 明乎郊社之禮 禘嘗之義
治國 其如示諸掌乎

교사의 예는 상제를 섬기는 까닭이다. 종묘의 예는 그 선조에게 제사를 지내는 까닭이다. 교사의 의례와 체상의 법도를 알아내면 나라를 다스리는 것은 아마 마치 손바닥 안에서 치국을 보는 것과 같을 것이다.

원문 전석

19-1 子曰 武王周公 其達孝矣乎

공자가 말했다. 무왕과 주공은 아마 두루 통하는 효도이구나!

분석

공자가 말했다. 무왕과 주공은 아마 두루 통하는 효도이구나!

풀이

자(子): 공자

왈(曰): 말하다.

무(武): 무왕에서의 무

왕(王): 임금

무왕(武王): 주나라의 왕. 문왕의 아들

주(周): 주공(周公)에서의 주(周)로서 사람이름

공(公): 존칭의 접미사. ~님 정도의 뜻임.

주공(周公): 문왕의 동생이며 무왕의 작은 아버지[叔父]임.

기(其): 아마. 부사

달(達): 두루 통하다 또는 통용되어 변하지 아니하다.

효(孝): 효도

달효(達孝): 세상에 두루 통하는 효도. 무왕과 주공이 선대의 조상들에게 제사를 지내고 가까운 조상에게는 왕으로 추존하여 예를 다했던 그러한 행동이 달효가 되는 것이다.

의(矣): ~이구나!

호(乎): ~이구나!

의호(矣乎)!: ~이구나! 감탄의 어조사

논평

무왕과 주공의 조상에 대한 효를 찬미하고 있다.

원문 전석

19-2

夫孝者 善繼人之志 善述人之事者也

무릇 효도란 사람의 뜻을 잘 계승하고 사람의 일을 잘 잇는 것이다.

분석

1	2	3
夫	孝	者
무릇	효도	~란
부	효	자

7	8	4	5	6	12	13	9	10	11	14	15
善	繼	人	之	志	善	述	人	之	事	者	也
잘	이를	사람	~의	뜻	잘	이을	사람	~의	일	것	~이다
선	계	인	지	지	선	술	인	지	사	자	야

무릇 효도란 사람의 뜻을 잘 계승하고 사람의 일을 잘 잇는 것이다.

풀이

부(夫): 대저 또는 무릇. 부사로 발어사. 굳이 번역하지 않아도 됨.

효(孝): 효도

자(者): ~란

선(善): 잘[good]. 부사

계(繼): 잇다 또는 이어나가다. 계(繼)≒술(述)

인(人): 사람. 부모를 말함. 〈인(人)=부모(父母)〉

지(之): ~의

지(志): 뜻

선(善): 잘[good]. 부사

술(述): 잇다 또는 좇다. 술(述)≒계(繼)

인(人): 사람. 부모를 말함. 〈인(人)=부모(父母)〉

지(之): ~의

사(事): 일

자(者): 것

야(也): ~이다. 종결형 어조사

논평

효도에 대한 평범한 정의이다. 그러나 이러한 정의로 보면 우리가 효도를 아는 것은 쉽지만 그렇게 효도를 실천하기는 매우 어렵다.

원문 전석

19-3

春秋 脩其祖廟 陳其宗器 設其裳衣 薦其時食

봄과 가을에 그 조상의 사당을 고치고, 그 사당의 기물을 진열하고, 그 옷을 준비하여 제철 음식을 올린다.

분석

1	2	6	3	4	5	10	7	8	9
春	秋	脩	其	祖	廟	陳	其	宗	器
봄 춘	가을 추	고칠 수	그 기	조상 조	사당 묘	진열할 진	그 기	사당 종	기물 기

13	11	12		17	14	15	16
設	其	裳	衣	薦	其	時	食
준비할 설	그 기	치마 상	옷 의	올릴 천	그 기	때 시	음식 식

봄과 가을에 그 조상의 사당을 고치고, 그 사당의 기물을 진열하고, 그 옷을 준비하여 제철 음식을 올린다.

풀이

춘(春): 봄
추(秋): 가을

춘추(春秋): 봄과 가을. 봄과 가을에라는 부사로 쓰임. 봄과 가을에를 더 줄이면 봄가을에가 됨.

수(脩): 고치다.

기(其): 그

조(祖): 조상

묘(廟): 사당

조묘(祖廟): 조상의 사당

진(陳): 진열하다 또는 진설(陳設)하다.

기(其): 그

종(宗): 사당

기(器): 기물(器物). 제사에 쓰이는 모든 그릇 등을 말함.

설(設): 준비하다, 차비하다 또는 채비하다.

기(其): 그

상(裳): 치마 또는 아래옷[下衣]

의(衣): 옷 또는 위에 입는 옷[上衣]

상의(裳衣): 〈하의+상의〉. 제사지낼 때 상체와 하체에 입는 제복(祭服)을 말함. 상의(裳衣)는 오늘날 의상(衣裳)으로 씀.

상의(裳衣) 비교

상(裳)	의(衣)
하체에 입는 옷을 말한다.	상체에 입는 옷을 말한다.
제사를 지낼 때 착용하는 위[윗도리]와 아래[아랫도리]의 옷을 말한다.	

천(薦): 올리다 또는 바치다.

기(其): 그

시(時): 때

기시(其時): 그때. 순역(順譯)하면 제철[timely season]이라는 뜻임.

식(食): 음식

논평

조상의 숭배에 대한 논급(論及)이다.

원문 전석

> 宗廟之禮 所以序昭穆也 序爵 所以辨貴賤也
> 序事 所以辨賢也 旅酬 下爲上 所以逮賤也
> 燕毛 所以序齒也

19-4

사당의 예는 소목의 차례를 매기는 까닭이다. 벼슬에 차례를 매기는 것은 귀천을 분별하는 까닭이다. 일에 차례를 매기는 것은 재능이 있는 사람을 분별하는 까닭이다. 함께 술잔을 돌릴 때에 아래 사람이 윗사람을 위하는 것은 천한 사람에게 미치게 하는 까닭이다. 잔치에서 머리털의 색깔로 석차를 정하는 것은 나이에 차례를 매기는 까닭이다.

분석

사당의 예는 소목의 차례를 매기는 까닭이다.

풀이

종(宗): 사당
묘(廟): 사당
종묘(宗廟): 왕가에서 조상을 모시는 사당
지(之): ~의
례(禮): 예절. 의례(儀禮)를 뜻함. 이때 의례[ceremony]란 형식과 절차를 갖춘 행사를 말함.
소(所): ~바
이(以): 하다.
소이(所以): 하는 바. 까닭 또는 원인을 소이(所以)

라 함. 다시 말해 소이란 일이 생기게 된 원인이나 조건을 뜻함.
서(序): 차례를 매기다 또는 순서를 정하다.
소(昭): 종묘(宗廟) 제도에서 시조묘(始祖廟)의 왼쪽에 자리하는 위차(位次)를 소(昭)라 함. 이때 위차란 위치의 순서를 말함.
목(穆): 종묘(宗廟) 제도에서 시조묘(始祖廟)의 오른쪽에 자리하는 위차(位次)를 목(穆)이라 함. 이때 위차란 위치의 순서를 말함.

소목(昭穆)의 구분

왼쪽[左]	중앙[中]	오른쪽[右]
소(昭): 2, 4, 6세 등을 모신다.	시조묘(始祖廟): 1세를 가운데에 모신다.	목(穆): 3, 5, 7세 등을 모신다.

야(也): ~이다. 종결형 어조사

분석

```
  2    1         5    4    3         6
  序   爵        所   以   辨  貴  賤   也
차례를매길 벼슬    바   할  분별할 귀할 천할  ~이다
  서    작       소   이   변   귀   천   야
```

벼슬에 차례를 매기는 것은 귀천을 분별하다는 까닭이다.

풀이

서(序): 차례를 매기다 또는 순서를 정하다.
작(爵): 벼슬. 벼슬이란 오늘날 공직을 말함.
소(所): ~ 바
이(以): 하다.
소이(所以): 하는 바. 까닭 또는 원인을 소이(所以)라 함. 다시 말해 소이란 일이 생기게 된 원인이나 조건을 뜻함.
변(辨): 변별하다 또는 구분하다.
귀(貴): 귀하다. 명사로 귀함임.
천(賤): 천하다. 명사로 천함임.
귀천(貴賤): 귀함과 천함. 신분의 높고 낮음을 말함.
야(也): ~이다. 종결형 어조사

분석

```
  2    1         5    4    3    6
  序   事        所   以   辨  賢  也
차례를매길 일    바   할  분별할 뛰어날 ~이다
  서    사      소   위   변   현    야
```

일에 차례를 매기는 것은 재능이 있는 사람을 분별하는 까닭이다.

풀이

서(序): 차례를 매기다 또는 순서를 정하다.
사(事): 일
소(所): ~바
이(以): 하다.
소이(所以): 하는 바. 까닭 또는 원인을 소이(所以)라 함. 다시 말해 소이란 일이 생기게 된 원인이나 조건을 뜻함.
변(辨): 변별하다 또는 구분하다.
현(賢): 뛰어나다[勝也]. 재능이 있는 사람이라는 명사로 쓰임.
야(也): ~이다. 종결형 어조사

분석

1	2	3	5	4	8		7	6	9
旅	酬	下	爲	上	所	以	逮	賤	也
함께 여	술잔을 돌릴 수	아랫사람 하	위할 위	윗사람 상	바 소	할 이	미칠 체	천한 사람 천	~이다 야

함께 술잔을 돌릴 때에 아래 사람이 윗사람을 위하는 것은 천한 사람에게 미치게 하는 까닭이다.

풀이

려(旅): 함께 또는 여럿이 같이. 부사
수(酬): 술잔을 돌리다.
하(下): 아랫사람
위(爲): 위하다. 위하다≒술잔을 올리다
상(上): 윗사람[長]
소(所): ~바
이(以): 하다.
소이(所以): 하는 바. 까닭 또는 원인을 소이(所以)라 함. 다시 말해 소이란 일이 생기게 된 원인이나 조건을 뜻함.
체(逮): 미치다 또는 이르다.
천(賤): 천하다. 명사로 쓰여 신분이나 지위가 낮은 사람을 말함.

☞ 예를 들어 제사를 마친 후 맨 위의 어른[上]이 먼저 술잔의 술을 마신다. 서열대로 모두 마신 후에 맨 마지막으로 가장 아래 서열에 있는 사람[下·賤]이 자신의 술을 마시고, 맨 위의 어른[上]께 공경의 예로 술잔의 술을 올리는[爲] 것이다.

야(也): ~이다. 종결형 어조사

분석

잔치에서 머리털의 색깔로 석차를 정하는 것은 나이에 차례를 매기는 까닭이다.

풀이

연(燕): 잔치. 잔치에서라는 부사구로 쓰임.

모(毛): 머리털[hair]의 빛깔. 석차(席次)를 정한다는 뜻이며 석차란 자리의 차례를 말함.

연모(燕毛): 잔치나 제사에서 술을 마실 때 모발의 빛깔로 장유(長幼)를 나누어 석순(席順)을 정하는 것임. 이때 석순이란 자리의 순서를 뜻함.

소(所): ~바

이(以): 하다.

소이(所以): 하는 바. 까닭 또는 원인을 소이(所以)라 함. 다시 말해 소이란 일이 생기게 된 원인이나 조건을 뜻함.

서(序): 차례를 매기다 또는 순서를 정하다.

치(齒): 나이

야(也): ~이다. 종결형 어조사

논평

의례와 제도의 정비를 말하고 있다. 이러한 내용들의 일부는 오늘날까지 동양의 문화적 유전자[meme]로 남아 있다. 예를 들어 사회 생활에서 장유의 규칙[rule] 같은 것이 그것이다.

원문 전석

踐其位 行其禮 奏其樂 敬其所尊 愛其所親
事死如事生 事亡如事存 孝之至也

19-5 그 자리에 부임해서는 그 예를 행하고 그 악을 연주하며, 선왕이 존경했던 사람을 공경하며 선왕이 친애했던 사람을 사랑하며, 죽은 사람 모시는 것을 마치 산 사람을 모시는 것 같이 하며, 없어진 사람을 모시는 것을 마치 생존해 있는 사람을 모시는 것 같이 하니 효도의 지극함이다.

분석

3	1	2	6	4	5	9	7	8
踐	其	位	行	其	禮	奏	其	樂
부임할 천	그 기	자리 위	행할 행	그 기	의례 례	연주할 주	그 기	음악 악

그 자리에 부임해서는 그 예를 행하고 그 악을 연주하며,

풀이

천(踐): 부임하다, 맡다 또는 지위에 오르다.
기(其): 그. 선왕(先王)의라는 뜻임. 〈그=선왕의〉
위(位): 자리 또는 지위. 왕의 자리를 말함.
행(行): 행하다.
기(其): 그. 선왕(先王)의라는 뜻임. 〈그=선왕의〉
례(禮): 의례[ceremony]
주(奏): 연주하다.
기(其): 그. 선왕(先王)의라는 뜻임. 〈그=선왕의〉
악(樂): 음악 또는 풍류

☞ 유학은 예악(禮樂)을 아주 강조한다. 이를 예악사상이라 한다. 예와 악을 통해서 백성들을 가르치고 변화시켜 이상 사회를 구현하려고 했던 유가의 가치체계이다. 특히 공자는 이러한 예와 악을 통하여 인간다움의 본질인 인(仁)을 구현하려고 노력했다.

분석

13	10	12	11	17	14	16	15
敬	其	所	尊	愛	其	所	親
공경할 경	그 기	사람 소	존경할 존	사랑할 애	그 기	사람 소	친애할 친

선왕이 존경했던 사람을 공경하며 선왕이 친애했던 사람을 사랑하며,

풀이

경(敬): 공경하다. 경(敬)≒존(尊)
기(其): 그. 선왕(先王)이라는 뜻으로 주어로 쓰임.
  〈그=선왕이〉
소(所): 사람
존(尊): 존경하다 또는 우러러보다. 존(尊)≒경(敬)
애(愛): 사랑하다. 애(愛)≒친(親)

기(其): 그. 선왕(先王)이라는 뜻으로 주어로 쓰임.
  〈그=선왕이〉
소(所): 사람
친(親): 친애(親愛)하다 또는 가까이하다.
  친(親)≒애(愛)

분석

19	18	20/23	22	21	25	24	26/29	28	27
事	死	如	事	生	事	亡	如	事	存
섬길 사	사자 사	마치 ~와같이할 여	섬길 사	생자 생	섬길 사	망자 망	마치 ~와같이할 여	섬길 사	존자 존

30	31	32	33
孝	之	至	也
효도 효	~의 지	지극할 지	~이다 야

죽은 사람 모시는 것을 마치 산 사람을 모시는 것 같이 하며, 없어진 사람을 모시는 것을 마치 생존해 있는 사람을 모시는 것 같이 하니 효도의 지극함이다.

사(事): 섬기다.
사(死): 사자(死者), 즉 죽은 사람. 사(死)↔생(生)
여(如): 마치 ~와 같이 하다.
사(事): 섬기다.
생(生): 생자(生者), 즉 산사람. 생(生)↔사(死)
사(事): 섬기다.
망(亡): 망자(亡者), 즉 없어진 사람. 망(亡)↔존(存)
여(如): 마치 ~와 같이 하다.
사(事): 섬기다.
존(存): 존자(存者), 즉 생존해 있는 사람. 존(存)↔망(亡)

사(死)와 망(亡)의 비교

사(死)	망(亡)
세상을 떠난 후 장례를 치르기 전을 사(死)라 한다.	장례를 치르고 나서 세상에서 완전히 없어진 것을 망(亡)이라 한다.

사(死)와 생(生)의 의미

사(死)	생(生)
사자(死者)를 말한다.	생자(生者)를 말한다.
죽은 사람이다.	살아 있는 사람이다.

망(亡)과 존(存)의 의미

망(亡)	존(存)
망자(亡者)를 말한다.	존자(存者)를 말한다.
이 세상에서 없어진 사람이다.	이 세상에 생존해 있는 사람이다.

효(孝): 효도
지(之): ~의
지(至): 지극하다. 지극함이라는 명사형으로 쓰임.
야(也): ~이다. 종결형 어조사
☞ 모두 선왕에 대한 효도를 말하고 있다.

논평

효도의 구체적 모습을 그려내고 있다.

원문 전석

19-6

郊社之禮 所以事上帝也 宗廟之禮
所以祀乎其先也 明乎郊社之禮 禘嘗之義
治國 其如示諸掌乎

교사의 예는 상제를 섬기는 까닭이다. 종묘의 예는 그 선조에게 제사를 지내는 까닭이다. 교사의 의례와 체상의 법도를 알아내면 나라를 다스리는 것은 아마 마치 손바닥 안에서 치국을 보는 것과 같을 것이다.

분석

교사의 예는 상제를 섬기는 까닭이다.

풀이

교(郊): 동지 때 하늘에 드리는 제사
사(社): 하지 때 땅에 올리는 제사

교(郊)와 사(社)의 비교

교(郊)	사(社)
동지에 지내는 겨울 제사	하지에 지내는 여름 제사
하늘[天神]에 드리는 제사 =천제(天祭)	땅[地神]에 올리는 제사 =지제(地祭)

지(之): ~의
례(禮): 의례[ceremony]. 그 중에서도 제례(祭禮)를 뜻함.

소(所): ~바
이(以): 하다.
소이(所以): 하는 바. 까닭 또는 원인을 소이(所以)라 함. 다시 말해 소이란 일이 생기게 된 원인이나 조건을 뜻함.
사(事): 섬기다.
상(上): 하늘
제(帝): 임금
상제(上帝): 하늘에 있는 임금. 일종의 하느님. 이때 하느님은 기독교에서 말하는 유일신으로서의 그런

제19장 173

신[God]의 개념이 아니다. 이 세상을 섭리(攝理)하는[ruling], 주재천(主宰天)으로서의 하늘 개념이 바로 상제이다.

야(也): ~이다. 종결형 어조사

☞ 하늘과 땅 사이에 인간이 산다. 이것이 동양의 삼재(三才)사상이다. 이때 재(才)란 근본이라는 뜻이다. 그러므로 삼재[三才·세 가지 근본]란 천·지·인(天地人)이다.

삼재(三才)의 구성과 섭리

①천(天)	하늘이면서 양(陽)의 세계이다.	이러한 천·지·인(天地人), 즉 삼재를 섭리하는 것이 동양에서 말하는 상제(上帝)이다.
③인(人)	하늘과 땅 사이에 인간이 산다.	
②지(地)	땅이면서 음(陰)의 세계이다.	

☞ 이러한 사고가 깔려 있기 때문에 천지에 제사를 지내고 상제를 섬기는 것이다.

분석

종묘의 예는 그 선조에게 제사를 지내는 까닭이다.

풀이

종(宗): 사당

묘(廟): 사당

종묘(宗廟): 왕가(王家)에서 조상을 모신 사당

지(之): ~의

례(禮): 의례[ceremony]. 그 중에서 제례(祭禮)를 말함.

소(所): ~바

이(以): 하다.

소이(所以): 하는 바. 까닭 또는 원인을 소이(所以)라 함. 다시 말해 소이란 일이 생기게 된 원인이나 조건을 뜻함.

사(祀): 제사지내다.

호(乎): ~에게

기(其): 그

선(先): 선조 또는 조상

야(也): ~이다. 종결형 어조사

분석

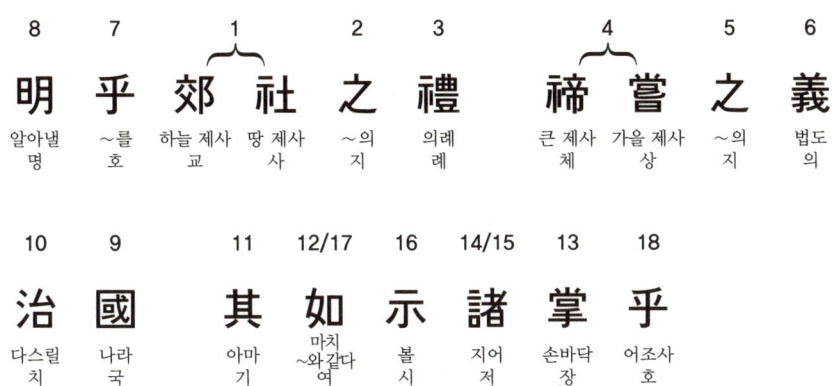

교사의 의례와 체상의 법도를 알아내면 나라를 다스리는 것은 아마 마치 손바닥 안에서 치국을 보는 것과 같을 것이다.

풀이

명(明): 알아내다. 알아낸다면으로 가정의 조건절[if ~]을 뜻함.

호(乎): ~를

교(郊): 동지 때 하늘에 드리는 제사

사(社): 하지 때 땅의 신[后土]에게 올리는 제사
☞ 교사(郊社)의 차이를 더 참고하려면 173쪽을 참고하라.

지(之): ~의

례(禮): 의례[ceremony]. 그 중에서도 제례(祭禮)를 뜻함.

체(禘): 왕이 종묘와 태조묘에서 5년마다 지내는 큰 제사[大祭]

상(嘗): 매년 종묘에서 계절별로 지내는 제사 중에서 가을 제사를 말함.
☞ 여기서 계절별 제사 중 가을 제사를 대표로 들고 있다.

매년 지내는 사계(四季)의 제사명

봄[春]	여름[夏]	가을[秋]	겨울[冬]
춘제(春祭)	하제(夏祭)	추제(秋祭)	동제(冬祭)
약(礿)	체(禘)	상(嘗)	증(蒸)

〈깜짝 퀴즈 21〉
다음 중에서 5년마다 지내는 제사와 매년 지내는 제사를 동시에 뜻하는 것은 어느 것인가? (   )
① 약(礿)　② 체(禘)　③ 상(嘗)　④ 증(蒸)

> 정답: ②
> ☞ 체(禘)는 두 가지 뜻이 있다. 첫째, 5년마다 지내는 큰 제사이다. 둘째, 매년 계절마다 지내는 제사 중에서 여름 제사이다.

지(之): ~의
의(義): 법도. 예법과 제도를 합친 것
치(治): 다스리다.
국(國): 나라
기(其): 아마. 부사. 마지막에 나오는 호(乎)와 호응 관계에 있음.
여(如): 마치 ~와 같다.
시(示): 보다.
저(諸): 어조사로 지어(之於)의 용법임. 이때 지(之)는 지시대명사[it]로 치국을 가리키고, 어(於)는 ~에서[in]라는 뜻의 전치사임. 〈저(諸)=지어(之於)〉
장(掌): 손바닥. 손바닥 안으로 의역함.
호(乎): ~일 것이다. 추측을 나타내는 종결형 어조사. 맨 앞의 기(其)와 호응관계에 있음.
기(其) ~ 호(乎): 아마 ~일 것이다.

① 교사지례(郊社之禮)
② 체상지의(禘嘗之義)

①과 ②는 모두 제례(祭禮)를 말하고 있다. 이때 교사도 제례이고 체상도 제례이다. 그러니 ①과 ②를 통합하면 제례지예의(祭禮之禮義)인 것이다. 둘 다 제사의 예의(禮義)를 말하고 있다.

예의(禮義)의 지평

예(禮)	의(義)
제례(祭禮)를 말한다.	제례에 관한 예법과 제도를 말한다.

따라서 예(禮)가 들어있는 ① 교사지례(郊社之禮)와 의(義)가 들어있는 ② 체상지의(禘嘗之義)는 하나의 세트(set)로 호문(互文)의 관계에 있다. 여기서 호문이란 두 개의 문장이나 구절이 서로 상통하여 뜻을 상호 보완하며 전체 문의(文意)를 완전하게 만드는 문장 구조이다.

논평

의례(儀禮) 중 제례(祭禮)를 강조하고 있는 대목이다.

제20장

20-1
<small>애공문정</small>
哀公問政
애공이 정치를 물었다.

20-2
<small>자왈 문무지정 포재방책 기인존즉기정거</small>
子曰 文武之政 布在方策 其人存則其政擧
<small>기인망즉기정식</small>
其人亡則其政息
공자가 말했다. 문왕과 무왕의 정치는 책에서 말한다. 그 사람들이 생존하면 그들의 정치가 행해지고 그 사람들이 없어지면 그들의 정치가 없어진다.

20-3
<small>인도민정 지도민수 부정야자 포로야</small>
人道敏政 地道敏樹 夫政也者 蒲盧也
사람의 도는 정치에 힘쓰고 땅의 도는 나무에 힘쓴다. 무릇 정치란 부들과 갈대다.

20-4
<small>고 위정재인 취인이신 수신이도 수도이인</small>
故 爲政在人 取人以身 修身以道 修道以仁
그러므로 정치를 하는 것은 사람에 있고 사람을 채용하는 것은 자신이 한다. 자신을 수양하고 덕행을 행하며 덕행을 수행해서 인정을 실천한다.

20-5
<small>인자인야 친친위대 의자의야 존현위대</small>
仁者人也 親親爲大 義者宜也 尊賢爲大
<small>친친지쇄 존현지등 예소생야</small>
親親之殺 尊賢之等 禮所生也
어짊이란 사람됨이다. 친척을 친애함이 존중하는 것이 된다. 옳음이란 마땅함이다. 어진 사람을 받들음은 존중하는 것이 된다. 친척을 친애함의 차이와 어진 사람을 받들음의 등급은 예도가 나오는 바이다.

20-6
<small>재하위 불획호상 민불가득이치의</small>
在下位 不獲乎上 民不可得而治矣
신하의 지위에 있으면서 임금에게 인정받지 못하면 백성들을 얻어서 다스릴 수 없다.

20-7
故 君子不可以不修身 思修身 不可以不事親
思事親 不可以不知人 思知人 不可以不知天

그러므로 임금은 자신을 반드시 수양해야 한다. 자신이 수양한다는 것을 생각하라. 어버이를 반드시 섬겨야 한다. 어버이를 섬긴다는 것을 생각하라. 인재를 반드시 변별해야 한다. 인재를 변별한다는 것을 생각하라. 진리를 반드시 알아야 한다.

20-8
天下之達道 五 所以行之者 三 曰 君臣也
父子也 夫婦也 昆弟也 朋友之交也 五者
天下之達道也 知仁勇 三者 天下之達德也
所以行之者 一也

온 세상에 두루 통하는 길은 다섯 가지다. 그것을 행하는 까닭은 세 가지다. 말하겠다. 임금과 신하이다. 부모와 자식이다. 남편과 아내이다. 형과 동생이다. 벗과 벗의 사귐이다. 다섯 가지는 온 세상에 두루 통하는 길이다. 지혜, 어짊, 날쌤, 세 가지는 온 세상에 두루 통하는 작용이다. 그것들을 행하는 까닭은 한결같다.

20-9
惑生而知之 惑學而知之 惑困而知之
及其知之 一也 惑安而行之 惑利而行之
惑勉强而行之 及其成功 一也

어떤 사람은 태어나면서 그것을 알고, 어떤 사람은 배워서 그것을 알고, 어떤 사람은 고생해서 그것을 알더라도 그것을 깨닫는 것에 이르는 것은 같다. 어떤 사람은 편안히 그것을 행하고, 어떤 사람은 이로워서 그것을 행하고, 어떤 사람은 힘써서 그것을 행하더라도 그 성공에 이르는 것은 같다.

20-10 子曰 好學近乎知 力行近乎仁 知恥近乎勇

공자가 말했다. 배움을 좋아하는 것은 지혜에 가깝고 힘써 행하는 것은 어짊에 가깝고 부끄러움을 아는 것은 날쌤에 가깝다.

20-11 知斯三者 則知所以修身 知所以修身
則知所以治人 知所以治人
則知所以治天下國家矣

이러한 세 가지 것을 아는 것은 곧 자신을 수양하는 까닭을 아는 것이요, 자신을 수양하는 까닭을 아는 것은 곧 남을 다스리는 까닭을 아는 것이요, 남을 다스리는 까닭을 아는 것은 곧 온 세상의 국가를 다스리는 까닭을 아는 것이다.

20-12 凡爲天下國家有九經 曰 修身也 尊賢也
親親也 敬大臣也 體群臣也 子庶民也
來百工也 柔遠人也 懷諸候也

무릇 온 세상에 국가를 다스리는 데에는 아홉 가지 법도가 있다. 말하겠다. 자신을 수양하는 것이다. 어진 사람을 받드는 것이다. 어버이를 친애하는 것이다. 훌륭한 신하를 공경하는 것이다. 많은 신하를 가까이 하는 것이다. 여러 백성을 사랑하는 것이다. 여러 장인을 귀복하게 하는 것이다. 먼 변경의 사람들을 편안하게 하는 것이다. 제후를 편안히 하는 것이다.

20-13
修身則道立 尊賢則不惑 親親則諸父昆弟不怨
敬大臣則不眩 體群臣則士之報禮重
子庶民則百姓勸 來百工則財用足 柔遠人則
四方歸之 懷諸候則天下畏之

자신을 수양하면 근원이 서고, 어진 사람을 받들면 미혹하지 않고, 어버이를 친애하면 아버지 형제들과 형과 아우가 원망하지 않고, 훌륭한 신하를 공경하면 미혹하지 않고, 여러 신하를 가까이 하면 선비들이 예도로 갚음이 많고, 여러 백성을 사랑하면 백성들이 권면하고, 여러 장인을 귀복하게 하면 재물의 씀씀이가 충족하고, 먼 변방의 사람들을 편안하게 하면 주위에 있는 여러 곳에서 그에게 돌아오고, 제후를 편안히 하면 온 세상이 그에게 심복할 것이다.

20-14
齊明盛服 非禮不動 所以修身也 去讒遠色
賤貨而貴德 所以權賢也 尊其位 重其祿
同其好惡 所以勸親親也 官盛任使
所以勸大臣也 忠信重祿 所以勸士也
時使薄斂 所以勸百姓也 日省月試

既稟稱事 所以勸百工也 送往迎來
嘉善而矜不能 所以柔遠人也 繼絶世 擧廢國
治亂持危 朝聘以時 厚往而薄來 所以懷諸候也

재개하여 깨끗하게 하고 옷을 단정하게 차려 입고 예도가 아니면 행하지 않는 것은 자신을 수양하는 방법이다. 모함하는 사람을 제거하고 정욕을 멀리하며 재화를 천하게 여기고 어진 정치를 귀하게 여기는 것은 어진 사람을 권면하는 방법이다. 그 지위를 받들며 그 녹을 소중히 하며 그 좋음과 나쁨을 함께 하는 것은 친족을 친애하는 것을 권면하는 방법이다. 벼슬아치를 길러서 맡기고 부리는 것은 훌륭한 신하들을 권면하는 방법이다. 정성을 다하고 믿으며 녹을 소중히 하는 것은 선비들을 권면하는 방법이다. 때맞춰 부리고 조금 거두는 것은 모든 백성을 권면하는 방법이다. 날마다 살피고 다달이 검증하여 녹미가 일에 맞는 것은 여러 장인을 권면하는 방법이다. 가는 사람을 보내고 오는 사람을 맞이하며 잘함을 칭찬하고 잘하지 못함을 불쌍히 여기는 것은 먼 변경에 사는 사람들을 편안하게 하는 방법이다. 끊어진 대를 이어주고 쇠망한 나라를 일으키며 난리를 다스리고 어려움을 도와주며 조빙을 때맞추어 하고 가는 사람을 후대하고 오는 사람에게는 박정한 것은 제후를 편안히 하는 방법이다.

20-15 凡爲天下國家 有九經 所以行之者 一也

무릇 온 세상에 나라를 다스리는 것에는 아홉 가지 법도가 있는데 그것을 행하는 까닭은 한결같다.

20-16 凡事豫則立 不豫則廢 言前定則不跲
事前定則不困 行前定則不疚 道前定則不窮

모든 일을 사전에 대비하면 확고히 서고 사전에 대비하지 않으면 파멸한다. 말이 미리 정해지면 막히지 않고 일이 미리 정해지면 괴로움을 겪지 않는다. 행위가 미리 정해지면 근심으로 괴로워하지 않고 방법이 미리 정해지면 고생하지 않는다.

20-17 在下位 不獲乎上 民不可得而治矣
獲乎上有道 不信乎朋友 不獲乎上矣
信乎朋友有道 不順乎親 不信乎朋友矣
順乎親有道 反諸身不誠 不順乎親矣
誠身有道 不明乎善 不誠乎身矣

신하의 지위에 있으면서 임금에게 인정받지 못하면 백성들을 얻어서 다스릴 수 없다. 임금에게 인정받는 데에는 방법이 있는데 벗과 벗에게 믿음직하지 않고서 임금에게 인정받지 못한다. 벗과 벗에게 믿음직하는 데에는 방법이 있는데 어버이에게 온순하지 않고서 벗과 벗에게 믿음직하지 못한다. 어버이에게 온순한 데에는 방법이 있는데 자신에게 돌이켜 생각하여 참되게 하지 않고서는 어버이에게 온순하지 못한다. 자신을 참되게 하는 데에는 방법이 있는데 선을 밝히지 않고서 자신을 참되게 하지는 못한다.

20-18 誠者 天之道也 誠之者 人之道也 誠者
不勉而中 不思而得 從容中道 聖人也 誠之者
擇善而固執之者也

성이란 하늘의 도이다. 그것을 정성스럽게 하는 것은 사람의 도이다. 성이란 힘쓰지 않아도 들어맞고 원하지 않아도 알맞은 것으로 자연스럽고 태연하게 천도에 맞는 것은 성인이다. 천도를 정성스럽게 하는 사람은 선을 가려서 반드시 선을 지키는 사람이다.

20-19 博學之 審問之 愼思之 明辨之 篤行之

널리 그것을 배우고 자세히 그것을 묻고 진실로 그것을 생각하고 확실하게 그것을 분별하고 오로지 그것을 행하라.

20-20 有弗學 學之 弗能弗措也 有弗問 問知 弗知弗措也 有弗思 思之 弗得弗措也 有弗辨 辨之 弗明弗措也 有弗行 行之 弗篤弗措也 人一能之 己百之 人十能之 己千之

배우지 않음이 있을지언정 그것을 배울 때에는 잘하지 못함을 그만두지 않는다. 묻지 않음이 있을지언정 그것을 물을 때에는 알지 못함을 그만두지 않는다. 생각하지 않음이 있을지언정 그것을 생각할 때에는 깨닫지 못함을 그만두지 않는다. 분별하지 않음이 있을지언정 그것을 분별할 적에는 밝히지 못함을 그만두지 않는다. 행하지 않음이 있을지언정 그것을 행할 때에는 충실하지 못함을 그만두지 않는다. 남이 한 번에 그것을 할 수 있으면 자신은 그것을 백 번하며 남이 열 번에 그것을 할 수 있다면 자신은 그것을 천 번한다.

20-21 果能此道矣 雖愚必明 雖柔必强

과연 이러한 방법을 할 수 있는가? 비록 어리석어도 반드시 성취하고 비록 약하더라도 반드시 강성하게 한다.

원문 전석

20-1 哀公問政

애공이 정치를 물었다.

분석

哀 公 問 政
사람 이름 사람 이름 물을 정치
애   공   문   정

애공이 정치를 물었다.

풀이

애(哀): 애공이라는 시호 중에서 애
공(公): 애공이라는 시호 중에서 공
애공(哀公): 시호(諡號). 이때 시호란 왕과 왕비를 비롯해 벼슬한 사람이나 학덕이 높은 선비들에게 사후 그들의 행적에 따라 국왕으로부터 받는 또 다른 이름. 이때 애공은 노나라의 군주로서 이름은 장(蔣)이다.

문(問): 묻다.
정(政): 정치[government]

논평

애공이 공자에게 정치에 대해 묻는 대목이다.

원문 전석

20-2

子曰 文武之政 布在方策 其人存則其政舉 其人亡則其政息

공자가 말했다. 문왕과 무왕의 정치는 책에서 말한다. 그 사람들이 생존하면 그들의 정치가 행해지고 그 사람들이 없어지면 그들의 정치가 없어진다.

분석

1	2
子	曰
공자 자	말할 왈

1	2	3	4	7	6	5	
文	武	之	政	布	在	方	策
문왕 문	무왕 무	~의 지	정치 정	말할 포	~에서 재	목판 방	대쪽 책

(5는 方策 묶음)

1	2	3	4	5	6	7	8	9	10	11	12	13	14
其	人	存	則	其	政	擧	其	人	亡	則	其	政	息
그 기	사람 인	생존할 존	~면 즉	그 기	정치 정	행해질 거	그 기	사람 인	없어질 망	~면 즉	그 기	정치 정	없어질 식

공자가 말했다. 문왕과 무왕의 정치는 책에서 말한다. 그 사람들이 생존하면 그들의 정치가 행해지고 그 사람들이 없어지면 그들의 정치가 없어진다.

풀이

자(子): 공자
왈(曰): 말하다.
문(文): 주나라의 문왕
무(武): 주나라의 무왕이자 문왕의 아들
☞ 문왕과 무왕은 부자관계이다.
지(之): ~의

정(政): 정치[government]
포(布): 말하다 또는 진술하다.
재(在): ~에서 또는 ~에[in]. 전치사
방(方): 목판 또는 널조각
책(策): 대쪽[split bamboo], 즉 글자를 쓰는 대쪽을 말함. 이를 죽간(竹簡)이라고도 함.

방책의 의미

방(方)	책(策)
종이를 발명하기 이전 널조각 또는 목판에 글자를 새겼다.	종이를 발명하기 이전 대쪽에 글자를 썼다.
따라서 방책은 〈목판+죽간〉을 의미하고 이것이 발전하여 책(冊)이라는 의미가 방책에서 나왔다.	

방책(方策): 방책(方冊)과 같은 말로 책(冊). 오늘날 책[book]이라는 뜻임. 〈방책=책〉
기(其): 그

인(人): 사람. 사람들이라는 복수로 쓰임. 사람들은 문왕과 무왕을 말함.
존(存): 생존하다 또는 살아 있다. 존(存)↔망(亡)
즉(則): ~면 또는 ~하면. 접속사
기(其): 그들의[their]. 그들은 문왕과 무왕임.
　　〈기(其)=문왕과 무왕의〉
정(政): 정치[government]
거(擧): 행해지다.
기(其): 그
인(人): 사람. 사람들이라는 복수로 쓰임. 사람들은 문왕과 무왕을 말함.
망(亡): 없어지다. 망(亡)↔존(存)
즉(則): ~면 또는 ~하면. 접속사
기(其): 그들의[their]. 그들은 문왕과 무왕임.
　　〈기(其)=문왕과 무왕의〉
정(政): 정치[government]
식(息): 멸(滅)하다, 없어지다 또는 망하다.

논평
문왕과 무왕의 정치를 칭송하고 있다.

원문 전석

20-3

人道敏政 地道敏樹 夫政也者 蒲盧也

사람의 도는 정치에 힘쓰고 땅의 도는 나무에 힘쓴다. 무릇 정치란 부들과 갈대다.

분석

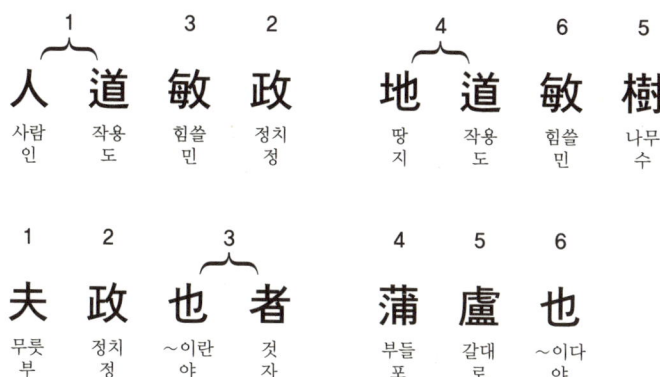

사람의 도는 정치에 힘쓰고 땅의 도는 나무에 힘쓴다. 무릇 정치란 부들과 갈대다.

풀이

인(人): 사람. 사람의 또는 사람이 하는 뜻으로 쓰임.
도(道): 작용 또는 기능
인도(人道): 사람의 작용 또는 기능
민(敏): 힘쓰다, 애써 일하다, 노력하다 또는 부지런하다.
정(政): 정치[government]
지(地): 땅
도(道): 작용 또는 기능
지도(地道): 땅의 작용 또는 기능

인도(人道)와 지도(地道)의 비교

인도(人道)	지도(地道)
사람의 길	땅의 길
이때 길은 사람이 다니는 장소적 개념이 아니다.	이때 길도 지도상에 나 있는 그런 길이 아니다.
사람이 하는 작용 또는 기능을 말한다.	땅이 하는 작용 또는 기능을 말한다.

민(敏): 힘쓰다, 애써 일하다, 노력하다 또는 부지런하다.

수(樹): 나무
부(夫): 무릇 또는 대저. 부사로 발어사임. 굳이 해석하지 안 해도 됨.
정(政): 정치[government]
야(也): ~이란
자(者): 것
야자(也者): ~이란 또는 ~이란 것. 결합형 어조사
포(蒲): 부들
로(盧): 갈대 로(盧)≒로(蘆)≒위(葦)
포로(蒲盧): 부들과 갈대
야(也): ~이다. 종결형 어조사

☞ 정치가 왜 부들과 갈대인가?

부들[蒲]과 갈대[盧]의 비유
부들과 갈대는 모두 생장이 매우 빠르다. 이와 같이 정치도 백성들이-쑥쑥-자라도록-힘쓰는-것[敎化]인데, 이렇게 하는 것—정치[政]—이 매우 쉽다는 것을 비유하는 것이다.

논평

정치는 사람[정치를 하는 사람]이 사람[그 정치의 혜택을 보는 사람]을 돌보는 일이다. 마치 땅이 나무가 잘 성장하도록 자양분을 제공하는 것과 같다. 이러한 정치는 부들과 갈대의 빠른 성장처럼 아주 쉬운 일인데 정치를 하는 사람들은 이를 모르고 있을 뿐이다.

원문 전석

20-4

故 爲政在人 取人以身 修身以道 修道以仁

그러므로 정치를 하는 것은 사람에 있고 사람을 채용하는 것은 자신이 한다. 자신을 수양하고 덕행을 행하며 덕행을 수행해서 인정을 실천한다.

분석

1	3	2	5	4	7	6	9	8
故	爲	政	在	人	取	人	以	身
그러므로	할	정치	~에 있을	사람	채용할	사람	행할	자신
고	위	정	재	인	취	인	이	신

2	1	4	3	6	5	8	7
修	身	以	道	修	道	以	仁
수양할	자신	행할	덕행	수양할	덕행	행할	인정
수	신	이	도	수	도	이	인

그러므로 정치를 하는 것은 사람에 있고 사람을 채용하는 것은 자신이 한다. 자신을 수양하고 덕행을 행하며 덕행을 수행해서 인정을 실천한다.

풀이

고(故): 그러므로
위(爲): 하다.
정(政): 정치[government]
위정(爲政): 정치를 하다 또는 정치하다.
재(在): ~에 있다 혹은 ~에 달려 있다.
인(人): 사람. 어진 신하[賢臣]를 말함.
재인(在人): 어진 신하에 달려 있다.
  ☞ 위정재인(爲政在人), 임금이 정치를 할 때 무엇보다도 중요한 것은 어진 신하를 잘 뽑아서 쓰는 데 있다.
취(取): 채용하다 또는 골라 뽑다.
인(人): 사람. 어진 신하[賢臣]을 말함.
취인(取人): 어진 신하를 채용한다.
이(以): 행하다. 이(以)≒위(爲)
신(身): 자신. 임금 자신[君身]을 말함.

수(修): 수양[修養·self-cultivation]하다.
신(身): 자신[self]. 임금 자신[君身]을 말함.
이(以): 행하다. 이(以)≒위(爲)
도(道): 덕행(德行) 또는 인의(仁義). 덕행에서 덕은 인간의 본성을 말하고 행은 실천하는 행위라는 뜻임. 그러니 덕행은 인간의 본성—이런 본성 중 대표적인 것이 인의(仁義)—의 실천 행위이다.
수(修): 행하다 또는 수양(修行)하다.
도(道): 덕행(德行) 또는 인의(仁義). 덕행에서 덕은 인간의 본성을 말하고 행은 실천하는 행위라는 뜻임. 그러니 덕행은 인간의 본성—이런 본성 중 대표적인 것이 인의(仁義)—의 실천 행위이다.
이(以): 행하다. 이(以)≒위(爲) 행하다≒실천하다
인(仁): 어진 정치, 즉 인정(仁政)이라는 뜻임.

논평

국가의 최고 통치자인 임금이 어떻게 사람을 등용(登用)해야 하고, 국왕이 어떻게 덕행을 닦아야 하며 백성을 어떻게 통치해야 하는 지 말하고 있다.

원문 전석

20-5

仁者人也 親親爲大 義者宜也 尊賢爲大
親親之殺 尊賢之等 禮所生也

어짊이란 사람됨이다. 친척을 친애함이 존중하는 것이 된다. 옳음이란 마땅함이다. 어진 사람을 받들음은 존중하는 것이 된다. 친척을 친애함의 차이와 어진 사람을 받들음의 등급은 예도가 나오는 바이다.

분석

1	2	3	4	6	5	8	7
仁	者	人	也	親	親	爲	大
어질	~이란	사람됨	~이다	친애할	친척	될	존중할
인	자	인	야	친	친	위	대

어짊이란 사람됨이다. 친척을 친애함이 존중하는 것이 된다.

풀이

인(仁): 어질다. 어짊이라는 명사로 쓰임. 인(仁)은 공자 철학을 한마디로 응축하는 용어임.

자(者): ~이란

인(人): 사람됨, 인품 또는 인격

야(也): ~이다. 종결형 어조사

〈깜짝 퀴즈 22〉

인자인야(仁者人也)에서 인(人)의 뜻은 무엇인가? (   )

① 남 ② 사람 ③ 사람됨 ④ 백성

정답: ③

친(親): 친애하다 또는 사랑하다. 이때 친애(親愛) 하다는 친밀히 사랑한다는 뜻임.

친(親): 친척 그리고 어버이

위(爲): 되다.

대(大): 존중하다 또는 숭배하다. 존중하는 것 또는 존중받는 것이라는 명사구로 쓰임.

☞ 〈친척을 친애함이 존중하는 것이 된다.〉는 것은 〈친척을 친애함=존중하는 것〉이라는 뜻이다. 이때 원문에서 위(爲)가 되다라는 뜻이지만 같다라는 뜻을 함축하고 있다. 위(爲)≒되다≒같다

분석

1	2	3	4	6	5	8	7
義	者	宜	也	尊	賢	爲	大
옳을 의	~이란 자	마땅할 의	~이다 야	받들 존	현인 현	될 위	존중할 대

옳음이란 마땅함이다. 어진 사람을 받들음은 존중하는 것이 된다.

풀이

의(義): 옳다. 옳음이라는 명사로 쓰임.
자(者): ~이란
의(宜): 마땅하다. 마땅함이라는 명사로 쓰임. 이때 마땅하다라는 뜻은 다음과 같이 두 가지 의미가 있음. ① 어떤 조건에 어울리게 알맞다. ② 이치나 도리에 맞아 옳다. 그럴 때 ①은 어떤 것의 상태를 말하고, ②는 옳고 그름의 판단 상황에서 언제나 옳음으로 균형추가 기우는 것을 말한다.
야(也): ~이다. 종결형 어조사

☞ 이러한 인의(仁義)는 예지(禮智)와 더불어 유가철학(Confucian philosophy)의 골수를 이룬다.

존(尊): 받들다. 받들음이라는 명사로 쓰임.
현(賢): 현인 〈현인=어진사람[仁者]〉
위(爲): 되다.
대(大): 존중하다. 존중하는 것이라는 명사구로 쓰임.

인(仁)과 의(義)의 정의[definition]

인(仁)	의(義)
인자인야(仁者仁也)	의자의야(義者宜也)
인이란 사람됨이다.	의란 마땅함이다.

분석

2	1	3	4	6	5	7	8	9	11	10	12
親	親	之	殺	尊	賢	之	等	禮	所	生	也
친애할 친	친척 친	~의 지	차이 쇄	받들 존	현인 현	~의 지	등급 등	예도 예	바 소	나올 생	~이다 야

친척을 친애함의 차이와 어진 사람을 받들음의 등급은 예도가 나오는 바이다.

풀이

친(親): 친애하다 또는 사랑하다. 친밀히 사랑하다는 뜻임.
친(親): 친척 그리고 어버이
지(之): ~의
쇄(殺): 차이, 다름, 차등 또는 등위
☞ **친친지쇄(親親之殺):** 아버지와 작은 아버지가 계실 때 내가 아버지를 친애하는 것과 작은 아버지를 친애하는 것은 분명 차이가 난다. 아버지께는 내가 더 친애하고 작은 아버지께는 내가 덜 친애한다. 이와 같이 친족이라도 나와 가까운 정도에 따라 친애의 밀도에 차이[殺]가 나게 마련이다. 이를 말하는 것이 〈친친지쇄(親親之殺)〉이다.
존(尊): 받들다 또는 높이다.
현(賢): 어진 사람, 즉 현인(賢人)을 말함.
지(之): ~의
등(等): 등급[rank] 또는 순위
☞ **존현지등(尊賢之等):** 여기 어진 사람과 덜 어진 사람이 있다고 하자. 그럴 때 통치자인 왕의 입장에서 보자면 덜 어진 사람 보다 어진 사람에게 더 친애를 베푼다. 다시 말해 왕이 어진 사람과 덜 어진 사람을 친애함에도 분명 등급[等]이 생기게 된다. 이것이 〈존현지등(尊賢之等)〉이다.
례(禮): 예도. 예의와 법도를 합친 것임.
〈예(禮)=예의(禮儀)+법도(法度)〉

예의와 법도의 풀이

예(禮)	
예의(禮儀)	법도(法度)
존경의 뜻을 표하기 위하여 예로써 나타내는 말투와 몸가짐을 말한다.	생활하는데 필요한 예법과 제도를 말한다.

소(所): ~바
생(生): 나오다, 발생하다 또는 일어나다.
야(也): ~이다. 종결형 어조사

논평

정치는 별게 아니다. 그 처음은 인의(仁義)에서 출발해야 한다. 여기서 그것을 말하고 있다.

원문 전석

20-6 　**在下位 不獲乎上 民不可得而治矣**

신하의 지위에 있으면서 임금에게 인정받지 못하면 백성들을 얻어서 다스릴 수 없다.

분석

3	1	2	7	6	5	4
在	下	位	不	獲	乎	上
있을	신하	지위	못할	인정받을	~에게	임금
재	하	위	불	획	호	상

8	12		9	10	11	13
民	不	可	得	而	治	矣
백성	없을	~할수있다	얻을	~해서	다스릴	~이다
민	불	가	득	이	치	의

신하의 지위에 있으면서 임금에게 인정받지 못하면 백성들을 얻어서 다스릴 수 없다.

풀이

재(在): 있다.

하(下): 신하. 신하의로 쓰임.

위(位): 지위[position]

불(不): 못하다. 뒤의 본동사를 부정함.

획(獲): 인정받다.

호(乎): ~에게[to]

상(上): 임금[王・king]

민(民): 백성. 백성들이라는 복수임. 백성들이라는 목적어로 쓰임.

불(不): 없다. 뒤의 조동사를 부정함.

가(可): ~할 수 있다.

불가(不可): ~할 수 없다.

득(得): 얻다.

이(而): ~해서. 순접의 어조사

치(治): 다스리다.

의(矣): ~이다. 추측을 나타내는 종결형 어조사

상하민(上下民)의 비교

상(上)	상(上)에 위치	지배자로서의 최고 통치자	임금[上]
하(下)	중(中)에 위치	지배계층으로서의 중간 관리자	신하[下]
민(民)	하(下)에 위치	피지배자 계층	백성[民]

☞ 20-6을 연문(衍文), 즉 쓸데없이 끼어들어간 문장으로도 본다. 왜냐하면 같은 내용이 20-17에 나오기 때문이다.

논평

신하는 임금에게 인정받고 나서야 백성들을 다스릴 수 있는 것이 정치의 기본이다. 오늘날도 똑같다. 장관은 대통령의 신임을 받아야 해당 국민을 잘 다스릴 수 있다.

원문 전석

20-7

①故 君子不可以不修身 思修身 ②不可以不事親 思事親 ③不可以不知人 思知人 ④不可以不知天

① 그러므로 임금은 자신을 반드시 수양해야 한다. 자신이 수양한다는 것을 생각하라. ② 어버이를 반드시 섬겨야 한다. 어버이를 섬긴다는 것을 생각하라. ③ 인재를 반드시 변별해야 한다. 인재를 변별한다는 것을 생각하라. ④ 진리를 반드시 알아야 한다.

분석

1	2		8	7	6	5	4	3
故	君	子	不	可	以	不	修	身
그러므로	임금	사람	없을	~할수있다	할	아니할	수양할	자신
고	군	자	불	가	이	불	수	신

3	2	1
思	修	身
생각할	수양할	자신
사	수	신

① 그러므로 임금은 자신을 반드시 수양해야 한다. 자신이 수양한다는 것을 생각하라.

풀이

고(故): 그러므로

군(君): 임금

자(子): 사람

군자(君子): 임금 또는 왕[king]. 통치자를 말함. 신분적 개념임.

☞ 인격적 개념일 때 군자(君子)는 중용을 알고 이를 실천하려고 노력하는 사람이다.

불(不): 없다.

가(可): ~ 할 수 있다.

이(以): 하다.

불가이(不可以): ~ 할 수 없다.

불(不): 아니하다.

수(修): 수양하다[practice self-cultivation]. 이때 수양이란 몸과 마음을 다스리고 본성을 기르는 것임.

불수(不修): 수양하지 않다.

☞ 불가이불(不可以不) ~ 의 풀이: ~ 아니 할 수 없다. 이것은 이중부정으로 결국 반드시 ~해야 한다[must]는 뜻으로 강조를 표현하는 것이다. 〈불가이불(不可以不) ~ =반드시 ~ 해야 한다〉

신(身): 자신[self]. 즉 통치자 자신을 말함.

사(思): 생각하다. 생각하라라는 명령어로 쓰임.

수(修): 수양하다[practice self-cultivation]. 이때 수양이란 몸과 마음을 다스리고 본성을 기르는 것임. 수양한다는 것을이라는 목적어의 구절로 쓰임.

신(身): 자신[self]. 즉 통치자 자신을 말함.

제20장

분석

6	5	4	3	2	1		3	2	1
不	可	以	不	事	親		思	事	親
없을 불	~할수있다 가	할 이	아니할 불	섬길 사	어버이 친		생각 사	섬길 사	어버이 친

② 어버이를 반드시 섬겨야 한다. 어버이를 섬긴다는 것을 생각하라.

풀이

불(不): 없다.
가(可): ~할 수 있다.
이(以): 하다.
불가이(不可以): ~ 할 수 없다.
불(不): 아니하다.
  ☞ 불가이불(不可以不) ~ 의 풀이: ~아니 할 수 없다. 이것은 이중부정으로 결국 반드시 ~해야 한다[must]는 뜻으로 강조를 표현하는 것이다. 〈불가이불(不可以不) ~ =반드시 ~해야 한다〉

사(事): 섬기다. 여기서는 효도한다는 뜻임.
친(親): 어버이 또는 친척. 어버이⊂친척, 즉 어버이도 친척에 포함됨.
사(思): 생각하다. 생각하라라는 명령어로 쓰임.
사(事): 섬기다. 효도한다는 뜻임. 섬긴다는 것을이라는 목적격 어구로 쓰임.
친(親): 어버이 또는 친척. 어버이⊂친척, 즉 어버이도 친척에 포함됨. 어버이를이라는 목적격 어구로 쓰임.

분석

6	5	4	3	2	1		3	2	1
不	可	以	不	知	人		思	知	人
없을 불	~할수있다 가	할 이	아니할 부	변별할 지	인재 인		생각 사	변별할 지	인재 인

③ 인재를 반드시 변별해야 한다. 인재를 변별한다는 것을 생각하라.

풀이

불(不): 없다.

가(可): ~할 수 있다.

이(以): 하다.

불가이(不可以): ~할 수 없다.

부(不): 아니하다.

　☞ 불가이부(不可以不)~의 풀이: ~아니 할 수 없다. 이것은 이중부정으로 결국 반드시 ~해야 한다[must]는 뜻으로 강조를 표현하는 것이다. 〈불가이부(不可以不)~ = 반드시 ~해야 한다〉

지(知): 변별하다 또는 분간하다.

인(人): 인재, 즉 걸출한 인물을 뜻함.

사(思): 생각하다. 생각하라라는 명령어로 쓰임.

지(知): 변별하다 또는 분간하다. 변별한다는 것을 이라는 목적격 어구로 쓰임.

인(人): 인재, 즉 걸출한 인물. 인재를이라는 목적격 어구로 쓰임.

지인(知人): 다른 사람의 인품이나 재능을 알아보는 것을 말함.

분석

```
   6      5      4      3      2      1
   不     可     以     不     知     天
  없을  ~할수있다  할    아니할   알    진리
   불     가     이     부     지     천
```

④ 진리를 반드시 알아야 한다.

풀이

불(不): 없다.

가(可): ~할 수 있다.

이(以): 하다.

불가이(不可以): ~할 수 없다.

부(不): 아니하다.

　☞ 불가이부(不可以不)~의 풀이: ~아니 할 수 없다. 이것은 이중부정으로 결국 반드시 ~해야 한다[must]는 뜻으로 강조를 표현하는 것이다. 〈불가이부(不可以不)~ = 반드시 ~해야 한다〉

지(知): 알다.

천(天): 진리(truth), 즉 참된 이치[true principle]. 이때 진리란 ①의 내용[修身], ②의 내용[事親], 그리고 ③의 내용[知人]이 모두 진리라는 것임.
　　〈천(天)≒진리(眞理)〉

지천(知天): 자신을 수양하는 것도 하나의 진리, 어버이를 섬기는 것도 하나의 진리, 인재를 변별하는 것도 하나의 진리이니 이 모든 것을 아는 것이 바로 지천(知天)이다.

<깜짝 퀴즈 23>
위의 지천(知天)에서 천(天)의 뜻은 어느 것인가? (   )
① 물리 천   ② 종교 천   ③ 관념 천   ④ 진리 천   ⑤ 주재 천

정답: ④
☞ 물리 천은 파란 하늘을 말하고, 종교 천은 하느님과 같은 초월자를 말하고, 관념 천은 이상 세계를 말하고, 주재 천은 다스리는 것을 말한다.

● 지천(知天)으로 가는 4단계

단계	설정	방향	내용
④단계	지천(知天)	↑	이와 같은 진리를 알아라.
③단계	지인(知人)	↑	인재를 변별하라.
②단계	사친(事親)	↑	어버이를 섬겨라.
①단계	수신(修身)	↑	자신을 수양하라.

☞ ↑는 아래에서 위로 올라가는 구조를 말한다. ①단계의 수신은 유가 패러다임의 기본 중의 기본이다. 왕을 비롯한 모든 사람들은 처음 수신, 즉 자신의 몸과 마음을 다스리고 본성을 기르는 것이 기초 과제이자 핵심 과제다. 그 다음 ②단계 사친, 즉 어버이를 섬기는 것은 바로 효를 말하고 이것은 모든 행동의 근본인 만큼 사람됨[仁]의 근본이다. 그리고 왕과 같은 통치자라면 반드시 인재를 잘 선발하여 적소에 배치하는 것은 통치술의 기본이면서 의(義)인 것이다. 이것이 ③단계, 즉 지인(知人)이다. 이때 의(義)는 옳-음 또는 바-름[righteous-ness]으로 지인을 잘 취급하는 원칙이다. 이와 같은 〈①+②+③〉이 모두 진리임을 아는 것이 ④단계, 즉 지천(知天)이다.

● 지천(知天)으로 올라가는 단계설 비교

①단계	②단계	③단계	④단계
수신(修身)	사친(事親)	지인(知人)	지천(知天)
유학의 기초 공사	인(仁)의 실천	의(義)의 실천	①②③이 진리라는 사실의 터득

● **20-7의 텍스트 구조 분석**

① 〈당위 + 명령〉 구조: 반드시 ~해야 한다. [그러니] ~하라.
- 임금은 자신을 반드시 수양해야 한다.
- 자신이 수양한다는 것을 생각하라.

② 〈당위 + 명령〉 구조: 반드시 ~해야 한다. [그러니] ~하라.
- 어버이를 반드시 섬겨야 한다.
- 어버이를 섬긴다는 것을 생각하라.

③ 〈당위 + 명령〉 구조: 반드시 ~해야 한다. [그러니] ~하라.
- 인재를 반드시 변별해야 한다.
- 인재를 변별한다는 것을 생각하라.

④ 결론: [따라서] ~한다.
- 진리를 반드시 알아야 한다.

논평

왕이라 하더라도 우선 수신하라. 그런 다음 인의를 실천하라. 이 모든 것이 진리[天]라는 사실을 알라.

원문 전석

20-8

天下之達道 五 所以行之者 三 曰
①君臣也 ②父子也 ③夫婦也 ④昆弟也
⑤朋友之交也 五者 天下之達道也
①知②仁③勇 三者 天下之達德也 所以行之者
一也

온 세상에 두루 통하는 길은 다섯 가지다. 그것을 행하는 까닭은 세 가지다. 말하겠다.
①임금과 신하이다. ②부모와 자식이다. ③남편과 아내이다. ④형과 동생이다.
⑤벗과 벗의 사귐이다. 다섯 가지는 온 세상에 두루 통하는 길이다.
①지혜②어짊③날쌤, 세 가지는 온 세상에 두루 통하는 작용이다. 그것들을 행하는 까닭은 한결같다.

분석

온 세상에 두루 통하는 길은 다섯 가지다. 그것을 행하는 까닭은 세 가지다.

풀이

천(天): 하늘
하(下): 아래

천하(天下): 하늘 아래, 즉 온 세상
지(之): ~의

천하지(天下之): 천하의. 온 세상에라고 순역(順譯)함.
달(達): 두루 통하는 또는 어떠한 경우에도 통하는
도(道): 길이자 도리
달도(達道): 두루 통하는 길, 다시 말해 모든 사람이 마땅히 지켜야 하는 것[도리]을 말함.
오(五): 다섯[5]. 여기서 오(五)는 다섯 가지로 의역(意譯)함. 〈다섯=①군신(君臣)+②부자(父子)+③부부(夫婦)+④곤제(昆弟)+⑤붕우(朋友)〉

소(所): ~바 또는 ~것
이(以): 하다.
소이(所以): ~하는 바로 까닭 또는 원인
행(行): 행하다.
지(之): 그것[it]. 앞의 오(五), 즉 오륜을 가리킴.
자(者): ~은. 주격 조사
삼(三): 셋[3]. 여기서 삼(三)은 세 가지로 의역(意譯)함. 〈셋=①지(知)+②인(仁)+③용(勇)〉

분석

1

曰
말할 왈

1	2	3	1	2	3	1	2	3
君	臣	也	父	子	也	夫	婦	也
임금 군	신하 신	~이다 야	어버이 부	자식 자	~이다 야	남편 부	아내 부	~이다 야

1	2	3	1	2	3	4	5
昆	弟	也	朋	友	之	交	也
형 곤	아우 제	~이다 야	벗 붕	벗 우	~의 지	사귈 교	~이다 야

1	2	3	4	5	6	7
五	者	天	下	之	達	道	也
다섯 오	~는 자	하늘 천	아래 하	~의 지	두루 통할 달	길 도	~이다 야

말하겠다. ①임금과 신하이다. ②부모와 자식이다. ③남편과 아내이다. ④형과 동생이다. ⑤벗과 벗의 사귐이다. 다섯 가지는 온 세상에 두루 통하는 길이다.

풀이

왈(曰): 말하다. 말하겠다 또는 말하자면 다음과 같다라는 뜻으로 쓰임.
군(君): 임금
신(臣): 신하
군신(君臣): 임금과 신하. 오늘날로 말하면 최고 통치자[president]와 관료를 말함.
야(也): ~이다. 종결형 어조사
부(父): 어버이, 즉 부모를 뜻함.
자(子): 자식
부자(父子): 부모와 자식
야(也): ~이다. 종결형 어조사
부(夫): 남편
부(婦): 아내
부부(夫婦): 남편과 아내
야(也): ~이다. 종결형 어조사
곤(昆): 형
제(弟): 아우
곤제(昆弟): 형과 아우. 물론 오늘날 자매도 포함하는 개념임.
야(也): ~이다. 종결형 어조사
붕(朋): 벗
우(友): 벗
붕우(朋友): 벗과 벗

붕우(朋友)의 비교

붕(朋)	우(友)
같은 스승 밑에서 동문수학한 벗[同文]	그렇지는 않지만 뜻을 함께 나누는 벗[同志]

지(之): ~의
교(交): 사귀다. 사귐이라는 명사로 쓰임.
야(也): ~이다. 종결형 어조사

오륜 버전 비교

자사 버전	맹자 버전
①군신야(君臣也)	①군신유의(君臣有義)
②부자야(父子也)	②부자유친(父子有親)
③부부야(夫婦也)	③부부유별(夫婦有別)
④곤제야(昆弟也)	④장유유서(長幼有序)
⑤붕우지교야(朋友之交也)	⑤붕우유신(朋友有信)
출전: 『중용』 20-8	출전: 『맹자』 「등문공장구상」 4
평가: 자사 버전을 기반으로 해서 맹자가 오륜을 더욱 확장시켰다.	

☞ 오륜(五倫)의 정의[definition]: 동양에서 삶의 관계를 사회적으로 조율하는 관리 시스템이다. 또한 이 오륜을 『서경(書經)』에서는 오교(五教)라고 한다.

오(五): 다섯[5]. 여기서 오(五)는 다섯 가지로 의역(意譯)함.
자(者): ~는. 주격 조사
천(天): 하늘
하(下): 아래
천하(天下): 하늘 아래, 즉 온 세상
지(之): ~의
천하지(天下之): 천하의. 온 세상이라고 순역(順譯)함.
달(達): 두루 통하는, 즉 어떠한 경우에도 통하는
도(道): 길 또는 도리. 구체적인 길(road)이 아니라 원칙[principle]이라는 뜻임.
야(也): ~이다. 종결형 어조사

☞ 오륜의 현대적 의의를 짚어준 논문이 있다.
• 서명석(2013). 『동몽선습』 오륜 텍스트의 현대적 독법. 『인격교육』, 7(3), 43-61.

분석

1	2	3	4	5	6		7	8	9	10
知	仁	勇	三	者	天	下	之	達	德	也
지혜	어질	날쌜	셋	~은	하늘	아래	~의	두루 통할	작용	~이다
지	인	용	삼	자	천	하	지	달	덕	야

①지혜②어짊③날쌤, 세 가지는 온 세상에 두루 통하는 작용이다.

풀이

지(知): 지혜[wisdom]. 지(知)≒지(智)

인(仁): 어질다. 어짊, 즉 사람됨이라는 명사형으로 쓰임.

용(勇): 날쌔다. 날쌤이라는 명사형으로 쓰임. 이때 날쌤[勇]이란 무모하거나 쓸데없는 용감함이 아니라 앞의 지(知)와 인(仁)을 강력하게 실천하는 추진력을 말함.

〈깜짝 퀴즈 24〉

지인용(知仁勇)에서 용(勇)에 대한 맥락상의 뜻은 둘 중에서 어느 것인가? (　　　)
① 무모한 용감함　② 지혜[知]와 사람됨[仁]을 실천하는 추진력

정답: ②

삼(三): 셋. 세 가지로 의역함.

자(者): ~은. 주격 조사

천(天): 하늘

하(下): 아래

천하(天下): 하늘 아래, 즉 온 세상

지(之): ~의

천하지(天下之): 천하의. 온 세상에라고 순역(順譯)함.

달(達): 두루 통하는, 즉 어떠한 경우에도 통하는

덕(德): 작용[function]

야(也): ~이다. 종결형 어조사

오달도와 삼달덕

오달도(五達道)	삼달덕(三達德)
어떠한 경우에도 통하는 다섯 가지 원칙	어떠한 경우에도 통하는 세 가지 작용
①군신(君臣)+②부자(父子)+③부부(夫婦)+④곤제(昆弟)+⑤붕우(朋友)	①지(知)+②인(仁)+③용(勇) ☞ 이때 삼달덕은 좌측의 오교(五敎)에 모두 적용된다.

제20장

분석

그것들을 행하는 까닭은 한결같다.

풀이

소(所): ~ 바 또는 ~ 것
이(以): 하다.
소이(所以): ~ 하는 바. 까닭 또는 원인을 말함.
행(行): 행하다.
지(之): 그것[it]. 그것들[them]이라는 복수로 쓰임. 〈그것들=오륜(五倫)+지인용(知仁勇)〉
자(者): ~ 은. 주격 조사
일(一): 한결같다 또는 동일하다.

일(一)의 숨은 의미

일(一): 이것은 한결같다는 뜻인데 겉으로 드러나는 뜻이다.
〈일(一)≒성(誠)〉으로 속에 숨어있는 뜻이다.
평가: 일은 성일뿐이다[一則誠而已矣]. 오달도(五達道)와 삼달덕(三達德)을 실천하는 원리는 하나[一]인데 그것은 성(誠)으로 모두 같다는 뜻이다.

야(也): ~ 이다. 종결형 어조사

논평

동양은 사회를 관계적으로 조율하는 장치를 개발했다. 그것들이 오달도와 삼달덕이다. 그런데 우리는 지금 그것들을 망각하고 살고 있다.

원문 전석

20-9

或生而知之 或學而知之 或困而知之 及其知之 一也 或安而行之 或利而行之 或勉强而行之 及其成功 一也

어떤 사람은 태어나면서 그것을 알고, 어떤 사람은 배워서 그것을 알고,
어떤 사람은 고생해서 그것을 알더라도 그것을 깨닫는 것에 이르는 것은 같다.
어떤 사람은 편안히 그것을 행하고, 어떤 사람은 이로워서 그것을 행하고,
어떤 사람은 힘써서 그것을 행하더라도 그 성공에 이르는 것은 같다.

분석

1	2	3	5	4	6	7	8	10	9
或	生	而	知	之	或	學	而	知	之
어떤 사람	태어날	~하면서	알	그것	어떤 사람	배울	~해서	알	그것
혹	생	이	지	지	혹	학	이	지	지

11	12	13	15	14	19	16	18	17	20	21
或	困	而	知	之	及	其	知	之	一	也
어떤 사람	고생할	~해서	알	그것	이를	그	깨달을	그것	같을	~이다
혹	곤	이	지	지	급	기	지	지	일	야

어떤 사람은 태어나면서 그것을 알고, 어떤 사람은 배워서 그것을 알고, 어떤 사람은 고생해서 그것을 알더라도 그것을 깨닫는 것에 이르는 것은 같다.

풀이

혹(或): 어떤 사람[some people]
생(生): 태어나다.
이(而): ~하면서. 앞에 있는 한자의 뜻을 머금은 채 그 한자의 부사를 만들어내는 어조사로 쓰임.
생이(生而): 태어나면서. 부사구로 쓰임.
지(知): 알다.

지(之): 그것[it]. 삼달덕―지(知), 인(仁), 용(勇)―을 가리킴.
혹(或): 어떤 사람[some people]
학(學): 배우다.
이(而): ~해서. 앞에 있는 한자의 뜻을 머금은 채 그 한자의 부사를 만들어내는 어조사로 쓰임.
학이(學而): 배워서. 부사구로 쓰임.
지(知): 알다.
지(之): 그것[it]. 삼달덕―지(知), 인(仁), 용(勇)―을 가리킴.
혹(或): 어떤 사람[some people]
곤(困): 고생하다.
이(而): ~해서. 앞에 있는 한자의 뜻을 머금은 채 그 한자의 부사를 만들어내는 어조사로 쓰임.
곤이(困而): 고생해서. 부사구로 쓰임.
지(知): 알다.
지(之): 그것[it]. 삼달덕―지(知), 인(仁), 용(勇)―을 가리킴.
급(及): 이르다 또는 미치다.

기(其): 그것. 뒤에 나오는 지지(知之)를 가리킴.
〈기(其)=지지(知之)〉
지(知): 깨닫다.
지(之): 그것[it]. 삼달덕―지(知), 인(仁), 용(勇)―을 가리킴.
지지(知之): 그것을 깨닫는다.
일(一): 같다 또는 동일하다.
야(也): ~이다. 종결형 어조사

세 등급의 인간 비교

상(上) 등급	혹자(或者)=생이지지자(生而知之者)	어떤 사람은 태어나면서부터 삼달덕을 안다.
중(中) 등급	혹자(或者)=학이지지자(學而知之者)	또 어떤 사람은 배워서 삼달덕을 안다.
하(下) 등급	혹자(或者)=곤이지지자(困而知之者)	또 어떤 사람은 고생 끝에 삼달덕을 안다.

☞ 이렇게 등급이 생기는 것은 그들의 본성은 같으나 기질에서 서로 차이가 나기 때문이다.

분석

1	2	3	5	4	6	7	8	10	9
或	安	而	行	之	或	利	而	行	之
어떤 사람 혹	편안할 안	~해서 이	행할 행	그것 지	어떤 사람 혹	이로울 리	~해서 이	행할 행	그것 지

11	12		13	15	14	18	16	17		19	20
或	勉	强	而	行	之	及	其	成	功	一	也
어떤 사람 혹	힘쓸 면	힘쓸 강	~해서 이	행할 행	그것 지	이를 급	그 기	이룰 성	효력 공	같을 일	~이다 야

　어떤 사람은 편안히 그것을 행하고, 어떤 사람은 이로워서 그것을 행하고, 어떤 사람은 힘써서 그것을 행하더라도 그 성공에 이르는 것은 같다.

풀이

혹(或): 어떤 사람[some people]
안(安): 편안하다.
이(而): ~해서. 앞에 있는 한자의 뜻을 머금은 채 그 한자의 부사를 만들어내는 어조사로 쓰임.
안이(安而): 편안해서. 순역(順譯)하면 편안히라는 부사구임.
행(行): 행하다.
지(之): 그것[it]. 삼달덕—지(知), 인(仁), 용(勇)—을 가리킴.
혹(或): 어떤 사람[some people]
리(利): 이롭다.
이(而): ~해서. 앞에 있는 한자의 뜻을 머금은 채 그 한자의 부사를 만들어내는 어조사로 쓰임.
이이(利而): 이로워서. 부사구로 쓰임.
행(行): 행하다.
지(之): 그것[it]. 삼달덕—지(知), 인(仁), 용(勇)—을 가리킴.
혹(或): 어떤 사람[some people]

면(勉): 힘쓰다.
강(強): 힘쓰다.
면강(勉強): 힘쓰다 또는 노력하다.
이(而): ~해서. 앞에 있는 한자의 뜻을 머금은 채 그 한자의 부사를 만들어내는 어조사로 쓰임.
면강이(勉強而): 힘써서. 부사구로 쓰임.
행(行): 행하다.
지(之): 그것[it]. 삼달덕—지(知), 인(仁), 용(勇)—을 가리킴.
급(及): 미치다 또는 이르다.
기(其): 그
성(成): 이루다.
공(功): 효력 또는 공력
성공(成功): 목적을 이루는 것으로 삼달덕—지(知), 인(仁), 용(勇)—의 구현(具現)을 뜻함.
일(一): 같다 또는 동일하다.
야(也): ~이다. 종결형 어조사

논평

본성은 같지만 기질에 따라 사람의 등급이 다르다. 그렇다 하더라도 기질을 극복하고 삼달덕을 이루어내면 기질에 관계없이 모두 같은 반열의 인간이 되는 것이다.

원문 전석

20-10

子曰 好學近乎知 力行近乎仁 知恥近乎勇

공자가 말했다. 배움을 좋아하는 것은 지혜에 가깝고 힘써 행하는 것은 어짊에 가깝고 부끄러움을 아는 것은 날쌤에 가깝다.

분석

1	2	2	1	5	4	3
子	曰	好	學	近	乎	知
공자 자	말할 왈	좋아할 호	배울 학	가까울 근	~에 호	지혜 지

6	7	10	9	8	12	11	15	14	13
力	行	近	乎	仁	知	恥	近	乎	勇
애써 역	행할 행	가까울 근	~에 호	어질 인	알 지	부끄러울 치	가까울 근	~에 호	날쌜 용

공자가 말했다. 배움을 좋아하는 것은 지혜에 가깝고 힘써 행하는 것은 어짊에 가깝고 부끄러움을 아는 것은 날쌤에 가깝다.

풀이

자(子): 공자

왈(曰): 말하다.

호(好): 좋아하다.

학(學): 배우다. 배움이라는 명사로 쓰임.

호학(好學): 배움을 좋아하다. 지혜에 대한 배움, 즉 지학(智學)을 말하며 지학은 지혜-사랑인 애지(愛智)로 연결된다. 호학(好學)≒지학(智學)≒애지(愛智)

근(近): 가깝다. 근접하다는 뜻임.

호(乎): ~에

지(知): 지혜[wisdom] 지(知)≒지(智)

력(力): 애써 또는 있는 힘을 다하여. 부사

행(行): 행하다.

역행(力行): 애써 행하다.

근(近): 가깝다. 근접하다는 뜻임.

호(乎): ~에
인(仁): 어짊 또는 사람됨.
지(知): 알다.
치(恥): 부끄러워하다. 부끄러움이라는 명사로 쓰임. 지인(知仁), 즉 지혜와 어짊을 실천하지 못하는 것에 대한 부끄러움을 말함.
근(近): 가깝다. 근접하다는 뜻임.
호(乎): ~에
용(勇): 날쌔다. 날쌤이라는 명사형으로 쓰임. 이때 날쌤[勇]이란 무모하거나 쓸데없는 용감함이 아니라 앞의 지(知)와 인(仁)을 강력하게 실천하는 추진력을 말함.

삼달덕으로 가는 길

호학(好學)	역행(力行)	지치(知恥)
지혜[知]에 대한 사랑	인[仁]의 실천	지혜[知]와 어짊[仁]을 날쌔게[勇] 실천하지 못함에 대한 부끄러움 ☞ 날쌔게 [strongly]
지혜[知]로 다가가는 길	어짊[仁]으로 다가가는 길	날쌤[勇]으로 다가가는 길

논평

지인용(知仁勇), 즉 삼달덕에 대한 부연 설명을 하고 있다.

원문 전석

20-11

知斯三者 則知所以修身 知所以修身
則知所以治人 知所以治人 則知所以治天下國家矣

이러한 세 가지 것을 아는 것은 곧 자신을 수양하는 까닭을 아는 것이요, 자신을 수양하는 까닭을 아는 것은 곧 남을 다스리는 까닭을 아는 것이요, 남을 다스리는 까닭을 아는 것은 곧 온 세상의 국가를 다스리는 까닭을 아는 것이다.

분석

　　　4　　1　　2　　3　　　　5　　9　　　8　　　　7　　6
　　　知　斯　三　者　　則　知　所　以　修　身
　　　알　이　셋　것　　곧　알　바　할　수양할　자신
　　　지　사　삼　자　　즉　지　소　이　수　신

이러한 세 가지 것을 아는 것은 곧 자신을 수양하는 까닭을 아는 것이요,

풀이

지(知): 알다.
사(斯): 이[this]. 이러한으로 순역(順譯)함.
삼(三): 셋[3]. 세 가지로 의역(意譯)함.
자(者): 것

사삼자(斯三者): 이러한 세 가지 것

사삼자(斯三者): 이러한 세 가지 것
① 호학근호지(好學近乎知)
② 역행근호인(力行近乎仁)
③ 지치근호용(知恥近乎勇)
☞ 20-10의 내용을 말한다.

즉(則): 곧
지(知): 알다.
소(所): ~바
이(以): 하다.
소이(所以): ~하는 바. 까닭이나 원인을 말함.
수(修): 수양하다[practice self-cultivation]. 몸과 마음을 다스리고 본성을 찾는 것임.
신(身): 자신[self].

분석

　　　13　　12　　11　　10　　　14　　18　　　17　　　16　15
　　　知　所　以　修　身　　則　知　所　以　治　人
　　　알　바　할　수양할　자신　　곧　알　바　할　다스릴　남
　　　지　소　이　수　신　　즉　지　소　이　치　인

자신을 수양하는 까닭을 아는 것은 곧 남을 다스리는 까닭을 아는 것이요,

풀이

지(知): 알다.
소(所): ~바
이(以): 하다.
소이(所以): ~하는 바. 까닭이나 원인을 말함.
수(修): 수양하다[practice self-cultivation]. 몸과 마음을 다스리고 본성을 찾는 것임.
신(身): 자신[self]

즉(則): 곧
지(知): 알다.
소(所): ~바
이(以): 하다.
소이(所以): ~하는 바. 까닭이나 원인을 말함.
치(治): 다스리다.
인(人): 남[others]. 인(人)↔신(身)

분석

남을 다스리는 까닭을 아는 것은 곧 온 세상의 국가를 다스리는 까닭을 아는 것이다.

풀이

지(知): 알다.
소(所): ~바
이(以): 하다.
소이(所以): ~하는 바. 까닭이나 원인을 말함.
치(治): 다스리다.
인(人): 남[others]. 인(人)↔신(身)
즉(則): 곧

지(知): 알다.
소(所): ~바
이(以): 하다.
소이(所以): ~하는 바. 까닭이나 원인을 말함.
치(治): 다스리다.
천(天): 하늘
하(下): 아래

천하(天下): 하늘 아래. 즉 온 세상. 온 세상의로 순역(順譯)함.
국(國): 나라
가(家): 집

국가(國家): 나라라는 집이지만 나라라는 뜻임. 동양에서 나라[國]도 집, 즉 가(家)의 연장으로 바라봄.
의(矣): ~이다. 가능성을 나타내는 종결형 어조사

논평

유학에서 수신제가치국평천하의 패러다임이 있다. 이 패러다임의 동일 선상에서 자사가 말하고 있다. 먼저 수신(修身)을 해라. 그런 다음 치인(治人)하고 그 다음 치천하국가(治天下國家)를 하라.

원문 전석

凡爲天下國家有九經 曰 ①修身也 ②尊賢也 ③親親也 ④敬大臣也 ⑤體群臣也 ⑥子庶民也 ⑦來百工也 ⑧柔遠人也 ⑨懷諸候也

20-12

무릇 온 세상에 국가를 다스리는 데에는 아홉 가지 법도가 있다. 말하겠다. ①자신을 수양하는 것이다. ②어진 사람을 받드는 것이다. ③어버이를 친애하는 것이다. ④훌륭한 신하를 공경하는 것이다. ⑤많은 신하를 가까이 하는 것이다. ⑥여러 백성을 사랑하는 것이다. ⑦여러 장인을 귀복하게 하는 것이다. ⑧먼 변경의 사람들을 편안하게 하는 것이다. ⑨제후를 편안히 하는 것이다.

분석

1 4 2 3 7 5 6
凡 爲 天 下 國 家 有 九 經
대개 다스릴 하늘 아래 나라 집 있을 아홉 법도
범 위 천 하 국 가 유 구 경

무릇 온 세상에 나라를 다스리는 데에는 아홉 가지 법도가 있다.

풀이

범(凡): 대개. 부사
위(爲): 다스리다.
천(天): 하늘
하(下): 아래
천하(天下): 하늘 아래, 즉 온 세상
국(國): 나라
가(家): 집

국가(國家): 나라라는 집으로 나라라는 뜻임.
　☞ 동양에서 나라[國]도 집[家]의 연장으로 바라본다.
유(有): 있다.
구(九): 아홉[9]. 아홉 가지로 의역(意譯)함.
경(經): 법도(法道). 이때 법도란 방법[法]으로서의 길(道)임.

분석

1
曰
말할
왈

2 1 3　　2 1 3　　2 1 3
修 身 也　尊 賢 也　親 親 也
수양할 자신 ~이다 받들 현인 ~이다 친애할 어버이 ~이다
수 신 야 존 현 야 친 친 야

3 1 2 4　　3 1 2 4　　3 1 2 4
敬 大 臣 也　體 群 臣 也　子 庶 民 也
공경할 훌륭할 신하 ~이다 가까이 할 여러 신하 ~이다 사랑할 여러 백성 ~이다
경 대 신 야 체 군 신 야 자 서 민 야

제20장

3	1	2	4	3	1	2	4	2	1		3
來	百	工	也	柔	遠	人	也	懷	諸	候	也
귀복하게 할	여러	장인	~이다	편안하게 할	먼 변경	사람	~이다	편안히 할	여러	제후	~이다
내	백	공	야	유	원	인	야	회	제	후	야

말하겠다. ①자신을 수양하는 것이다. ②어진 사람을 받드는 것이다. ③어버이를 친애하는 것이다. ④훌륭한 신하를 공경하는 것이다. ⑤많은 신하를 가까이 하는 것이다. ⑥여러 백성을 사랑하는 것이다. ⑦여러 장인을 귀복하게 하는 것이다. ⑧먼 변경의 사람들을 편안하게 하는 것이다. ⑨제후를 편안히 하는 것이다.

풀이

왈(曰): 말하다. 말하겠다 혹은 다음과 같다라고 의역(意譯)할 수 있음.

수(修): 수양하다[practice self-cultivation].

신(身): 자신[self]

야(也): ~이다. 종결형 어조사

존(尊): 받들다 또는 높이다.

현(賢): 현인(賢人), 즉 어진 사람

야(也): ~이다. 종결형 어조사

친(親): 친애(親愛)하다. 친밀히 사랑하는 것임.

친(親): 어버이 그리고 친족

야(也): ~이다. 종결형 어조사

경(敬): 공경하다.

대(大): 훌륭하다 또는 위대하다.

신(臣): 신하

야(也): ~이다. 종결형 어조사

체(體): 가까이 하다 또는 친근히 하다. 맥락상 의미는 왕이 신하의 입장에서 신하의 마음을 살펴보는 것임.

군(群): 여러 또는 많은

신(臣): 신하

야(也): ~이다. 종결형 어조사

자(子): 사랑하다.

서(庶): 여러 또는 많은

민(民): 백성

야(也): ~이다. 종결형 어조사

래(來): 귀복(歸服)하게 하다. 이때 귀복이란 귀순하여 복속한다는 뜻임.

백(百): 모든, 여러 또는 다수

공(工): 장인

야(也): ~이다. 종결형 어조사

유(柔): 편안하게 하다.

원(遠): 먼 변경

인(人): 사람. 사람들이라는 복수로 쓰임.

원인(遠人): 먼 변경에 사는 사람들

야(也): ~이다. 종결형 어조사

회(懷): 편안히 하다.

제(諸): 여러

후(侯): 제후

제후(諸侯): 큰 나라의 왕으로부터 봉토(封土)를 받아 그곳을 다스리던 소국의 군주를 말함.

야(也): ~이다. 종결형 어조사

구경(九經)의 체계화

9	구경(九經)	⑨회제후(懷諸侯)	제후를 편안히 하라.
8	팔경(八經)	⑧유원인(柔遠人)	먼 변방의 사람들을 편안하게 하라.
7	칠경(七經)	⑦내백공(來百工)	많은 장인이 귀복하게 하라.
6	육경(六經)	⑥자서민(子庶民)	많은 백성을 사랑하라.
5	오경(五經)	⑤체군신(體群臣)	여러 신하를 가까이 하라.
4	사경(四經)	④경대신(敬大臣)	훌륭한 신하를 공경하라.
3	삼경(三經)	③친친(親親)	어버이를 친애하라.
2	이경(二經)	②존현(尊賢)	어진 사람을 받들어라.
1	일경(一經)	①수신(修身)	자신을 수양하라.

☞ 여기도 수신제가치국평천하의 기본 패러다임이 녹아들어가 있다. 그러므로 1~9는 아래에서 위로 올라가는 계제[階梯·ladder]를 말하는 것이다. ②존현에서 현(賢)은 스승[師]으로 모실만한 사람을 뜻한다. ①~②는 수신의 단계이고, ③은 제가의 단계이고, ④~⑨는 치국평천하의 단계이다.

논평

지위고하를 막론하고 동양에서 모든 인간은 수신이 기본이다. 하물며 국가를 통치하는 왕에게도 예외는 없다. 그러므로 맨 밑에 수신을 배치하고 있다.

원문 전석

20-13

①修身則道立 ②尊賢則不惑
③親親則諸父昆弟不怨 ④敬大臣則不眩
⑤體群臣則士之報禮重 ⑥子庶民則百姓勸
⑦來百工則財用足 ⑧柔遠人則四方歸之
⑨懷諸侯則天下畏之

①자신을 수양하면 근원이 서고, ②어진 사람을 받들면 미혹하지 않고, ③어버이를 친애하면 아버지 형제들과 형과 아우가 원망하지 않고, ④훌륭한 신하를 공경하면 미혹하지 않고, ⑤여러 신하를 가까이 하면 선비들이 예도로 갚음이 많고, ⑥여러 백성을 사랑하면 백성들이 권면하고, ⑦여러 장인을 귀복하게 하면 재물의 씀씀이가 충족하고, ⑧먼 변방의 사람들을 편안하게 하면 주위에 있는 여러 곳에서 그에게 돌아오고, ⑨제후를 편안히 하면 온 세상이 그에게 심복할 것이다.

분석

2	1	3	4	5		2	1	3	5	4
修	身	則	道	立		尊	賢	則	不	惑
수양할 수	자신 신	~면 즉	근원 도	설 립		받들 존	현인 현	~면 즉	않을 불	미혹할 혹

2	1	3	4		5	6	8	7
親	親	則	諸	父	昆	弟	不	怨
친애할 친	어버이 친	~면 즉	여러 제	아버지의 직계 남성 부	형 곤	아우 제	않을 불	원망할 원

3	1	2	4	6	5
敬	大	臣	則	不	眩
공경할 경	훌륭할 대	신하 신	~면 즉	않을 불	미혹할 현

3	1	2	4	5	6	8	7	9
體	群	臣	則	士	之	報	禮	重
가까이 할 체	여러 군	신하 신	~면 즉	선비 사	~이 지	갚을 보	예도 례	많을 중

3	1	2	4	5		6
子	庶	民	則	百	姓	勸
사랑할 자	여러 서	백성 민	~면 즉	모든 백	백성 성	권면할 권

3	1	2	4	5	6	7
來	百	工	則	財	用	足
귀복하게 할 내	여러 백	장인 공	~면 즉	재물 재	씀씀이 용	충족할 족

3	1	2	4	5		7	6
柔	遠	人	則	四	方	歸	之
편안하게 할 유	먼 변경 원	사람 인	~면 즉	넷 사	방위 방	귀부할 귀	그 지

2	1		3	4		6	5
懷	諸	侯	則	天	下	畏	之
편안히 할 회	여러 제	제후 후	~면 즉	하늘 천	아래 하	심복할 외	그 지

①자신을 수양하면 근원이 서고, ②어진 사람을 받들면 미혹하지 않고, ③어버이를 친애하면 아버지 형제들과 형과 아우가 원망하지 않고, ④훌륭한 신하를 공경하면 미혹하지 않고, ⑤여러 신하를 가까이 하면 선비들이 예도로 갚음이 많고, ⑥여러 백성을 사랑하면 백성들이 권면하고, ⑦여러 장인을 귀복하게 하면 재물의 씀씀이가 충족하고, ⑧먼 변방의 사람들을 편안하게 하면 주위에 있는 여러 곳에서 그에게 돌아오고, ⑨제후를 편안히 하면 온 세상이 그에게 심복할 것이다.

풀이

수(修): 수양하다[practice self-cultivation].
신(身): 자신[self]
즉(則): ~면

즉(則)의 용법

A	~즉(則)	B
A하면 B한다.		

☞ 이하 모두 같은 용법으로 쓰였다.

도(道): 근원 또는 바탕
립(立): 서다.
존(尊): 받들다 또는 높이다.
현(賢): 현인(賢人). 어진 사람을 말함.
즉(則): ~면
불(不): ~않다.
혹(惑): 미혹하다.
친(親): 친애(親愛)하다. 이때 친애란 친밀히 사랑하는 것임.
친(親): 어버이 그리고 친족
즉(則): ~면
제(諸): 여러
부(父): 아버지의 직계 남성
제부(諸父): 아버지의 형제들
곤(昆): 형
제(弟): 아우
불(不): ~않다.
원(怨): 원망하다.
경(敬): 공경하다.
대(大): 훌륭하다 또는 위대하다.
신(臣): 신하
즉(則): ~면
불(不): ~않다.

현(眩): 미혹하다.
체(體): 가까이 하다 또는 친근히 하다. 맥락상 의미는 왕이 신하의 입장에서 신하의 마음을 살펴보는 것임.
군(群): 여러 또는 많은
신(臣): 신하
즉(則): ~면
사(士): 선비. 선비들이라는 복수로 쓰임. 이때 선비[士]는 지배층을 이루는 신분적 개념으로 아직 벼슬길에 나아가지 아니한 사람들이라는 뜻임.
  ☞ 민(民)과 비교해서 보라.
지(之): ~이. 주격 조사
보(報): 갚다. 갚음이라는 명사로 쓰임.
례(禮): 예도. 예의와 법도를 말함.
중(重): 많다.
자(子): 사랑하다.
서(庶): 여러 또는 많은
민(民): 백성. 피지배 계층을 말하는 신분적 개념임.

선비[士]와 백성[民]의 비교

선비[士]	백성[民]
지배 계층으로 아직 벼슬길에 나아가지 아니한 사람들을 말한다.	피지배 계층을 말한다.
평가: 둘 다 신분제 사회에서 신분에 따라 계층을 분류하는 신분적 개념이다.	

즉(則): ~면
백(百): 모든 또는 여러
성(姓): 백성
권(勸): 권면하다, 장려하다 또는 북돋다. 이때 권면이란 서로 권하면서 힘쓰도록 하는 것임.
래(來): 귀복(歸服)하게 하다. 이때 귀복이란 귀순하여 복속한다는 뜻임.

백(百): 모든, 여러 또는 다수
공(工): 장인
즉(則): ~면
재(財): 재물
용(用): 씀씀이
족(足): 충족하다.
유(柔): 편안하게 하다.
원(遠): 먼 변경
인(人): 사람. 사람들이라는 복수로 쓰임.
원인(遠人): 먼 변경에 사는 사람들
즉(則): ~면
사(四): 넷
방(方): 방위
사방(四方): 네 방위, 즉 동서남북. 여러 곳에서라는 부사로 쓰임.
귀(歸): 귀부(歸附)하다. 이때 귀부란 스스로 와서 복종하는 것임.

지(之): 그[him]. 그에게[to him]라는 뜻으로 통치자로서의 왕임.
회(懷): 편안히 하다.
제(諸): 여러
후(侯): 제후
제후(諸侯): 큰 나라의 왕으로부터 봉토(封土)를 받아 그곳을 다스리던 소국의 군주를 말함.
즉(則): ~면
천(天): 하늘
하(下): 아래
천하(天下): 하늘 아래. 즉 온 세상
외(畏): 심복(心腹)하다. 이때 심복은 마음속으로 기뻐하며 성심으로 순종하는 것임.
지(之): 그[him]. 그에게[to him]라는 뜻으로 통치자로서의 왕임.

☞ **외지(畏之)!** 여기도 시중 번역본이 저지르고 있는 대표적인 오역의 생산기지다.

외지(畏之)의 오역(誤譯)과 정역(正譯) 비교	
시중 오역본의 번역: 두려워할 것이다.	정역하면 다음과 같다: 그에게 심복(心服)한다.
물론에 외(畏)에 〈두려워서 무서워하다〉라는 뜻도 있다. 그러나 이런 뜻으로 절대 쓰이지 않았다. 또한 기존 번역에서 번역자들은 지(之)를 아예 번역하지도 않는다. 이때 지(之)는 대명사로 쓰여 그에게[to him]라는 뜻이다. 물론 여기서 그는 왕[king]이다. 그러므로 〈그에게〉는 〈왕에게〉라는 뜻이다.	외(畏): 심복할 외! 지(之): 그에게 지! 따라서 이러한 음과 훈에 따라 번역하면 〈그에게 심복한다.〉

제20장

● **구경(九經)의 작용과 효과**

순번	구경의 위계[ladder]	작용[operation]	효과[effect]
9	⑨구경(九經)	회제후(懷諸侯)	천하외지(天下畏之)
8	⑧팔경(八經)	유원인(柔遠人)	사방귀지(四方歸之)
7	⑦칠경(七經)	내백공(來百工)	재용족(財用足)
6	⑥육경(六經)	자서민(子庶民)	백성권(百姓勸)
5	⑤오경(五經)	체군신(體群臣)	사지보례중(士之報禮重)
4	④사경(四經)	경대신(敬大臣)	불현(不眩)
3	③삼경(三經)	친친(親親)	제부곤제불원(諸父昆弟不怨)
2	②이경(二經)	존현(尊賢)	불혹(不惑)
1	①일경(一經)	수신(修身)	도립(道立)

☞ 이때 위계란 사다리이기 때문에 아래에서 위로 올라가는 특성, 즉 〈9단계의 계단[hierarchy]〉를 말한다.

논평

통치자에게 말한다. 구경을 실천하라. 그러면 구경의 효과가 쏟아질 것이다.

원문 전석

①齊明盛服 非禮不動 所以修身也
②去讒遠色 賤貨而貴德 所以勸賢也
③尊其位 重其祿 同其好惡 所以勸親親也
④官盛任使 所以勸大臣也
⑤忠信重祿 所以勸士也
⑥時使薄斂 所以勸百姓也
⑦日省月試 旣稟稱事 所以勸百工也
⑧送往迎來 嘉善而矜不能 所以柔遠人也
⑨繼絕世 擧廢國 治亂持危 朝聘以時
厚往而薄來 所以懷諸侯也

20-14

①재개하여 깨끗하게 하고 옷을 단정하게 차려 입고 예도가 아니면 행하지 않는 것은 자신을 수양하는 방법이다. ②모함하는 사람을 제거하고 정욕을 멀리하며 재화를 천하게 여기고 어진 정치를 귀하게 여기는 것은 어진 사람을 권면하는 방법이다. ③그 지위를 받들며 그 녹을 소중히 하며 그 좋음과 나쁨을 함께 하는 것은 친족을 친애하는 것을 권면하는 방법이다. ④벼슬아치를 길러서 맡기고 부리는 것은 훌륭한 신하들을 권면하는 방법이다. ⑤정성을 다하고 믿으며 녹을 소중히 하는 것은 선비들을 권면하는 방법이다. ⑥때맞춰 부리고 조금 거두는 것은 모든 백성을 권면하는 방법이다. ⑦날마다 살피고 다달이 검증하여 녹미가 일에 맞는 것은 여러 장인을 권면하는 방법이다. ⑧가는 사람을 보내고 오는 사람을 맞이하며 잘함을 칭찬하고 잘하지 못함을 불쌍히 여기는 것은 먼 변경에 사는 사람들을 편안하게 하는 방법이다. ⑨끊어진 대를 이어주고 쇠망한 나라를 일으키며 난리를 다스리고 어려움을 도와주며 조빙을 때맞추어 하고 가는 사람을 후대하고 오는 사람에게는 박정한 것은 제후를 편안히 하는 방법이다.

분석

1	2	4	3	6	5	8	7	11		10	9	12
齊	明	盛	服	非	禮	不	動	所	以	修	身	也
재개할	깨끗하게할	엄정하게할	옷	아닐	예도	않을	행할	바	할	수양할	자신	~이다
재	명	성	복	비	례	부	동	소	이	수	신	야

①재개하여 깨끗하게 하고 옷을 단정하게 차려 입고 예도가 아니면 행하지 않는 것은 자신을 수양하는 방법이다.

풀이

재(齊): 재계(齋戒)하다. 원래 재계란 제사나 의식을 위해 몸과 마음을 청결하게 하는 것을 말함.

명(明): 깨끗하게 하다.

성(盛): 엄정하게 하다.

복(服): 옷

성복(盛服): 옷을 단정하게 차려 입다.

비(非): 아니다.

례(禮): 예도. 예의와 법도를 말함.

부(不): ~않다.

동(動): 행하다.

소(所): ~바

이(以): 하다.

소이(所以): 하는 바. 방법을 말함.

수(修): 수양하다[practice self-cultivation].

신(身): 자신[self]

야(也): ~이다. 종결형 어조사

〈깜짝 퀴즈 25〉

〈재명성복(齊明盛服) 비례부동(非禮不動) 소이수신야(所以修身也)〉에서 소이(所以)의 뜻으로 가장 적합한 것은 어느 것인가? (   )

① 까닭 ② 목적 ③ 원인 ④ 도구 ⑤ 방법

정답: ⑤

☞ 이하 소이 용법은 모두 같다.

분석

2	1	4	3	6	5	7	9	8
去	讒	遠	色	賤	貨	而	貴	德
제거할	모함할	멀리 할	정욕	천하게 할	재화	~하고	귀하게 여길	인정
거	참	원	색	천	화	이	귀	덕

12		11	10	13
所	以	勸	賢	也
바	할	권면할	현인	~이다
소	이	권	현	야

②모함하는 사람을 제거하고 정욕을 멀리하며 재화를 천하게 여기고 어진 정치를 귀하게 여기는 것은 어진 사람을 권면하는 방법이다.

풀이

거(去): 제거하다 또는 없애다.
참(讒): 하리놀다, 참소하다, 남을 헐뜯다, 모함하다. 모함하는 사람이라는 명사로 쓰임.
원(遠): 멀리하다.
색(色): 정욕(情慾) 또는 여색
천(賤): 천하게 하다.
화(貨): 재화[goods]
이(而): ~하고. 접속사
귀(貴): 귀하게 여기다.
덕(德): 인정(仁政), 즉 어진 정치를 뜻함.
소(所): ~바
이(以): 하다.
소이(所以): 하는 바. 방법을 말함.

권(勸): 권면하다, 장려하다 또는 북돋다. 이때 권면이란 서로 권하면서 힘쓰도록 하는 것임.
현(賢): 현인(賢人). 어진 사람을 말함. 오늘날로 말하면 현인은 통치자, 즉 왕의 멘토[mentor]라는 뜻임.

현(賢)과 왕(王)의 관계

현(賢)	왕(王)
현인(賢人), 즉 어진 사람을 말한다.	국가의 통치자를 말한다.
충언하는 사람[mentor]	충언을 받는 사람[mentee]

야(也): ~이다. 종결형 어조사

분석

```
  3    1    2        6    4    5         10   7    8    9
  尊   其   位        重   其   祿         同   其   好   惡
  받들 그   지위      소중히 그  녹        함께할 그  좋을 나쁠
  존   기   위        할 중  기   록       동    기   호   악

        14       13    12    11    15
        所   以   勸   親   親   也
        바   할   권면할 친애할 친족  ~이다
        소   이   권    친    친   야
```

③그 지위를 받들며 그 녹을 소중히 하며 그 좋음과 나쁨을 함께 하는 것은 친족을 친애하는 것을 권면하는 방법이다.

풀이

존(尊): 받들다 또는 높이다.
기(其): 그
위(位): 지위[position]
중(重): 소중히 하다.
기(其): 그
록(祿): 녹 또는 녹봉. 오늘날 지위에 합당한 임금[pay]을 말함.

동(同): 함께하다.
기(其): 그
호(好): 좋다. 좋음[goodness]이라는 명사로 쓰임.
악(惡): 나쁘다. 나쁨[badness]이라는 명사로 쓰임.
호악(好惡): 좋음과 나쁨.

〈깜짝 퀴즈 26〉
同其好惡의 음과 해석이 옳은 것은 어느 것인가? (,   )
① 동기호악(同其好惡)   ② 동기호오(同其好惡)
③ 그 좋음과 나쁨을 함께한다.   ④ 그 좋아함과 싫어함을 함께 한다.

정답: ①, ③

☞ 이곳이 국내 번역본 모두 오역한 곳이다. 다시 말해 이곳이 오역의 생산 기지다! 모든 번역서가 천편일률로 〈동기호오(同其好惡)〉로 음을 달고, 〈그 좋아함과 싫어함을 함께한다〉라고 해석하고 있다. 그래서 추가 설명이 필요하다.

- **호악(好惡)의 집중 분석**

호(好)	악(惡)
형용사일 때 좋다[good]	형용사일 때 나쁘다[bad]
명사형일 때 좋음[goodness]	명사형일 때 나쁨[badness]
의역하면 좋은 일[好事]로 경사(慶事)와 같은 것	의역하면 나쁜 일[惡事]로 애사(哀事)와 같은 것

☞ 좋아함과 싫어함을 함께한다는 것이 무슨 말인가? 동호인 집단이라면 이러한 번역이 가능하다. 맥락을 보면 이 대목은 친족을 친애하는 국면을 언표하고 있는 곳이다. 친족이기에 좋음도 함께하고 나쁨도 함께하는 것은 당연하다. 더 의역하면 친족이기에 좋은 일도 함께하고 나쁜 일도 함께하는 것이다. 그런데 좋아함과 싫어함을 함께한다라고 다들 번역하고 있다.

소(所): ~바
이(以): 하다.
소이(所以): 하는 바. 방법을 말함.
권(勸): 권면하다, 장려하다 또는 북돋다. 이때 권면이란 서로 권하면서 힘쓰도록 하는 것임.

친(親): 친애(親愛)하다. 친애란 친밀히 사랑하는 것임.
친(親): 어버이 그리고 친족. 여기서 친(親)은 친족으로 보아야 맞다. 왜냐하면 왕족 일가를 다루고 있기 때문이다.
야(也): ~ 이다. 종결형 어조사

분석

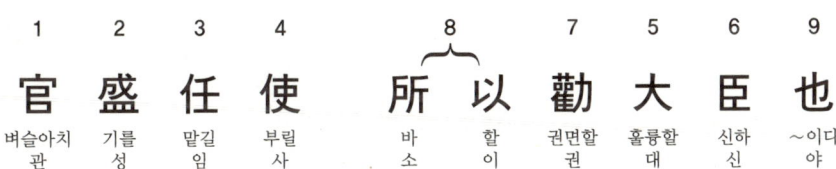

④벼슬아치를 길러서 맡기고 부리는 것은 훌륭한 신하들을 권면하는 방법이다.

풀이

관(官): 벼슬아치
성(盛): 기르다.
임(任): 맡기다 또는 일을 시키다.

사(使): 부리다.
소(所): ~바
이(以): 하다.

소이(所以): 하는 바. 방법을 말함.
권(勸): 권면하다, 장려하다 또는 북돋다. 이때 권면이란 서로 권하면서 힘쓰도록 하는 것임.

대(大): 훌륭하다 또는 뛰어나다.
신(臣): 신하. 신하들이라는 복수로 쓰임.
야(也): ~이다. 종결형 어조사

분석

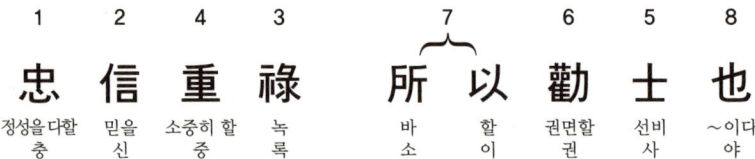

⑤정성을 다하고 믿으며 녹을 소중히 하는 것은 선비들을 권면하는 방법이다.

풀이

충(忠): 정성을 다하다.
신(信): 믿다.
충신(忠信): 정성을 다하고 신의를 지키는 것. 왕이 신하에게 그렇게 한다는 뜻임.
중(重): 소중히 하다.
록(祿): 녹 또는 녹봉. 오늘날 지위에 합당한 임금[pay]을 말함.
소(所): ~바

이(以): 하다.
소이(所以): 하는 바. 방법을 말함.
권(勸): 권면하다, 장려하다 또는 북돋다. 이때 권면이란 서로 권하면서 힘쓰도록 하는 것임.
사(士): 선비. 선비들이라는 복수로 쓰임. 이때 선비[士]는 지배층을 이루는 신분적 개념으로 아직 벼슬길에 나아가지 아니한 사람들이라는 뜻임.
야(也): ~이다. 종결형 어조사

분석

⑥때맞춰 부리고 조금 거두는 것은 모든 백성을 권면하는 방법이다.

풀이

시(時): 때를 맞추다.
사(使): 부리다.
박(薄): 조금 또는 심하지 않게. 부사
렴(斂): 거두다.
소(所): ~바
이(以): 하다.
소이(所以): 하는 바. 방법을 말함.

권(勸): 권면하다, 장려하다 또는 북돋다. 이때 권면이란 서로 권하면서 힘쓰도록 하는 것임.
백(百): 모든 또는 여러
성(姓): 백성. 피지배 계층으로 신분적 개념임.
야(也): ~이다. 종결형 어조사

분석

⑦날마다 살피고 다달이 검증하여 녹미가 일에 맞는 것은 여러 장인을 권면하는 방법이다.

풀이

일(日): 날마다. 부사
성(省): 살피다.
월(月): 다달이 또는 달마다. 부사
시(試): 검증하다 또는 검사하다.
희(旣): 녹미(祿米). 녹미란 녹봉으로 주던 쌀임. 〈희(旣)=품(稟)〉
품(稟): 녹미(祿米) 〈품(稟)=희(旣)〉

희품(旣稟): 녹미. 오늘날로 말하면 급료[pay]와 같음.
칭(稱): 맞다 또는 알맞다[fit].
사(事): 일
칭사(稱事): 일에 맞다.
소(所): ~바
이(以): 하다.

소이(所以): 하는 바. 방법을 말함.
권(勸): 권면하다, 장려하다 또는 북돋다. 이때 권면이란 서로 권하면서 힘쓰도록 하는 것임.

백(百): 모든 또는 여러
공(工): 장인
야(也): ~이다. 종결형 어조사

분석

2	1	4	3		6	5	7	10	9	8
送	往	迎	來		嘉	善	而	矜	不	能
보낼 송	갈 왕	맞이할 영	올 래		칭찬할 가	잘할 선	~하고 이	불쌍히여길 긍	못할 불	잘할 능

14		13	11	12	15
所	以	柔	遠	人	也
바 소	할 이	편안하게할 유	먼 변경 원	사람 인	~이다 야

⑧가는 사람을 보내고 오는 사람을 맞이하며 잘함을 칭찬하고 잘하지 못함을 불쌍히 여기는 것은 먼 변경에 사는 사람들을 편안하게 하는 방법이다.

풀이

송(送): 보내다.
왕(往): 가다. 왕자(往者), 즉 가는 사람이라는 뜻으로 쓰임. 왕(往)↔래(來)
영(迎): 맞이하다.
래(來): 오다. 내자(來者), 즉 오는 사람이라는 뜻으로 쓰임. 래(來)↔왕(往)
가(嘉): 칭찬하다.
선(善): 잘하다. 잘함이라는 명사로 쓰임.
이(而): ~하고. 접속사
긍(矜): 불쌍히 여기다.
불(不): 못하다.

능(能): 잘하다.
불능(不能): 잘하지 못함. 명사구로 쓰임.
소(所): ~바
이(以): 하다.
소이(所以): 하는 바. 방법을 말함.
유(柔): 편안하게 하다.
원(遠): 먼 변경
인(人): 사람. 사람들이라는 복수로 쓰임.
원인(遠人): 먼 변경에 사는 사람들
야(也): ~이다. 종결형 어조사

분석

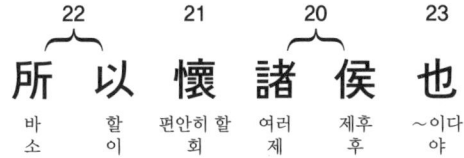

⑨끊어진 대를 이어주고 쇠망한 나라를 일으키며 난리를 다스리고 어려움을 도와주며 조빙을 때맞추어 하고 가는 사람을 후대하고 오는 사람에게는 박정한 것은 제후를 편안히 하는 방법이다.

풀이

계(繼): 이어주다.
절(絶): 끊어지다.
세(世): 대(代). 대(代)란 한 집안의 혈통과 계보를 말함.
절세(絶世): 끊어진 대(代)
거(擧): 일으키다.
폐(廢): 쇠망하다 또는 파멸하다.
국(國): 나라
폐국(廢國): 망한 제후국
치(治): 다스리다.
란(亂): 난리 또는 전쟁
지(持): 도와주다 또는 붙잡아주다.

위(危): 어려움, 위난(危難) 또는 간난(艱難)
지위(持危): 위기에서 붙들어주다.
조(朝): 뵙다. 〈뵙다≒제후(諸侯)가 천자(天子)를 알현(謁見)하다〉 이때 알현(謁見)은 신분이 높은 사람을 만난다는 뜻임.

조(朝)의 세 가지 뜻

뵙다[朝].		
① 제후가 천자를 알현하다.	② 제후끼리 회견하다.	③ 신하가 임금을 뵙다.
평가: 위 텍스트에서 조(朝)는 ①로 쓰였다.		

빙(聘): 사신을 보내다.

빙(聘)의 세 가지 뜻

사신을 보내다[聘].		
① 천자가 제후에게 사신을 보내다.	② 제후가 천자에게 사신을 보내다.	③ 제후가 제후에게 사신을 보내다.
평가: 위 텍스트에서 빙(聘)은 ②로 쓰였다.		

조빙(朝聘): 제후가 몸소 천자를 알현하거나 제후가 사신을 보내어 천자를 알현하도록 하는 것을 말함.
이(以): 하다.
시(時): 때를 맞추다.
이시(以時): 때에 맞추어 행하다.
후(厚): 후대(厚待)하다 또는 우대하다.
　　　후(厚)↔박(薄)
왕(往): 가다. 왕자(往者), 가는 사람으로 쓰임.
　　　왕(往)↔래(來)
이(而): ~하고
박(薄): 인정이 박하다 또는 박정(薄情)하다.
　　　박(薄)↔후(厚)

후박(厚薄)의 비교

후(厚)	박(薄)
후대(厚待)하다.	박대(薄待)하다.
후하게 대접한다는 뜻이다.	박하게 대접한다는 뜻이다.

래(來): 오다. 내자(來者), 즉 오는 사람으로 쓰임.
　　　래(來)↔왕(往)

왕래(往來)의 비교

왕(往)	래(來)
간다.	온다.
위 텍스트에서 가는 사람 [往者]으로 쓰였다.	위 텍스트에서 오는 사람 [來者]으로 쓰였다.

소(所): ~바
이(以): 하다.
소이(所以): 하는 바. 방법을 말함.
회(懷): 편안히 하다.
제(諸): 여러
후(侯): 제후
제후(諸侯): 큰 나라의 왕으로부터 봉토(封土)를 받아 그곳을 다스리던 소국의 군주를 말함.
야(也): ~이다. 종결형 어조사

● 구경의 작용과 효과

순번	구경(九經)	내용[content]으로서의 작용 [operation]=구경의 일[task]	작용과 효과를 연결하는 방법 [所以]으로서 다리[bridge]	효과[effect]
9	⑨구경(九經)	계절세(繼絶世) 거폐국(擧廢國) 치란지위(治亂持危) 조빙이시(朝聘以時) 후왕이박래(厚往而薄來)	소이(所以)	회제후야(懷諸侯也)
8	⑧팔경(八經)	송왕영래(送往迎來) 가선이긍불능(嘉善而矜不能)	소이(所以)	유원인야(柔遠人也)
7	⑦칠경(七經)	일성월시(日省月試) 희품칭사(旣稟稱事)	소이(所以)	권백공야(勸百工也)
6	⑥육경(六經)	시사박렴(時使薄斂)	소이(所以)	권백성야(勸百姓也)
5	⑤오경(五經)	충신중록(忠信重祿)	소이(所以)	권사야(勸士也)
4	④사경(四經)	관성임사(官盛任使)	소이(所以)	권대신야(勸大臣也)
3	③삼경(三經)	존기위(尊其位) 중기록(重其祿) 동기호악(同其好惡)	소이(所以)	권친친야(勸親親也)
2	②이경(二經)	거참원색(去讒遠色) 천화이귀덕(賤貨而貴德)	소이(所以)	권현야(勸賢也)
1	①일경(一經)	재명성복(齊明盛服) 비례부동(非禮不動)	소이(所以)	수신야(修身也)

☞ 효과는 구경의 ①부터 ⑨까지의 항목[items]을 말한다. 왜냐하면 〈내용으로서의 작용, 즉 구경의 일[事]〉을 하면, 그 효과로 구경을 달성하기 때문이다. 따라서 소이를 기준으로 보았을 때 〈A소이B〉라는 구조에서 A가 원인이 되어서 그 결과인 B를 달성하는 이치와 같다. ①일경(一經)을 예로 들어보자.

①齊明盛服 非禮不動 所以修身也
①재개하여 깨끗하게 하고 옷을 단정하게 차려 입고 예도가 아니면 행하지 않는 것은 자신을 수양하는 방법이다.

이때 〈재개하여 깨끗하게 하고 옷을 단정하게 차려 입고 예도가 아니면 행하지 않는 것은[齊明盛服 非禮不動]〉이 원인이 되어 〈자신을 수양하는 것이다[修身也]〉라는 결과가 나오는 것과 같다. 이하 ②~⑨가 모두 같은 구조인 것이다.

☞ 20-12와 20-13의 구경 버전과 20-14 구경 버전에 약간 차이가 있다. 그렇지만 둘 사이 내용에서 크게 다른 것은 없다.

● 20-12와 20-13의 구경 버전과 20-14 구경 버전 비교

순번	구경(九經)	20-12 & 20-13 버전	20-14 버전
9	⑨구경(九經)	회제후(懷諸侯)	회제후(懷諸侯)
8	⑧팔경(八經)	유원인(柔遠人)	유원인(柔遠人)
7	⑦칠경(七經)	내백공(來百工)	권백공(勸百工)
6	⑥육경(六經)	자서민(子庶民)	권백성(勸百姓)
5	⑤오경(五經)	체군신(體群臣)	권사(勸士)
4	④사경(四經)	경대신(敬大臣)	권대신(勸大臣)
3	③삼경(三經)	친친(親親)	권친친(勸親親)
2	②이경(二經)	존현(尊賢)	권현(勸賢)
1	①일경(一經)	수신(修身)	수신(修身)

논평

구경을 실현하고 싶은가. 그러면 구경의 일을 신실(信實)하게 실천하라.

원문 전석

20-15

凡爲天下國家 有九經 所以行之者 一也

무릇 온 세상에 나라를 다스리는 것에는 아홉 가지 법도가 있는데 그것을 행하는 까닭은 한결같다.

분석

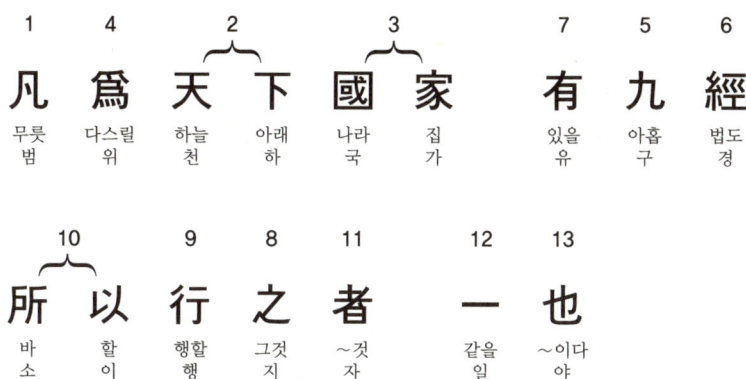

무릇 온 세상에 나라를 다스리는 것에는 아홉 가지 법도가 있는데 그것을 행하는 까닭은 한결같다.

풀이

범(凡): 무릇. 부사
위(爲): 다스리다.
천(天): 하늘
하(下): 아래
천하(天下): 하늘 아래, 즉 온 세상. 온 세상에라고 순역(順譯)함.
국(國): 나라
가(家): 집
국가(國家): 나라의 집. 합쳐서 나라로 번역함.
　☞ 동양에서 나라[國]도 집[家]의 연장으로 본다.
유(有): 있다.
구(九): 아홉[9]. 아홉 가지로 의역함.
경(經): 법도. 법도(法道)란 방법[法]으로서의 길[道]을 말함.
　☞ 구경의 자세한 내용은 20-12에 있다.
소(所): ~바
이(以): 하다.
소이(所以): ~하는 바. 까닭으로 쓰임.
　　　〈소이(所以)=까닭〉
행(行): 행하다.
지(之): 그것[it]. 구경(九經)을 가리킴.
자(者): ~것
일(一): 한결같다. 이때 한결같다라는 말은 성(誠)으로 구경(九經)을 변함없이 실천하라는 뜻임.
야(也): ~이다. 종결형 어조사

논평

구경으로 나라를 다스려라. 이때 ①일경(一經)부터 ⑨구경(九經)까지의 구경은 하나의 세트로 전체가 완결성을 갖는다. 이것이 바로 구경의 작용은 같다는 뜻이다.

제20장

원문 전석

> 凡事豫則立 不豫則廢 言前定則不跲
> 事前定則不困 行前定則不疚 道前定則不窮

20-16

모든 일을 사전에 대비하면 확고히 서고 사전에 대비하지 않으면 파멸한다. 말이 미리 정해지면 막히지 않고 일이 미리 정해지면 괴로움을 겪지 않는다. 행위가 미리 정해지면 근심으로 괴로워하지 않고 방법이 미리 정해지면 고생하지 않는다.

분석

1	2	3	4	5	7	6	8	9
凡	事	豫	則	立	不	豫	則	廢
모든	일	사전에 대비할	~면	확고히 설	않을	사전에 대비할	~면	파멸할
범	사	예	즉	립	불	예	즉	폐

모든 일을 사전에 대비하면 확고히 서고 사전에 대비하지 않으면 파멸한다.

풀이

범(凡): 모든[all]

사(事): 일

범사(凡事): 모든 일. 〈오달도+삼달덕+구경〉을 말함.
☞ 오달도와 삼달덕은 20-8에 구경은 20-12에 있다.

예(豫): 사전에 대비하다.

즉(則): ~면

립(立): 확고히 서다.

불(不): ~않다.

예(豫): 사전에 대비하다.

즉(則): ~면

폐(廢): 파멸하다 또는 쇠망하다.

분석

1	2	3	4	6	5	7	8	9	10	12	11
言	前	定	則	不	跲	事	前	定	則	不	困
말 언	미리 전	정해질 정	~면 즉	않을 불	막힐 겁	일 사	미리 전	정해질 정	~면 즉	않을 불	괴로움을 겪을 곤

1	2	3	4	6	5	7	8	9	10	12	11
行	前	定	則	不	疚	道	前	定	則	不	窮
행위 행	미리 전	정해질 정	~면 즉	않을 불	근심으로 괴로워할 구	방법 도	미리 전	정해질 정	~면 즉	않을 불	고생할 궁

말이 미리 정해지면 막히지 않고 일이 미리 정해지면 괴로움을 겪지 않는다. 행위가 미리 정해지면 근심으로 괴로워하지 않고 방법이 미리 정해지면 고생하지 않는다.

풀이

언(言): 말
전(前): 미리. 부사
정(定): 정해지다.
즉(則): ~면
불(不): ~않다.
겁(跲): 막히다.
사(事): 일
전(前): 미리. 부사
정(定): 정해지다.
즉(則): ~면
불(不): ~않다.
곤(困): 괴로움을 겪다, 고생하다, 곤궁하다.
행(行): 행위 또는 행실

전(前): 미리. 부사
정(定): 정해지다.
즉(則): ~면
불(不): ~않다.
구(疚): 근심으로 괴로워하다 또는 슬퍼하고 근심하다.
도(道): 방법
전(前): 미리. 부사
정(定): 정해지다.
즉(則): ~면
불(不): ~않다.
궁(窮): 고생하다 또는 어려움을 겪다.

논평

내용이 나이브하지만 그 속에 진리가 숨어 있다.

원문 전석

在下位 不獲乎上 民不可得而治矣 獲乎上有道
不信乎朋友 不獲乎上矣 信乎朋友有道 不順乎親
不信乎朋友矣 順乎親有道 反諸身不誠
不順乎親矣 誠身有道 不明乎善 不誠乎身矣

20-17 신하의 지위에 있으면서 임금에게 인정받지 못하면 백성들을 얻어서 다스릴 수 없다. 임금에게 인정받는 데에는 방법이 있는데 벗과 벗에게 믿음직하지 않고서 임금에게 인정받지 못한다. 벗과 벗에게 믿음직하는 데에는 방법이 있는데 어버이에게 온순하지 않고서 벗과 벗에게 믿음직하지 못하다. 어버이에게 온순한 데에는 방법이 있는데 자신에게 돌이켜 생각하여 참되게 하지 않고서는 어버이에게 온순하지 못한다. 자신을 참되게 하는 데에는 방법이 있는데 선을 밝히지 않고서 자신을 참되게 하지는 못한다.

분석

신하의 지위에 있으면서 임금에게 인정받지 못하면 백성들을 얻어서 다스릴 수 없다.

풀이

재(在): 있다.
하(下): 신하. 신하의로 쓰임.
위(位): 지위[position]
불(不): 못하다. 뒤의 본동사를 부정함.
획(獲): 인정받다.
호(乎): ~에게[to]
상(上): 임금[王·king]
민(民): 백성. 백성들이라는 복수임. 이때 민(民)은 백성들을이라는 목적어로 쓰임.

불(不): 없다. 뒤의 조동사를 부정함.
가(可): ~할 수 있다.
불가(不可): ~할 수 없다.
득(得): 얻다.
이(而): ~해서. 순접의 어조사
치(治): 다스리다.
의(矣): ~이다. 추측을 나타내는 종결형 어조사
☞ 20-6에도 위 텍스트가 있다. 이때 20-6을 연문(衍文), 즉 쓸데없이 들어간 문장으로 본다.

상하민(上下民)의 비교

상(上)	상(上)에 위치	지배자로서의 최고 통치자	임금[上]
하(下)	중(中)에 위치	지배계층으로서의 중간 관리자	신하[下]
민(民)	하(下)에 위치	피지배자 계층	백성[民]

상(上)과 하(下)의 번역 비교

상(上)	하(下)
기존 번역: 윗사람[上]	기존 번역: 아랫사람[下] 또는 아래의
맥락적 의미: 임금[上]	맥락적 의미: 신하[下]
평가: 기존 번역서를 열람하면 모두 상(上)을 윗사람으로 하(下)를 아랫사람으로 번역하고 있다. 그러나 이렇게 나이브한 번역은 텍스트의 맥락을 완전 무시한 것이다. 여기도 대표적인 오역의 생산기지다!	

〈깜짝 퀴즈 27〉
위 텍스트에서 하(下)와 상(上)에 대한 옳은 번역은 어느 것인가? (   )
① 신하와 임금   ② 아랫사람과 윗사람

정답: ①

분석

3　2　1　5　4
獲　乎　上　有　道
인정받을　~에게　임금　있을　방법
획　　호　　상　　유　　도

10　9　8　6　7　　14　13　12　11　15
不　信　乎　朋　友　　不　獲　乎　上　矣
않을　믿음직할　~에게　벗　벗　　못할　인정받을　~에게　임금　~이다
불　　신　　　호　　봉　우　　불　　획　　　호　　상　　의

임금에게 인정받는 데에는 방법이 있는데 벗과 벗에게 믿음직하지 않고서 임금에게 인정받지 못한다.

풀이

획(獲): 인정받다.
호(乎): ~에게[to]
상(上): 임금
유(有): 있다.
도(道): 방법
불(不): ~않다.
신(信): 믿음직하다.
호(乎): ~에게[to]
붕(朋): 벗
우(友): 벗
붕우(朋友): 벗과 벗

붕우(朋友)의 비교

붕(朋)	우(友)
같은 스승 밑에서 동문수학한 벗[同門]	그렇지는 않지만 뜻을 함께 나누는 벗[同志]

불(不): 못하다.
획(獲): 인정받다.
호(乎): ~에게[to]
상(上): 임금[王·king]
의(矣): ~이다. 단정의 종결형 어조사

분석

信 乎 朋 友 有 道
(4) 믿음직할 신 / (3) ~에게 호 / (1) 벗 붕 / (2) 벗 우 / (6) 있을 유 / (5) 방법 도

不 順 乎 親　不 信 乎 朋 友 矣
(10) 않을 불 / (9) 온순할 순 / (8) ~에게 호 / (7) 어버이 친 / (15) 못할 불 / (14) 믿음직할 신 / (13) ~에게 호 / (11) 벗 붕 / (12) 벗 우 / (16) ~이다 의

벗과 벗에게 믿음직하는 데에는 방법이 있는데 어버이에게 온순하지 않고서 벗과 벗에게 믿음직하지 못하다.

풀이

신(信): 믿다.
호(乎): ~에게
붕(朋): 벗
우(友): 벗
붕우(朋友): 벗과 벗
유(有): 있다.
도(道): 방법
불(不): ~않다.
순(順): 온순하다.

호(乎): ~에게
친(親): 어버이[parent]
불(不): ~않다.
신(信): 믿다.
호(乎): ~에게
붕(朋): 벗
우(友): 벗
붕우(朋友): 벗과 벗
의(矣): ~이다. 단정의 종결형 어조사

분석

3	2	1	5	4
順	乎	親	有	道
온순할 순	~에게 호	어버이 친	있을 유	방법 도

9	7/8	6	11	10	15	14	13	12	16
反	諸	身	不	誠	不	順	乎	親	矣
돌이켜 생각할 반	지어 저	자신 신	않을 불	참되게 할 성	못할 불	온순할 순	~에게 호	어버이 친	~이다 의

어버이에게 온순한 데에는 방법이 있는데 자신에게 돌이켜 생각하여 참되게 하지 않고서는 어버이에게 온순하지 못한다.

풀이

순(順): 온순하다.
호(乎): ~에게[to]
친(親): 어버이[parent]
유(有): 있다.
도(道): 방법
반(反): 돌이켜 생각하다.
저(諸): 어조사로 지어(之於)의 뜻임. 〈저(諸)=지어(之於)〉 이때 지(之)는 대명사로 그것[it]인데 그것은 법(法), 즉 방법을 말하고 어(於)는 전치사로 ~에게[to]의 뜻임.

신(身): 자신[self]
불(不): ~않다.
성(誠): 참되게 하다 또는 정성스럽게 하다.
불(不): 못하다.
순(順): 온순하다 또는 거스르지 아니하다.
호(乎): ~에게[to]
친(親): 어버이[parent]
의(矣): ~이다. 단정의 종결형 어조사

분석

2	1	4	3
誠	身	有	道
참되게 할 성	자신 신	있을 유	방법 도

8	7	6	5	12	11	10	9	13
不	明	乎	善	不	誠	乎	身	矣
않을 불	밝힐 명	~을 호	좋을 선	못할 불	참되게 할 성	~을 호	자신 신	~이다 의

자신을 참되게 하는 데에는 방법이 있는데 선을 밝히지 않고서 자신을 참되게 하지는 못한다.

풀이

성(誠): 참되게 하다 또는 정성스럽게 하다.
신(身): 자신[self]
유(有): 있다.
도(道): 방법
불(不): ~않다.
명(明): 밝히다.
호(乎): ~을. 목적격 조사
선(善): 좋다. 좋음[善]이라는 명사로 쓰임. 이때 선(善)이란 이치를 따르고 법도[道]에 맞는 완전무결한 작용[德]임.

불(不): 못하다.
성(誠): 참되게 하다 또는 정성스럽게 하다.
호(乎): ~을. 목적격 조사
신(身): 자신[self]
의(矣): ~이다. 단정의 종결형 어조사

논평

벗과 벗에게 믿음직하라. 어버이에게 온순하라. 자신을 항상 반성하고 선을 밝혀라. 이러한 것들이 진실무망의 마음으로 기본이 되어야 임금에게 신임을 받게 되리라.

제20장

원문 전석

20-18

誠者 天之道也 誠之者 人之道也 誠者 不勉而中 不思而得 從容中道 聖人也 誠之者 擇善而固執之者也

성이란 하늘의 도이다. 그것을 정성스럽게 하는 것은 사람의 도이다. 성이란 힘쓰지 않아도 들어맞고 원하지 않아도 알맞은 것으로 자연스럽고 태연하게 천도에 맞는 것은 성인이다. 천도를 정성스럽게 하는 사람은 선을 가려서 반드시 선을 지키는 사람이다.

분석

1	2	3	4	5	6
誠	者	天	之	道	也
천도 성	~이란 자	하늘 천	~의 지	작용 도	~이다 야

성이란 하늘의 도이다.

풀이

성(誠): 천도(天道). 〈성(誠)≒천도(天道)〉이 성(誠)이 자사철학의 추기[樞機·핵심]를 이룬다. 성의 개념을 정의해보자. 나이브하게 말하면 성(誠)을 일반적으로 〈정성(精誠) 성〉으로 푼다. 모든 사전에 그러하다. 이때 정(精)은 진심 또는 참됨이라는 뜻이고 성(誠)은 순수한 마음 또는 참마음 또는 진심이라는 뜻이다. 이렇게 놓고 보면 정(精)과 성(誠)은 진심 또는 참마음의 동어반복인 셈이다. 〈정성(精誠)=정(精)+성(誠)=진심(眞心)+진심(眞心)〉

그러나 자사가 말하는 성(誠)의 개념은 정성과 같은 정감의 뉘앙스가 묻어나는 그런 개념이 결코 아니다! 이때의 성(誠)은 오로지 〈천도 성〉이다!

성(誠)의 정의
성(誠)은 천도(天道)다.
평가: 자사의 철학에서 성(誠)과 천도(天道)는 서로 호환하는 개념이다. 성≒천도

자(者): ~이란
천(天): 하늘
지(之): ~의
도(道): 작용. 천도를 말함. 〈도(道)=천도(天道)〉

천지도(天之道): 하늘의 작용, 즉 천도를 말함. 풀어 말하면 하늘의 도이고 짧게 말하면 천도다.
야(也): ~이다. 종결형 어조사

〈깜짝 퀴즈 28〉
20-18에서 말하는 성(誠)이란 다음 중 어느 것인가? (   )
① 정성 ② 참마음 ③ 진심 ④ 천도

정답: ④

분석

2	1	3	4	5	6	7
誠	之	者	人	之	道	也
정성스럽게할	그것	것	사람	~의	도리	~이다
성	지	자	인	지	도	야

그것을 정성스럽게 하는 것은 사람의 도이다.

풀이

성(誠): 정성스럽게 하다, 참되게 하다 또는 성실하게 하다.
지(之): 그것[it]. 천도를 가리킴. 〈지(之)=천도(天道)〉
☞ 성지(誠之)는 그것, 즉 천도(天道)를 정성스럽게 한다는 뜻이다. 이 말이 도대체 무슨 뜻인가? 그전에 천도가 무엇인지 알아야 한다. 우리는 위에서 성(誠)이 순박하게 정성(精誠)이라는 뜻이 아니라 천도임을 알았다. 그렇다면 천도란 무엇인가?

● 천도(天道)의 두 가지 의미

천도(天道)	
사전적 의미	철학적 의미
자연이 순환하고 변화하는 법칙	원·형·이·정(元亨利貞)

평가: 동양철학, 특히 유가철학에는 자연현상을 보고 여기다 철학적 의미를 부여하는 독특한 전통이 있다. 천도도 이런 전통의 연장이다. 동양인들, 그들은 자연을 면밀히 관찰해보니 봄→여름→가을→겨울이 돌고 돌며 그 안에서 변화가 드러남을 보았다. 이런 질서에 똑같이 철학적 옷을 입힌다. 이래서 탄생한 것이 원·형·이·정(元亨利貞)이다. 『주역』「건괘」의 선언문이 이 대목을 언표(言表)한다. 이때 그들은 봄을 원에 배속하였고, 여름을 형에 배속하였으며, 가을을 이에 배속시켜 두었고, 겨울을 정에 배속시켜 두었다. 봄—원, 여름—형, 가을—이, 겨울—정으로 말이다.

아래 그림 7과 그림 8을 참고하라. 그리고 그림 9는 그러한 천도의 질서 체계 안에서 인도가 편입해 있음을 보여준다.

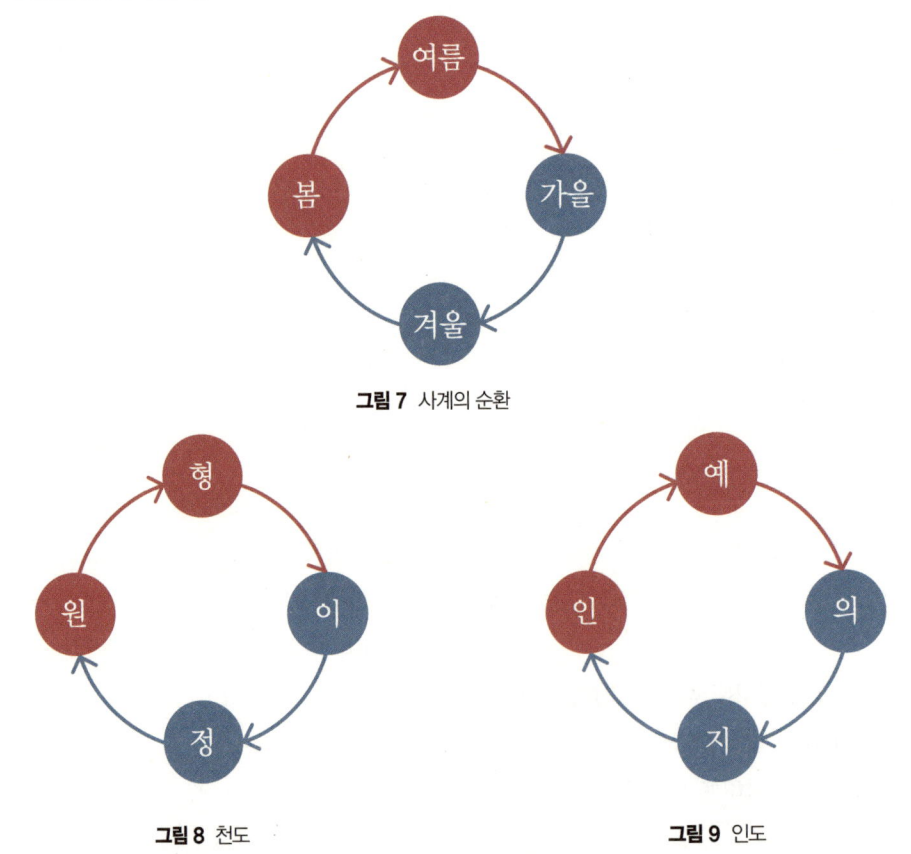

그림 7 사계의 순환

그림 8 천도   **그림 9** 인도

☞ 청색은 음의 세계를 뜻하고 적색은 양의 세계를 말한다.

● **사계·천도·인도의 셋업**

사계(四季)의 배열	춘(春)	하(夏)	추(秋)	동(冬)
천도(天道)의 배열	원(元)	형(亨)	이(利)	정(貞)
인도(人道)의 배열	인(仁)	예(禮)	의(義)	지(智)

이렇게 해서 천도가 원·형·이·정임을 알았다. 그러면 성지(誠之)란 원·형·이·정을 정성스럽게 한다가 된다. 다음과 같이 말이다.

성지(誠之)	
성(誠)	지(之)
정성스럽게 하다	그것[it], 즉 원형이정

우리는 위에서 봄·여름·가을·겨울의 운동성이 원·형·이·정과 같다는 것을 보았다. 그렇다면 봄·여름·가을·겨울의 운동을 정성스럽게 한다라는 뜻이 성지(誠之)일까? 여기에는 숨은 맥락이 들어있다.

● **천인합일(天人合一)의 패러다임**

A코드	B코드
천도(天道)	인도(人道)
원·형·이·정(元亨利貞)	인·예·의·지(仁禮義智)
성(誠)	성지(誠之)

평가: A코드와 B코드가 합쳐서 하나가 된다! 이것이 이른바 천인합일(天人合一)이다. 이것이 유가철학(Confucian philosophy)의 핵심을 이루는 패러다임이다. 즉, 자연의 법칙과 인간의 당위 법칙을 하나의 틀 속에서 설명해내는 매우 독특한 패러다임이다. 자 보라. 저 자연의 쉼 없는 운동을 말이다. 그 자연 속에 인간인 우리도 포함되어 있다. 따라서 우리 인간도 자연의 일부로 자연이라는 동일률의 규칙 아래에서 살아갈 뿐이다.

천인합일(天人合一)의 관점에서 보면 천도, 즉 원·형·이·정(元亨利貞)을 정성스럽게 한다는 것의 속뜻[inner meaning]은 인·예·의·지(仁禮義智)를 정성스럽게 한다는 말이다. 〈원·형·이·정을 정성스럽게 한다≒인·예·의·지를 정성스럽게 한다〉 그러므로 원·형·이·정을 정성스럽게 한다라고 읽고, 인·예·의·지를 정성스럽게 한다라고 이해하는 것과 같다. 사계가 순서를 어기지 않은 채, 봄→여름→가을→겨울로 순환하며 반복 운동을 거듭한다. 이러한 질서 속에서 천도가 원→형→이→정으로 운동을 거듭한다. 그 작용으로 만물이-싹이-트고[元], 성장해[亨], 열매를-수확하고[利], 그 열매를 저장한다[貞]. 이러한 법칙은 너무나 진실하여-거짓이-없다[眞實-無-妄]! 우리도 저와 같이 진실무망으로 무장한 채 인·예·의·지(仁禮義智)대로 살아야 한다.

> <깜짝 퀴즈 29>
> 이와 같은 유학의 패러다임을 사자성구로 무엇이라 하는가? (   )
> ① 천인동거 ② 천인합일 ③ 천인평행 ④ 천인합동
>
> 정답: ②

자(者): ~것
인(人): 사람
지(之): ~의
도(道): 도리. 인도(人道)를 말함.
인지도(人之道): 사람의 도리. 줄이면 인도(人道)임. 이때 인도란 사람이 마땅히 따라야 할 길로 인·예·의·지(仁禮義智)가 대표적이다.
야(也): ~이다.

성(誠)과 성지(誠之)의 비교

성(誠)	성지(誠之)
천도(天道) =원·형·이·정(元亨利貞)	인도(人道) =인·예·의·지(仁禮義智)
이때 성(誠)은 명사 [성=천도]	이때 성(誠)은 동사이고 지(之)는 그것으로 인·예·의·지를 가리킨다. 따라서 성지(誠之)란 인의예지를 정성스럽게 한다는 뜻이다.
자가 발전으로 스스로 돌아가는 것	인위적으로 힘들여 노력해야 돌아가는 것

분석

1	2	4	3	5	6
誠	者	不	勉	而	中
천도 성	사람 자	않을 불	힘쓸 면	~해도 이	들어맞을 중

8	7	9	10	11	12	14	13	15	16	17
不	思	而	得	從	容	中	道	聖	人	也
않을 불	원할 사	~해도 이	알맞을 득	느긋할 종	느긋할 용	알맞을 중	천도 도	성인 성	사람 인	~이다 야

천도의 사람이란 힘쓰지 않아도 들어맞고 원하지 않아도 알맞은 것으로 자연스럽고 태연하게 천도에 맞아 성인이다.

풀이

성(誠): 천도. 성(誠)≒천도(天道). 이때 성(誠)은 천도의라는 뜻으로 쓰임.
☞ 20-18을 보라.
자(者): 사람
성자(誠者): 천도의 사람, 순역(順譯)하면 천도에서 사는 사람을 말함.
불(不): ~않다.
면(勉): 힘쓰다 또는 애쓰다.
이(而): ~해도 또는 ~하여도
중(中): 들어맞다, 걸맞다, 맞다, 적중하다, 일치하다, 적합하다. 이러한 모든 것을 영어로 표현하면 suitable이다. 중(中)≒be suitable
불(不): ~않다.
사(思): 원하다 또는 바라다.
이(而): ~해도 또는 하여도
득(得): 알맞다, 적중하다, 적합하다. 득(得)≒중(中)
종(從): 느긋하다.
용(容): 느긋하다.

종용(從容): 자연스럽고 태연한 모양 또는 안온하게 조화로운 모양. 여기서 종용은 〈자연스럽고 태연하게[naturally and easily]〉라는 부사임.
중(中): 들어맞다, 걸맞다, 맞다, 적중하다, 일치하다, 적합하다. 이러한 모든 것을 영어로 표현하면 suitable이다. 중(中)≒be suitable
도(道): 천도. 성(誠)을 말함.
☞ 20-18을 보라.
성(聖): 성인(聖人)
인(人): 사람
성인(聖人): 천도(天道)에 사는 사람.
　　　성인(聖人)≒성자(誠者)
야(也): ~이다.

성자(誠者)의 두 가지 뜻

성자(誠者)	
① 성자(誠者): 20-18	② 성자(誠者): 20-18
성(誠)이란	천도(天道)에 사는 사람

분석

2	1	3	5	4	6	7	9	8	10	11
誠	之	者	擇	善	而	固	執	之	者	也
정성스럽게할 성	그것 지	사람 자	가릴 택	좋을 선	~해서 이	반드시 고	지킬 집	그것 지	사람 자	~이다 야

천도를 정성스럽게 하는 사람은 선을 가려서 반드시 선을 지키는 사람이다.

풀이

성(誠): 정성스럽게 하다, 참되게 하다, 성실하게 하다. 정성스럽게 한다라는 것은 온 마음을 다해서 실천한다는 말임.

지(之): 그것[it]. 천도를 말하고 더 구체적으로 말하면 천도를 기준삼아 인도가 그 천도에 합일하도록 하는 것을 말함.

자(者): 사람

택(擇): 가리다, 좋은 것을 가려서 뽑다, 가려서 구분하다.

선(善): 좋다. 좋음[goodness]인데 선(善)이란 이치를 따르고 법도[道]에 맞는 완전무결한 작용[德]이다. 더 정확히 말하면 이 맥락에서 선은 원·형·이·정의 운동처럼 우리가 불선(不善)으로 궤도를 이탈하지 않고, 인·예·의·지(仁禮義智)를 완벽하게 구현하는 것을 말한다. 이때 불선을 악으로도 볼 수 있는데 이렇게 보면 선/악 이분법에 빠질 수 있기 때문에 선에서 궤도를 이탈한다는 의미에서 불선(不善)이라 하겠다.

● 선(善)과 불선(不善)의 정의

선(善)	불선(不善)
사계가 순환하며 반복한다. 천도도 이와 같이 원·형·이·정으로 순환과 반복을 거듭한다. 이와 같은 방식으로 인간도 인·예·의·지의 질서 안에서 인·예·의·지를 탈선하지 않으면서 인·예·의·지를 구현하는 것이 바로 선(善)이다.	하지만 불선은 인간이 인·예·의·지라는 마땅히 따라야 할 길, 즉 인도(人道)를 따르지 않고, 다시 말해 인도라는 궤도를 이탈하여 살아가는 것을 말한다.
평가: 율곡은 불선을 악으로 간주했다. 그러나 이렇게 선/악의 구도로 설정하면 자칫 이분법의 함정에 빠질 수 있다. 이때 이분법은 서로 배척하는 자폐구조로 나아갈 수 있다. 이런 점 때문에 경계해야 한다. 악을 불선이라 놓으면 불선으로 궤도를 이탈했을 때 언제라도 다시 인·예·의·지라는 정상 궤도로 유연한 복귀가 가능하기 때문에 이분의 자폐 구조를 극복하기 쉽다.	

이(而): ~해서

고(固): 당연히, 반드시, 진실로, 확실히. 부사

집(執): 지키다.

지(之): 그것[it]. 선(善)을 가리킴.

자(者): 사람

야(也): ~이다. 종결형 어조사

성지자(誠之者)의 두 가지 뜻

성지자(誠之者)	
① 성지자(誠之者): 20-18	② 성지자(誠之者): 20-18
천도를 정성스럽게 하는 것	천도를 정성스럽게 하는 사람

〈깜짝 퀴즈 30〉
『중용』 풀 텍스트 중에서 가장 중요한 두 곳은 어디인가? (,   )

정답: 1-1, 20-18

논평

성(誠)과 성지(誠之)를 구별해서 알라. 그러면 그 순간 우리는 성인의 반열에 우뚝 설 수 있으리라.

원문 전석

20-19

博學之 審問之 愼思之 明辨之 篤行之

널리 그것을 배우고 자세히 그것을 묻고 진실로 그것을 생각하고 확실하게 그것을 분별하고 오로지 그것을 행하라.

분석

1	3	2	4	6	5	7	9	8
博	學	之	審	問	之	愼	思	之
널리 박	배울 학	그것 지	자세히 심	물을 문	그것 지	진실로 신	생각할 사	그것 지

10	12	11	13	15	14
明	辨	之	篤	行	之
확실하게 명	분별할 변	그것 지	오로지 독	행할 행	그것 지

널리 그것을 배우고 자세히 그것을 묻고 진실로 그것을 생각하고 확실하게 그것을 분별하고 오로지 그것을 행하라.

> **풀이**

박(博): 널리. 부사
학(學): 배우다.
지(之): 그것[it]. 성지(誠之)를 가리킴.
심(審): 자세히. 부사
문(問): 묻다.
지(之): 그것[it]. 성지(誠之)를 가리킴.
신(愼): 진실로. 부사
사(思): 생각하다.

지(之): 그것[it]. 성지(誠之)를 가리킴.
명(明): 확실하게. 부사
변(辨): 분별하다.
지(之): 그것[it]. 성지(誠之)를 가리킴.
독(篤): 오로지. 부사.
행(行): 행하다.
지(之): 그것[it]. 성지(誠之)를 가리킴.

● 성지(誠之)의 조목(條目) 다섯 가지

성지(誠之)의 항목[items]		
①학(學)	박학지(博學之)	널리 그것을 배워라
②문(問)	심문지(審問之)	자세히 그것을 물어라
③사(思)	신사지(愼思之)	진실로 그것을 생각하라
④변(辨)	명변지(明辨之)	확실하게 그것을 분별하라
⑤행(行)	독행지(篤行之)	오로지 그것을 행하라

평가: ①~④는 선(善)을 아는 것을 주로 하는 것이요, ⑤는 아는 선을 바탕으로 선을 실천하는 것에 초점이 있다.

☞ 성지(誠之)에 대해 다시 보고 싶으면 20-18을 참고하라.

> **논평**

성지를 알고 성지를 실천하라!

원문 전석

有弗學 學之 弗能弗措也 有弗問 問之
弗知弗措也 有弗思 思之 弗得弗措也 有弗辨
辨之 弗明弗措也 有弗行 行之 弗篤弗措也
人一能之 己百之 人十能之 己千之

20-20 배우지 않음이 있을지언정 그것을 배울 때에는 잘하지 못함을 그만두지 않는다.
묻지 않음이 있을지언정 그것을 물을 때에는 알지 못함을 그만두지 않는다.
생각하지 않음이 있을지언정 그것을 생각할 때에는 깨닫지 못함을 그만두지 않는다.
분별하지 않음이 있을지언정 그것을 분별할 적에는 밝히지 못함을 그만두지 않는다.
행하지 않음이 있을지언정 그것을 행할 때에는 충실하지 못함을 그만두지 않는다.
남이 한 번에 그것을 할 수 있으면 자신은 그것을 백 번하며 남이 열 번에 그것을 할 수 있다면 자신은 그것을 천 번한다.

분석

3	2	1	5	4	7	6	9	8	10
有	弗	學	學	之	弗	能	弗	措	也
있을	않을	배울	배울	그것	못할	잘할	않을	그만둘	~이다
유	불	학	학	지	불	능	부	조	야

배우지 않음이 있을지언정 그것을 배울 때에는 잘하지 못함을 그만두지 않는다.

풀이

유(有): 있다. ~있을지언정으로 쓰임.
불(弗): ~않다.
학(學): 배우다.

불학(弗學): 배우지 않음.
학(學): 배우다.
지(之): 그것[it]. 성지(誠之)를 가리킴.

☞ 성지(誠之)를 보려면 20-18을 참조하라. 이하 모두 같다.

불(弗): 못하다.
능(能): 잘하다.
불능(弗能): 잘하지 못함. 명사구로 쓰임.
부(弗): ~않다.
조(措): 그만두다.
야(也): ~이다. 종결형 어조사

불(弗)~불(弗)~의 구조 분석

……불능부조야(弗能弗措也)	
1차 부정	2차 부정
불능(弗能): 잘하지 못함을	부조야(弗措也): 그만두지 않는다.
정리: 이중부정으로 강한 긍정을 뜻한다. 직역하면 잘하지 못함을 그만두지 않는다. 의역하면 이 문구는 〈잘할 때까지 계속 한다〉는 뜻이다.	

삼불(三弗)의 풀이

有〈ⓐ弗〉學 學之〈ⓑ弗〉能〈ⓒ弗〉措也 ⓐ … 불(弗) … ⓑ … 불(弗) … ⓒ … 불(弗) …		
ⓐ弗: 않을 불	ⓑ弗: 못할 불	ⓒ弗: 않을 불

분석

```
  3   2   1   5   4   7   6   9   8   10
  有  弗  問  問  之  弗  知  弗  措  也
 있을 않을 물을 물을 그것 못할 알 않을 그만둘 ~이다
  유  불  문  문  지  부  지  부  조   야
```

묻지 않음이 있을지언정 그것을 물을 때에는 알지 못함을 그만두지 않는다.

풀이

유(有): 있다. ~있을지언정으로 쓰임.
불(弗): ~않다.
문(問): 묻다.
불문(弗問): 묻지 않음. 명사구로 쓰임.
문(問): 묻다.
지(之): 그것[it]. 성지(誠之)를 가리킴.

부(弗): 못하다.
지(知): 알다.
부지(弗知): 알지 못함. 명사구로 쓰임.
부(弗): ~않다.
조(措): 그만두다.
야(也): ~이다. 종결형 어조사

불(弗) ~ 불(弗) ~ 의 구조 분석

······ 부지부조야(弗知弗措也)	
1차 부정	2차 부정
부지(弗知): 알지 못함을	부조야(弗措也): 그만두지 않는다.

정리: 이중부정으로 강한 긍정을 뜻한다. 직역하면 알지 못함을 그만두지 않는다. 의역하면 이 문구는 〈알 때까지 계속 한다〉는 뜻이다.

분석

3	2	1	5	4	7	6	9	8	10
有	弗	思	思	之	弗	得	弗	措	也
있을 유	않을 불	생각할 사	생각할 사	그것 지	못할 부	깨달을 득	않을 부	그만둘 조	~이다 야

생각하지 않음이 있을지언정 그것을 생각할 때에는 깨닫지 못함을 그만두지 않는다.

풀이

유(有): 있다. ~있을지언정으로 쓰임.

불(弗): ~않다.

사(思): 생각하다.

불사(弗思): 생각하지 않음. 명사구로 쓰임.

사(思): 생각하다.

지(之): 그것[it]. 성지(誠之)를 가리킴.

부(弗): 못하다.

득(得): 깨닫다.

부득(弗得): 깨닫지 못함. 명사구로 쓰임.

부(弗): ~않다.

조(措): 그만두다.

야(也): ~이다. 종결형 어조사

불(弗) ~ 불(弗) ~ 의 구조 분석

······ 부득부조야(弗得弗措也)	
1차 부정	2차 부정
부득(弗得): 깨닫지 못함을	부조야(弗措也): 그만두지 않는다.

정리: 이중부정으로 강한 긍정을 뜻한다. 직역하면 깨닫지 못함을 그만두지 않는다. 의역하면 이 문구는 〈깨달을 때까지 계속 한다〉는 뜻이다.

분석

3	2	1	5	4	7	6	9	8	10
有	弗	辨	辨	之	弗	明	弗	措	也
있을 유	않을 불	분별할 변	분별할 변	그것 지	못할 불	밝힐 명	않을 부	그만둘 조	~이다 야

분별하지 않음이 있을지언정 그것을 분별할 적에는 밝히지 못함을 그만두지 않는다.

풀이

유(有): 있다. ~있을지언정으로 쓰임.
불(弗): ~않다.
변(辨): 분별하다.
불변(弗辨): 분별하지 않음. 명사구로 쓰임.
변(辨): 분별하다.
지(之): 그것[it]. 성지(誠之)를 가리킴.
불(弗): 못하다.
명(明): 밝히다.
불명(弗明): 밝히지 못함. 명사구로 쓰임.
부(弗): ~않다.

조(措): 그만두다.
야(也): ~이다. 종결형 어조사

불(弗) ~ 불(弗) ~ 의 구조 분석

…… 불명부조야(弗明弗措也)	
1차 부정	2차 부정
불명(弗明): 밝히지 못함을	부조야(弗措也): 그만두지 않는다.

정리: 이중부정으로 강한 긍정을 뜻한다. 직역하면 밝히지 못함을 그만두지 않는다. 의역하면 이 문구는 〈밝힐 때까지 계속 한다〉는 뜻이다.

분석

3	2	1	5	4	7	6	9	8	10
有	弗	行	行	之	弗	篤	弗	措	也
있을 유	않을 불	행할 행	행할 행	그것 지	못할 부	충실할 독	않을 부	그만둘 조	~이다 야

행하지 않음이 있을지언정 그것을 행할 때에는 충실하지 못함을 그만두지 않는다.

풀이

유(有): 있다. ~있을지언정으로 쓰임.
불(弗): ~않다.
행(行): 행하다.
불행(弗行): 행하지 않음. 명사구로 쓰임.
행(行): 행하다.
지(之): 그것[it]. 성지(誠之)를 가리킴.
부(弗): 못하다.
독(篤): 충실하다 또는 돈독하다.
부독(弗篤): 충실하지 못함. 명사구로 쓰임.
부(弗): ~않다.

조(措): 그만두다.
야(也): ~이다. 종결형 어조사

불(弗) ~ 불(弗) ~ 의 구조 분석

…… 부독부조야(弗篤弗措也)	
1차 부정	2차 부정
부독(弗篤): 충실하지 못함을	부조야(弗措也): 그만두지 않는다.
정리: 이중부정으로 강한 긍정을 뜻한다. 직역하면 충실하지 못함을 그만두지 않는다. 의역하면 이 문구는 〈충실할 때까지 계속 한다〉는 뜻이다.	

분석

1	2	4	3	5	7	6
人	一	能	之	己	百	之
남 인	한 번 일	할 수 있을 능	그것 지	자신 기	백 번 할 백	그것 지

8	9	11	10	12	14	13
人	十	能	之	己	千	之
남 인	열 번 십	할 수 있을 능	그것 지	자신 기	천 번 할 천	그것 지

남이 한 번에 그것을 할 수 있으면 나는 그것을 백 번하며 남이 열 번에 그것을 할 수 있다면 나는 그것을 천 번한다.

풀이

인(人): 남[others]
일(一): 한 번에. 부사
능(能): 할 수 있다.

지(之): 그것[it]. 성지(誠之)를 가리킴.
기(己): 자신[self]. 나를 말함.
백(百): 백 번하다.

지(之): 그것[it]. 성지(誠之)를 가리킴.
인(人): 남[others]
십(十): 열 번에. 부사
능(能): 할 수 있다.
지(之): 그것[it]. 성지(誠之)를 가리킴.
기(己): 자신[self]. 나를 말함.

천(千): 천 번하다.
지(之): 그것[it]. 성지(誠之)를 가리킴.

기(己)와 인(人)의 비교

기(己)	인(人)
자신 또는 나	남
내	남
종합: 기(己)와 인(人)이 한 맥락에서 동시에 쓰일 때 기(己)는 자신으로서의 나[self]를 말하고 인(人)은 사람이 아니라 남[others]을 뜻한다. 이렇게 나와 남을 한 단어로 내남이라 부른다.	

논평

성지(誠之)를 아는 것—①학지(學之), ②문지(問之), ③사지(思之), ④변지(辨之)—과 성지(誠之)를 실천하는 것—⑤행지(行之)—을 남이 한 번 하면 나는 백 번 할 것이요, 남이 열 번 하면 나는 천 번해야 하리라.

원문 전석

20-21

果能此道矣 雖愚必明 雖柔必强

과연 이러한 방법을 할 수 있는가? 비록 어리석어도 반드시 성취하고 비록 약하더라도 반드시 강성하게 한다.

분석

1	4	2	3	5
果	能	此	道	矣
과연	할수있을	이	방법	~인가?
과	능	차	도	의

1/3	2	4	5	6/8	7	9	10
雖	愚	必	明	雖	柔	必	强
비록~일지라도	어리석을	반드시	성취할	비록~일지라도	약할	반드시	강성하게할
수	우	필	명	수	유	필	강

과연 이러한 방법을 할 수 있는가? 비록 어리석어도 반드시 성취하고 비록 약하더라도 반드시 강성하게 한다.

풀이

과(果): 과연 또는 진실로. 부사

능(能): 할 수 있다.

차(此): 이[this]. 이러한이라는 뜻임.

도(道): 방법

차도(此道): 이러한 방법. 차도(此道)는 성지(誠之)를 아는 것―①학지(學之), ②문지(問之), ③사지(思之), ④변지(辨之)―과 ⑤성지(誠之)를 실천하는 것―행지(行之)―을 뜻함.

의(矣): ~인가? 또는 ~느냐? 의문형 어조사

수(雖): 비록 ~일지라도

우(愚): 어리석다.

필(必): 반드시. 부사

제20장

명(明): 이루다[成也] 또는 성취하다.
수(雖): 비록 ~하더라도
유(柔): 약하다.
필(必): 반드시. 부사
강(强): 강성하게 하다 또는 강대하게 하다 혹은 강해지다.

명(明)과 강(强)의 비교

명(明)	강(强)
이루다 또는 성취하다.	강성하게 하다 또는 강대하게 하다.
선(善)을 가린 공효(功效)로 성지(誠之)를 이루다[擇善].	당연히 선(善)을 지킨 효과로 성지(誠之)가 강해지다[固執].

☞ 20-21, 이곳도 역시 전형적인 오역의 생산기지다! 이를 구체적으로 보도록 하자.

〈오역 버전 1〉
과연 이 방도를 능히 행하면 아무리 어리석은 사람일지라도 반드시 이치가 밝아질 것이며, 아무리 유약한 사람일지라도 반드시 의지가 굳건해질 것입니다(한길사, 『중용』, 2014, 164쪽).

〈오역 버전 2〉
과연 이 道(방법)에 능하면 비록 어리석으나 반드시 밝아지며, 비록 柔弱하나 반드시 강해진다(한국인문고전연구소, 『현토신역부안설중용집주』, 2016, 185쪽).

〈오역 버전 3〉
진실로 이러한 방법대로 실행할 수 있다면, 비록 어리석을지라도 반드시 밝아지고 비록 유약할지라도 반드시 강해질 것이다(민음사, 『중용』, 2017, 100쪽).

☞ 세 오역 버전에 대한 촌평(寸評): 첫째, 문법구조를 무시하고 너무 자의적으로 번역했다. 둘째, 결정적으로 세 버전이 마치 약속이나 한 듯이 어조사 의(矣)를 ~한다면[if]이라는 가정절로 번역한 점이다. 문법 구조로 보면 의(矣)는 〈~인가? 또는 ~이겠는가?〉를 뜻하는 의문형의 종결형 어조사이다! 그래서 이때 의(矣)는 호(乎)와 호환한다. 〈의(矣)≒호(乎)〉로 말이다. 이런 문법 구조분석의 전거(典據)는 다음과 같다: 〈『교학 대한한사전』(교학사, 2005), 2225쪽.〉

논평
성지(誠之)의 성과와 효력을 말하고 있다.

제21장

21-1 自誠明 謂之性 自明誠 謂之敎 誠則明矣
明則誠矣

참마음에 의한 본성이 밝음, 그것을 성품이라 말하고 본성의 밝힘에 의하여 참되게 함, 그것을 가르침이라 말한다. 참마음의 상태가 되도록 하면 본성이 밝다. 본성이 밝으면 참마음의 상태가 된다.

원문 전석

21-1

自誠明 謂之性 自明誠 謂之教 誠則明矣 明則誠矣

참마음에 의한 본성이 밝음, 그것을 성품이라 말하고 본성의 밝힘에 의하여 참되게 함, 그것을 가르침이라 말한다. 참마음의 상태가 되도록 하면 본성이 밝다. 본성이 밝으면 참마음의 상태가 된다.

분석

2	1	3	6	4	5	8	7	9	12	10	11
自	誠	明	謂	之	性	自	明	誠	謂	之	敎
~에 의한	참마음	본성이 밝음	말할	그것	본성	~에 의한	본성의 밝힘	참되게 함	말할	그것	가르침
자	성	명	위	지	성	자	명	성	위	지	교

참마음에 의하여 본성이 밝음, 그것을 본성이라 말하고 본성의 밝힘에 의하여 참되게 함, 그것을 가르침이라 말한다.

풀이

자(自): ~에 의한 또는 ~에 의하여[by]. 전치사

성(誠): 참마음, 진심(眞心) 또는 순수한 마음.
  성(誠)≒진심(眞心)

명(明): 본성이 밝다. 〈본성이-밝음〉이라는 명사로 쓰임.

〈깜짝 퀴즈 31〉
우리 마음이 참마음[誠]의 상태일 때 우리 마음의 본성은 밝은 상태일까 아니면 어두운 상태일까?
① 밝은 상태   ② 어두운 상태   (   )

정답: ①

위(謂): 말하다.
지(之): 그것[it]. 그것을이라는 목적격으로 쓰임. 자성명(自誠明)을 가리킴.
성(性): 본성 또는 성품

〈자성명(自誠明)위지성(謂之性)〉의 구조

자성명(自誠明)위지성(謂之性)
A 위지(謂之) B A: 자성명(自誠明), B: 성(性)
A, 그것을 B라 말한다.
평가: 그렇다면 결국 A와 B가 같다는 뜻이다. A=B, 자성명(自誠明)=성(性), 참마음에 의한 본성의 밝음=성품 또는 본성

〈자성명(自誠明)위지성(謂之性)〉와 같이 복잡한 구조를 다음과 같이 평이한 문장 구조로 변경해보자.

〈자성명(自誠明)위지성(謂之性)〉의 버전 교체

원문: 자성명위지성(自誠明謂之性)
번역: 참마음에 의한 본성의 밝음, 그것을 성품이라 말한다.

↓

교체한 원문: 성시명자성(性是明自誠)
교체한 원문의 번역: 본성 또는 성품은 참마음에 의한 본성의 밝음이다.

이렇게 〈자성명위지성(自誠明謂之性)→성시명자성(性是明自誠)〉으로 말이다. 따라서 〈성시명자성(性是明自誠)〉은 〈자성명위지성(自誠明謂之性)〉과 같은 의미의 다른 표현이다.

성시명자성(性是明自誠)의 분석

```
 1    5    4    3    2
 性   是   明   自   誠
본성또는 ~이다 본성의 ~에의한 참마음
성품      밝음           성
성         명    자
```

자(自): ~에 의한 또는 ~에 의하여[by]. 전치사
명(明): 본성을 밝히다. 본성의 밝힘이라는 명사로 쓰임. 의도적 노력을 통해서 본성을 밝힌다는 의미임.

명(明)의 두 가지 의미

명(明)	
자성명(自誠明)에서의 명(明): 상태 명!	자명성(自明誠)에서의 명(明): 작용 명!
뜻: 본성이 밝음 평가: 이때 명(明)은 상태를 나타낸다.	뜻: 본성의 밝힘 평가: 이때 명(明)은 의도적이자 외부적인 노력으로 본성이 밝음의 상태를 유지하거나 본성이 밝음의 상태로 가기 위한 작위적 활동을 나타낸다.

성(誠): 참되게 하다, 정성스럽게 하다 또는 성실하게 하다. 참되게 함이라는 명사로 쓰임.
위(謂): 말하다.
지(之): 그것[it]. 그것을이라는 목적격으로 쓰임. 그것은 자명성(自明誠)을 가리킴.
교(敎): 가르치다. 가르침[teaching]이라는 명사로 쓰임.
☞ 교(敎)의 구체적 내용을 알고자 하면 1-1의 수도지위교(修道之謂敎)을 참고하라.

〈자명성(自明誠)위지교(謂之敎)〉의 구조

자명성(自明誠)위지교(謂之敎)
A 위지(謂之) B A: 자성명(自明誠), B: 교(敎)
A, 그것을 B라 말한다.
평가: 그렇다면 결국 A와 B가 같다는 뜻이다. A=B, 자명성(自明誠)=교(敎), 본성의 밝힘에 의한 참되게 함=가르침

또한 〈자명성(自明誠)위지교(謂之敎)〉와 같이 복잡한 구조를 다음과 같이 평이한 문장 구조로 변경해보자.

〈자명성(自明誠)위지교(謂之敎)〉의 버전 교체

원문: 자명성위지성(自明誠謂之敎)
번역: 본성의 밝힘에 의한 참되게 함, 그것을 가르침이라 말한다.

↓

교체한 원문: 교시성자명(敎是誠自明)
교체한 원문의 번역: 가르침은 본성의 밝힘에 의한 참되게 함이다

이렇게 〈자명성위지교(自明誠謂之敎)→교시성자명(敎是誠自明)〉으로 말이다. 따라서 〈교시성자명(敎是誠自明)〉은 〈자명성위지교(自明誠謂之敎)〉과 같은 의미의 다른 표현이다.

성(誠)의 두 가지 의미

성(誠)	
자성명(自誠明)에서의 성(誠): 상태 성!	자명성(自明誠)에서의 성(誠): 작용 성!
뜻: 참마음 평가: 이때 성(誠)은 상태를 나타낸다.	뜻: 참되게 함 평가: 이때 성(誠)은 의도적이자 외부적인 노력으로 참마음의 상태를 유지하거나 참마음의 상태로 가기 위한 작위적 활동을 나타낸다.

성(性)과 교(敎)의 두 맥락 비교

성(性)		교(敎)	
① 드러난 맥락	② 숨은 맥락	① 드러난 맥락	② 숨은 맥락
성(性) =자성명(自誠明)	천도(天道) =성(誠)	교(敎) =자명성(自明誠)	인도(人道) =성지(誠之)

〈교시성자명(敎是誠自明)〉의 분석

1	5	4	3	2
敎	是	誠	自	明
가르침 교	~이다 시	참되게 함 성	~에 의한 자	본성의 밝힘 명

〈깜짝 퀴즈 32〉

자성명(自誠明)에 대하여 아래 물음에 답을 해보시오.

㈎ 음과 훈을 달아 보시오.

㈏ 뜻을 쓰시오.

㈐ 이것을 무엇과 연결시킬 수 있는가?

정답:

㈎ 自: ~에 의한 자, 誠: 참마음 성, 明: 본성이 밝음 명

㈏ 참마음에 의한 본성이 밝음

㈐ 천도(天道)

〈깜짝 퀴즈 33〉

자명성(自明誠)에 대하여 아래 물음에 답을 해보시오.

㈎ 음과 훈을 달아 보시오.

㈏ 뜻을 쓰시오.

㈐ 이것은 무엇과 연결시킬 수 있는가?

정답:

㈎ 自: ~에 의한 자, 明: 본성의 밝힘 명, 誠: 참되게 함 성

㈏ 본성의 밝힘에 의한 참되게 함

㈐ 인도(人道)

위의 두 퀴즈의 핵심만 짚어보겠다. 이를 표현하면 아래와 같다.

〈1〉 성(性)≒성(誠)≒자성명(自誠明)≒천도(天道)≒원·형·이·정(元亨利貞)
〈2〉 교(敎)≒명(明)≒자명성(自明誠)≒인도(人道)≒인·예·의·지(仁禮義智)

지금부터 저와 같은 방식—〈1〉과 〈2〉—으로 왜 서로 호환이 가능한지 파헤치도록 하자. 먼저 〈1〉을 보자. 맨 처음 성(性)이 나온다. 이때 성(性)은 무엇일까? 여기서 성(性)은 본성 또는 품성이라는 뜻인데, 인간의 본성 또는 품성을 말하는 것일까? 그렇지 않다. 다음을 보면 우리가 성(性)이 무엇인지 짐작할 수 있다. 〈1〉에 곧바로 성(性)≒성(誠)으로 이어지고 있는데 성(誠)이 무엇인가? 이에 대한 답으로 자사(子思)는 이렇게 말한다: 〈성(誠)이란 천도(天道)다(『중용(中庸)』 20-18).〉 이것을 보면 성(性)은 하늘의 본성 또는 품성, 즉 천성(天性)임을 우리가 알 수 있다. 따라서 성은 하늘의 본성이다. 성시천성야(性是天性也)! 이럴 때 본성은 본래[本]-그러함[然]을 말한다. 그러니까 하늘의 본래-그러함이 하늘의 본성이 되는 셈이다.

〈깜짝 퀴즈 34〉

다음 중에서 하늘의 본래-그러함이 무엇인가? (   )

① 맑은 날 하늘을 보면 하늘이 파랗다.
② 하늘은 땅과 더불어 원·형·이·정으로 반복 순환 운동을 한다.

정답: ②

이렇듯 하늘의 본성은 위의 퀴즈 ①번과 같은 물리 천[sky]을 말하는 것이 아니다. 하늘이 원·형·이·정으로 운동하고, 땅도 그와 동일률의 법칙 위에서 원·형·이·정으로 운동한다. 이것이 『주역』「건괘」와「곤괘」에서 말하는 하늘과 땅의 운동 사이클인 것이다. 그런데 주의할 점이 있다. 천도를 말할 때 지도를 동시에 말하지 않고 천도만을 말하는 것은 지도가 천도와 같이 동일한 법칙 안에 있어서 그 대표로 천도만을 말하는 것이다.

하늘이 운동한다.
어떻게?
원·형·이·정(元亨利貞)으로!

이때 운동한다는 것은 순환한다는 뜻이다. 이를 두고 『주역』의 25번째 괘인 「천뢰무망(天雷无妄)」은 이렇게 말한다. 〈하늘[天]이 순환한다[雷]. 그래서 무망(无妄)이다.〉 이러한 괘상(卦象), 즉 심벌마크는 아래와 같다.

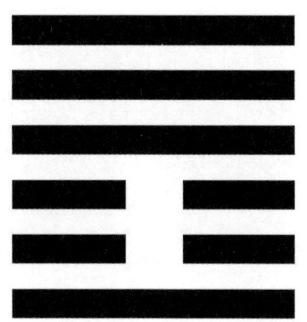

☰ 天: 하늘
☳ 雷: 동야(動也), 즉 움직인다 또는 순환한다.

☞ 구체적 내용을 알고 싶으면 다음 책을 참고해도 좋다.
• 서명석, 『설괘전』, 용인: 책인숲, 2015, 112쪽.

다시 여기에 〈1〉을 소환해보자. 〈성(性)≒성(誠)≒자성명(自誠明)≒천도(天道)≒원·형·이·정(元亨利貞)〉 지금까지 나는 〈1〉에서 자성명(自誠明)을 제외하고 그 의미를 모두 밝혀두었다. 이제 남은 것은 자성명(自誠明)이다. 이것은 〈성(誠)에 의하여[自] 밝다[明]〉라는 뜻이다. 성(誠)이 천도(天道)이기 때문에 원·형·이·정(元亨利貞)으로 운동한다. 이러한 사실은 천도(天道)의 본래-그러함[本-然]인 본성이다. 그러므로 하늘[天]이 원·형·이·정으로 순환하다[動也]는 것은 〈거짓이-없다[无妄]〉. 이것이 이른바 천뢰무망(天雷无妄)이다!

하늘의 운동 양상
- 봄[春]→여름[夏]→가을[秋]→겨울[冬]

여기에다 철학적 의미를 가미하여 그 이름을 바꾼다. 이렇게 해서 탄생한 것이 아래이다.
- 원(元)→형(亨)→이(利)→정(貞)

☞ 원·형·이·정의 철학적 의미는 『주역』「건괘」〈문언전〉에 있으니 그곳을 참고해도 좋다. 더 자세한 것을 알고 싶으면 다음 책을 참고하라. 황준연, 『실사구시로 읽는 주역』, 파주: 서광사, 2009, 89-109쪽.

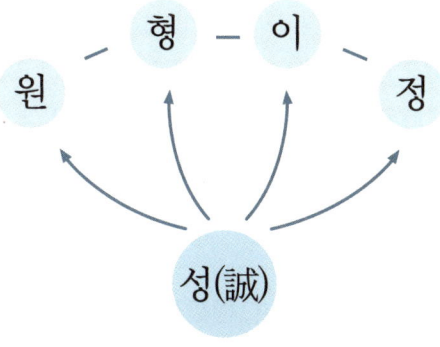

성 def.: 원·형·이·정으로 돌아가도록
에너지를 제공하는 동력원

그림 10 성(誠)의 이미지

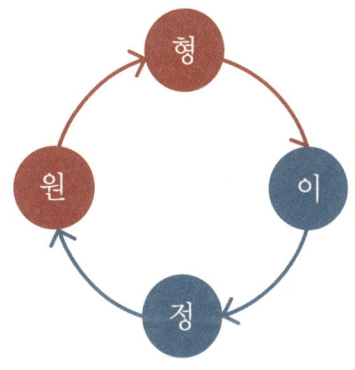

그림 8 천도

위 그림 10을 보자. 여기서 성(誠)이란 그림 8과 같이 하늘[天]이 원·형·이·정으로 돌아가도록 에너지를 제공하는 동력원의 역할을 한다. 그러나 이러한 풀이는 어디까지나 〈비유적 설명(metaphor)〉이지 전기 자동차의 배터리같이 물리적 차원을 말하지 않는다. 성(誠), 너는 도대체 누구냐?

- 누가 그렇게 운동하라고 시키지도 않았는데 하늘은 변함없이 그렇게 운동한다.
- 또 운동의 순서도 절대 어기지 않고 한 치의 오차도 없이 하늘은 원래 순서대로 반복하며 순환한다.
- 이것이 바로 성(誠)의 이미지다!

바로 성(誠)의 이러한 점 때문에 선학들은 천뢰무망으로 감정이입[感情移入·empathy]하여 성(誠)을 바라본다. 〈천뢰무망(天雷无妄)→진실무망(眞實无妄)〉 그러므로 성(誠)의 이미지가 너무나 〈진실해서-거짓이-없다[眞實-无-妄]! 이런 성(誠)을 의인화해서 그 성(誠)에 우리 마음을 불어넣고 선학들이 이 성(誠)을 참마음 또는 진심(眞心)이라고 명명했던 것이리라.
☞ 〈성(誠): 참마음[眞心] 성(『교학 대한한사전』, 2005, 3034쪽.)〉

〈자성명(自誠明)〉을 다시 보자. 〈자성명(自誠明): 참마음에 의해 본성이 밝다.〉

$$\underset{\substack{\sim\text{에 의한} \\ \text{자}}}{自} \quad \underset{\substack{\text{참마음} \\ \text{성}}}{\overset{1}{誠}} \quad \underset{\substack{\text{본성이 밝을} \\ \text{명}}}{\overset{3}{明}}$$

(위 순서: 2 1 3)

이미 나는 참마음이 성(誠)이라는 점을 위에서 말했다. 이 시점에서 그림 10과 그림 8을 다시 바라볼 필요가 있다. 여기서 성(誠)이 제대로 작동하고 있으면 원·형·이·정(元亨利貞)이 맞물려 작동한다. 이것은 본성이면서 자명한 사실이다. 이 때문에 본성이 밝다라고 말하는 것이다. 그러므로 이러한 논리를 수학적으로 표시하면 다음과 같다. 〈본성이 밝다≒하늘[天]의 본성[性]이 원·형·이·정(元亨利貞)으로 운동한다는 것은 자명하다〉

〈2〉 교(敎)≒명(明)≒자명성(自明誠)≒인도(人道)≒인·예·의·지(仁禮義智)

이제 〈2〉를 보자. 인도(人道)와 인·예·의·지(仁禮義智)가 왜 호환하는지 더 말할 필요가 없다. 하여간 〈2〉에서 저와 같은 호환 코드를 푸는 키워드는 명(明)에 있다. 이때 명(明)이란 동사로 읽으면 〈본성을 밝히다〉라는 뜻인데 더 정확하게 말하면 〈본성을-밝히도록-시키다〉라는 뜻이다. 이러한 해석은 〈본성을-밝히도록-시킨다〉는 사역동사의 의미가 강하다. 그래서 또다시 〈본성을-밝히도록-시킨다〉는 것은 〈본성을-밝히도록-가르친다〉는 의미로 변주해 나아간다. 이를 다시 정리하면 아래와 같다.

명(明)의 의미와 변주

명(明)
원뜻: 본성을 밝히다.
↓
변주 1: 본성을 밝히도록 시키다.
↓
변주 2: 본성을 밝히도록 가르치다.

☞ ↓는 변주하며 내려감을 뜻한다.

이렇게 놓고 〈변주 2〉를 명사형으로 바꾸면 〈본성을 밝히도록 가르침〉이 된다. 이때 〈본성을 밝히도록 가르침〉을 더 줄이면 〈가르침〉이 된다. 그러므로 〈교(教)≒명(明)〉은 이렇게 풀린다. 이제 남은 것은 〈자명성(自明誠)〉이다.

$$\underset{\text{자}}{\underset{2}{\text{自}}} \quad \underset{\text{명}}{\underset{1}{\text{明}}} \quad \underset{\text{성}}{\underset{3}{\text{誠}}}$$

~에 의한 본성의 밝힘 참되게 할

이를 번역해보자. 〈자명성(自明誠): 본성의 밝힘에 의해 참되게 하다〉 위에서 해명한 바와 같이 〈본성의 밝힘〉은 〈본성을-밝히도록-가르침〉이므로 {〈본성을-밝히도록-가르침〉에 의하여 참되게 하다}가 이른바 〈자명성(自明誠)〉인 것이다. 즉, {〈본성을-밝히도록-가르침〉에 의하여 참되게 하다}=〈자명성(自明誠)〉 그런데 참되게 하다는 또다시 아래와 같이 변주를 거듭한다.

참되게 하다[誠]의 변주 방식

성(誠)
원뜻: 참되게 하다.
↓
변주 1: 참마음이 되게 하다.
↓
변주 2: 성(誠)이 되게 하다.

☞ ↓는 변주하며 내려감을 뜻한다.

결국 자명성(自明誠)에서 본성을-밝히도록-하는-가르침[明]이 원인이 되어 〈참마음, 즉 성(誠)이-되게-함〉이라는 결과를 수확한다. 이것이 자명성(自明誠)이 그리는 세계라고 평가할 수 있다. 그리고 이 자명성(自明誠)이 결국 교(敎)의 세계를 구축하는데 이때 교(敎)란 〈본성을-밝히도록-가르쳐서-참마음이-되게-함〉이다.

나는 위에서 자명성(自明誠)이 성지라고 말한 적이 있다. 왜 이런 말이 가능할까? 그것은 다음 그림 11을 보면 알 수 있다.

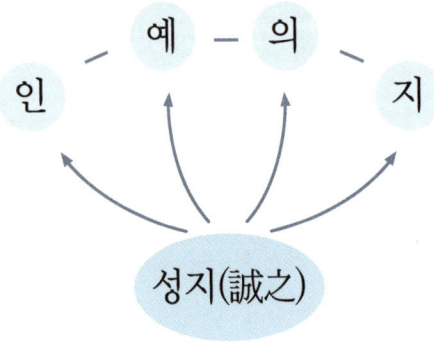

성 def.: 인·예·의·지의 사덕을 실현하기 위해
작동하는 의도적이며 적극적인 노력

그림 11 성지(誠之)의 이미지

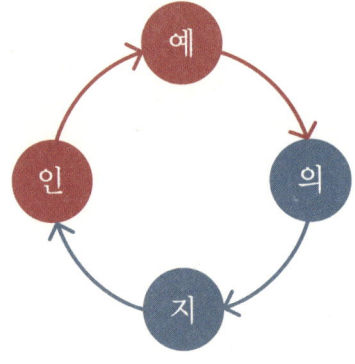

그림 9 인도

- 원·형·이·정(元亨利貞)이 천도의 코드라면, 인·예·의·지(仁禮義智)는 인도의 코드이다.
- 원·형·이·정의 순환운동이 자연적인 본래[本]-그러함[然]이라면 인·예·의·지는 원·형·이·정같이 자연적이지 않고 오로지 의지로 그렇게 해야 하는, 즉 인간이-마땅히-따라야-하는[當]-그러함[然]이다.
- 그런데 인·예·의·지의 실천을 위해서는 인위적인 노력이 부단히 필요하다.
- 이러한 활동이 성지(誠之)이자 성지(誠之)의 이미지다!

여기서 본성을 밝히도록 가르친다는 것은 저와 같은 성지(誠之)의 세계에서 살아가라는 명령이요, 그 결과로 참마음[誠]을 획득하는 것이리라.

☞ 여기서 조심할 것이 있다. 성인(聖人)은 천도(天道)—원·형·이·정(元亨利貞)—와 인도(人道)—인·예·의·지(仁禮義智)—가 인위적인 노력이 없어도 완벽하게 하나가 된 삶—천인합일의 경지—을 살아간다. 그러나 실제 이러한 사람은 매우 드물다.

분석

1	2	3	4
誠	則	明	矣
참되게 할 성	~면 즉	본성이 밝을 명	~이다 의

1	2	3	4
明	則	誠	矣
본성이 밝을 명	~면 즉	참되게 할 성	~이다 의

참마음의 상태가 되도록 하면 본성이 밝다. 본성이 밝으면 참마음의 상태가 된다.

풀이

성(誠): 참되게 하다. 참마음의 상태가 되도록 하다 라고 순역(順譯)함.

즉(則): ~면. 접속사

명(明): 본성이 밝다.

의(矣): ~이다. 추측과 가능성을 나타내는 종결형 어조사

명(明): 본성이 밝다.

즉(則): ~면. 접속사

성(誠): 참되게 하다. 참마음의 상태가 된다라고 순역(順譯)함.

의(矣): ~이다. 추측과 가능성을 나타내는 종결형 어조사

성즉명(誠則明)과 명즉성(明則誠) 구조 분석

성즉명(誠則明)	명즉성(明則誠)
A이면 B이다. A=성(誠), B=명(明)	B이면 A이다. B=명(明), A=성(誠)
따라서 A=B 또는 B=A, 성(誠)=명(明) 또는 명(明)=성(誠)	
평가: A가 원인이면 B가 결과가 되고, B가 원인이 되면 A가 결과가 된다. 최종적으로 A와 B, 즉 성(誠)과 명(明)은 같다.	

논평

성(性)과 교(敎), 성(誠)과 명(明), 이것들의 관계는 오로지 천도(天道)와 인도(人道)의 관계이자 성(誠)과 성지(誠之)의 관계인 것이다.

제21장

제22장

22-1 惟天下至誠 爲能盡其性 能盡其性 則能盡人之性 能盡人之性 則能盡物之性 能盡物之性 則可以贊天地之化育 可以贊天地之化育 則可以與天地參矣

오직 온 세상의 지극한 참마음만이 그 본성을 다할 수 있게 되고 그 본성을 다할 수 있으면 사람의 본성을 다할 수 있다. 사람의 본성을 다할 수 있으면 만물의 본성을 다할 수 있다. 만물의 본성을 다할 수 있으면 천지의 화육을 도울 수 있다. 천지의 화육을 도울 수 있으면 천지와 더불어 참여할 수 있다.

원문 전석

22-1

惟天下至誠 爲能盡其性 能盡其性
則能盡人之性 能盡人之性 則能盡物之性
能盡物之性 則可以贊天地之化育
可以贊天地之化育 則可以與天地參矣

오직 온 세상의 지극한 참마음만이 그 본성을 다할 수 있게 되고
그 본성을 다할 수 있으면 사람의 본성을 다할 수 있다.
사람의 본성을 다할 수 있으면 만물의 본성을 다할 수 있다.
만물의 본성을 다할 수 있으면 천지의 화육을 도울 수 있다.
천지의 화육을 도울 수 있으면 천지와 더불어 참여할 수 있다.

분석

오직 온 세상의 지극한 참마음만이 그 본성을 다할 수 있게 되고 그 본성을 다할 수 있으면 사람의 본성을 다할 수 있다.

제22장

풀이

유(唯): 오직 ~만이. 부사
천(天): 하늘
하(下): 아래
천하(天下): 하늘 아래. 온 세상을 말함.
지(至): 지극하다. 지극한, 최고의 또는 가장 좋은 등의 뜻으로 쓰임.
성(誠): 참마음 또는 진심(眞心)
지성(至誠): 지극한 참마음 또는 지극한 마음 또는 진심. 이러한 마음을 가지고 있는 사람을 특별히 성인(聖人)이라 부름. 따라서 지성(至誠)은 성인(聖人)의 마음인 셈이다.
위(爲): 되다.
능(能): ~할 수 있다.
진(盡): 다하다. 최고의 상태에 이르게 하거나 그 상태를 지속적으로 유지하는 것을 말함.

기(其): 그
성(性): 본성
능(能): ~할 수 있다.
진(盡): 다하다. 최고의 상태에 이르게 하거나 그 상태를 지속적으로 유지하는 것을 말함.
기(其): 그
성(性): 본성
즉(則): ~면[if]. 접속사
능(能): ~할 수 있다.
진(盡): 다하다. 최고의 상태에 이르게 하거나 그 상태를 지속적으로 유지하는 것을 말함.
인(人): 사람
지(之): ~의
성(性): 본성

분석

5	4	1	2	3	6	11	10	7	8	9
能	盡	人	之	性	則	能	盡	物	之	性
~할수있다	다할	사람	~의	본성	~면	~할수있다	다할	만물	~의	본성
능	진	인	지	성	즉	능	진	물	지	성

사람의 본성을 다할 수 있으면 만물의 본성을 다할 수 있다.

풀이

능(能): ~할 수 있다.
진(盡): 다하다. 최고의 상태에 이르게 하거나 그 상태를 지속적으로 유지하는 것을 말함.

인(人): 사람
지(之): ~의
성(性): 본성

즉(則): ~면[if]. 접속사
능(能): ~ 할 수 있다.
진(盡): 다하다. 최고의 상태에 이르게 하거나 그 상태를 지속적으로 유지하는 것을 말함.
물(物): 만물. 사람과 동식물을 포함하며 하늘과 땅 사이에 존재하는 생명을 가지고 있는 모든 것[all-things]을 말함.
지(之): ~의
성(性): 본성

분석

만물의 본성을 다할 수 있으면 천지의 화육을 도울 수 있다.

풀이

능(能): ~ 할 수 있다.
진(盡): 다하다. 최고의 상태에 이르게 하거나 그 상태를 지속적으로 유지하는 것을 말함.
물(物): 만물. 사람과 동식물을 포함하며 하늘과 땅 사이에 존재하는 생명을 가지고 있는 모든 것[all-things]을 말함.
지(之): ~의
성(性): 본성
즉(則): ~면[if]. 접속사
가(可): ~ 할 수 있다.

이(以): 하다.
가이(可以): ~ 할 수 있다.
찬(贊): 돕다.
천(天): 하늘
지(地): 땅
천지(天地): 하늘과 땅. 우주(宇宙), 세계 또는 세상이라는 뜻이다. 그 중에서 우주는 우리가 사는 공간의 집[宇=地=space]과 시간의 집[宙=天=time]을 말함.
지(之): ~의

화(化): 태어나다, 자라다 또는 생장(生長)하다.
육(育): 기르다.

화육(化育): 천지자연이 만물을 낳고 길러서 자라게 하는 것을 말함.

분석

천지의 화육을 도울 수 있으면 천지와 더불어 참여할 수 있다.

풀이

가(可): ~할 수 있다.
이(以): 하다.
가이(可以): ~할 수 있다.
찬(贊): 돕다.
천(天): 하늘
지(地): 땅
천지(天地): 하늘과 땅. 우주(宇宙), 세계 또는 세상이라는 뜻임. 그 중에서 우주는 우리가 사는 공간의 집[宇=地=space]과 시간의 집[宙=天=time]을 말함.
지(之): ~의
화(化): 태어나다, 자라다 또는 생장(生長)하다.
육(育): 기르다.
화육(化育): 천지자연이 만물을 낳고 길러서 자라게 하는 것을 말함.
즉(則): ~면[if]. 접속사
가(可): ~할 수 있다.
이(以): 하다.
가이(可以): ~할 수 있다.
여(與): ~와 더불어
천(天): 하늘
지(地): 땅
천지(天地): 하늘과 땅. 우주(宇宙), 세계 또는 세상이라는 뜻임. 그 중에서 우주는 우리가 사는 공간의 집[宇=地=space]과 시간의 집[宙=天=time]을 말함.
참(參): 참여하다.
의(矣): ~이다. 단정을 뜻하는 종결형 어조사

● 삼재(三才)와 만물의 도[道·원리 또는 작용]

삼재(三才)의 도(道)와 만물[物]의 도(道)			
삼재(三才)			만물[物]
①천(天)	천도(天道): 하늘의 본성=하늘의 참마음[至誠]		만물의 도[物道]: 만물의 본성 =만물의 참마음 [①천도+③인도+②지도]
③인(人)	인도(人道): 사람의 본성=사람의 참마음		
②지(地)	지도(地道): 땅의 본성=땅의 참마음		
평가: ①, ③, ②의 본성은 모두 같다. 그러나 각자 위상이 다를 뿐이다! 이것이 이른바 이일분수(理一分殊)로 유학의 기본 강령이다.			

☞ 삼재를 말할 때 인간, 즉 사람은 하늘과 땅 사이에 존재하기 때문에 가운데에 배치하지만, 읽을 때는 천지인—①②③—의 순서로 읽는다. 22-1이 말하고자 하는 핵심적 아이디어를 수학식으로 나타내면 아래와 같다.

$$만물의\ 도 = 본성\left(\frac{1_1}{천도} + \frac{1_2}{지도} + \frac{1_3}{인도}\right) \times 화육$$

$1_{1\sim3}$: 분모의 위상

논평

성인(聖人)의 본성[性]이 지성(至誠)이다. 이때 지성이란 지극한 참마음이다. 인간도 이러한 참마음을 가졌고 만물도 마찬가지이다. 그럴 때 하늘과 땅 사이에 태어나 자라는데 그 본성대로 각자 화육(化育)에 참여할 수 있다. 이것은 모두 천도(天道)의 작용이다. 이런 천도를 인간도 공유하는 것이요, 더 나아가 만물도 공유하는 것이다.

제23장

23-1
其次致曲 曲能有誠 誠則形 形則著 著則明
明則動 動則變 變則化 惟天下至誠爲能化

그 다음 세세한 일을 극진하게 하는 것인데 세세한 일도 참되게 함에 있을 수 있다. 참되게 하면 나타나고 나타나면 두드러지고 두드러지면 확실하고 확실하면 감동시키고 감동시키면 변하고 변하면 감화시킨다. 오직 온 세상의 지극한 참마음만이 감화시킬 수 있게 된다.

원문 전석

其次致曲 曲能有誠 誠則形 形則著 著則明
明則動 動則變 變則化 唯天下至誠爲能化

23-1

그 다음 세세한 일을 극진하게 하는 것인데 세세한 일도 참되게 함에 있을 수 있다. 참되게 하면 나타나고 나타나면 두드러지고 두드러지면 확실하고 확실하면 감동시키고 감동시키면 변하고 변하면 감화시킨다. 오직 온 세상의 지극한 참마음만이 감화시킬 수 있게 된다.

분석

1	2	4	3	5	8	7	6
其	**次**	**致**	**曲**	**曲**	**能**	**有**	**誠**
그	다음	극진하게 할	부분	부분	~할수있다	보유할	참되게 할
기	차	치	곡	곡	능	유	성

그 다음 세세한 일을 극진하게 하는 것인데 세세한 일도 참되게 함을 보유할 수 있다.

풀이

기(其): 그
차(次): 다음
기차(其次): 그 다음. 성인(聖人)보다 아래 수준에 있는 사람이 현인(賢人)임. 그 다음[其次]은 현인을 포함하여 그 이하 아직 참다움[誠]의 경지에 이르지 못한 모든 사람을 말함.

치(致): 극진하게 하다 또는 지극히 하다.
곡(曲): 부분[part], 일부분 또는 세세한 일
곡(曲): 부분[part], 일부분 또는 세세한 일
능(能): ~ 할 수 있다.
유(有): 보유하다 또는 보전하여 소유하다.
성(誠): 참되게 하다. 참되게 함이라는 목적어로 쓰임.

그림 12 전체[全]와 부분[曲]

☞ 위 그림은 전체[all]와 부분[part]을 나타낸다. 이때 곡(曲)은 원래 전체 중에서 그 일부분이라는 뜻이다. 위 그림으로 보면 오른 쪽 하단 점선으로 처리된 부분같이 말이다. 인도로 예를 들어보겠다. 인도(人道)에서 〈인(仁)+예(禮)+의(義)+지(智)〉가 통째─인·예·의·지(仁禮義智)─로 인도의 전체를 형성한다면 각각 인, 예, 의, 지는 인(仁)이라는 곡(曲), 예(禮)라는 곡(曲), 의(義)라는 곡(曲), 지(智)라는 곡(曲)을 구성한다.

〈치곡(致曲)의 예시〉
예시 1: 타인을 상대할 때 남을 해치려는 마음 없이 참마음이 충만하여 인(仁)을 쓰는 것은 일종의 인(仁)의 치곡(致曲)이다.
예시 2: 사적 이익을 취하는 상황에서 이(利)를 물리치는 참마음이 충만해져 의(義)를 취하는 것도 또 하나 의(義)의 치곡(致曲)이다.

분석

1	2	3	4	5	6	7	8	9	10	11	12
誠	則	形	形	則	著	著	則	明	明	則	動
참되게 할 성	~면 즉	나타날 형	나타날 형	~면 즉	두드러질 저	두드러질 저	~면 즉	확실할 명	확실할 명	~면 즉	감동시킬 동

13	14	15	16	17	18
動	則	變	變	則	化
감동시킬 동	~면 즉	변할 변	변할 변	~면 즉	감화시킬 화

참되게 하면 나타나고 나타나면 두드러지고 두드러지면 확실하고 확실하면 감동시키고 감동시키면 변하고 변하면 감화시킨다.

풀이

성(誠): 참되게 하다.
즉(則): ~면
형(形): 나타나다.
형(形): 나타나다.
즉(則): ~면
저(著): 두드러지다.
저(著): 두드러지다.
즉(則): ~면
명(明): 확실하다.
명(明): 확실하다.
즉(則): ~면
동(動): 감동시키다.
동(動): 감동시키다.
즉(則): ~면
변(變): 변하다.
변(變): 변하다.
즉(則): ~면
화(化): 감화시키다.

23-1의 구조 분석: 치곡(致曲)의 6단계

A	즉(則)	B
A이면 B이다. A가 원인이 되어 B라는 결과를 만든다.		
①단계: 성(誠)	즉(則)	형(形)
②단계: 형(形)	즉(則)	저(著)
③단계: 저(著)	즉(則)	명(明)
④단계: 명(明)	즉(則)	동(動)
⑤단계: 동(動)	즉(則)	변(變)
⑥단계: 변(變)	즉(則)	화(化)

성(誠) … 화(化)의 뜻풀이

항목	풀이
성(誠)	참되게 하다. 이것은 참마음의 상태가 되도록 한다.
형(形)	나타나다. 이것은 참마음이 마음에 쌓여서 그것이 겉으로 드러나는 것이다.
저(著)	두드러지다. 이것은 참마음이 형상이 되어 두드러지게 나타나는 것이다.
명(明)	확실하다. 이것은 참마음에서 광채가 나고 그 광채의 발산이 왕성하다.
동(動)	감동시키다. 이것은 참마음으로 만물을 감동시킬 수 있다.
변(變)	변하다. 이것은 참마음으로 인해서 만물이 따르고 변하는 것이다.
화(化)	감화시키다. 이것은 사람의 마음을 바른 길로 이끈다.

분석

1/5	2	3	4	8	7	6
唯	天	下	至	誠	爲	能	化
오직~만이	하늘	아래	지극할	참마음	될	~할수있다	감화시킬
유	천	하	지	성	위	능	화

(2는 天下가 묶여 있음)

오직 온 세상의 지극한 참마음만이 감화시킬 수 있게 된다.

풀이

유(唯): 오직 ~ 만이
천(天): 하늘
下(하): 아래
천하(天下): 하늘 아래. 온 세상을 말함.
지(至): 지극하다.

성(誠): 참마음 또는 천도
지성(至誠): 지극한 참마음 또는 진심. 천도를 말함.
위(爲): 되다.
능(能): ~ 할 수 있다.
화(化): 감화시키다.

〈깜짝 퀴즈 35〉
영화 〈역린〉(2014)의 명대사로도 잘 알려진 대목은 『중용(中庸)』의 몇 장인가? (   )

정답: 제23장

논평

인도(人道)를 말하는 장(章)으로 참마음으로 살아가는 것이 무엇인지 치곡(致曲)으로 말하고 있다.

제24장

24-1 至誠之道 可以前知 國家將興 必有禎祥
國家將亡 必有妖孼 見乎蓍龜 動乎四體
禍福將至 善 必先知之 不善 必先知之
故至誠如神

지극한 참마음의 작용은 미리 알 수 있다. 국가가 장차 흥하려고 할 때 반드시 좋은 징조가 있다. 국가가 장차 망하려고 할 때 반드시 재앙의 징조가 있다. 시초나 귀갑에 나타나고 온몸에 일어난다. 재앙과 복이 장차 오려고 할 때 좋음은 반드시 먼저 그것을 나타내고, 좋지 않음은 반드시 먼저 그것을 나타낸다. 그러므로 지극한 참마음은 마치 음양과 같다.

원문 전석

24-1

> 至誠之道 可以前知 國家將興 必有禎祥
> 國家將亡 必有妖孼 見乎蓍龜 動乎四體
> 禍福將至 善 必先知之 不善 必先知之
> 故至誠如神

지극한 참마음의 작용은 미리 알 수 있다. 국가가 장차 흥하려고 할 때 반드시 좋은 징조가 있다. 국가가 장차 망하려고 할 때 반드시 재앙의 징조가 있다. 시초나 귀갑에 나타나고 온몸에 일어난다. 재앙과 복이 장차 오려고 할 때 좋음은 반드시 먼저 그것을 나타내고, 좋지 않음은 반드시 먼저 그것을 나타낸다. 그러므로 지극한 참마음은 마치 음양과 같다.

분석

```
   1      2     3     4          7         5      6
   至     誠    之    道    可        以     前    知
 지극할  참마음  ~의  작용  ~할수있다   할    미리   알
   지     성    지    도    가        이     전    지
```

지극한 참마음의 작용은 미리 알 수 있다.

풀이

지(至): 지극하다.
성(誠): 참마음 또는 진심(眞心) 혹은 천도
지성(至誠): 지극한 참마음. 천도(天道)를 말함.
　　　　　〈지성(至誠)=천도(天道)〉
지(之): ~의
도(道): 작용

가(可): ~ 할 수 있다.
이(以): 하다.
가이(可以): ~ 할 수 있다.
전(前): 미리. 부사
지(知): 알다.

분석

국가가 장차 흥하려고 할 때 반드시 좋은 징조가 있다. 국가가 장차 망하려고 할 때 반드시 재앙의 징조가 있다.

풀이

국(國): 나라
가(家): 집
국가(國家): 나라라는 집. 국가라고 함.
☞ 동양에서 나라[國]도 집[家]의 연장으로 바라본다.
장(將): 장차 ~하려고 하다 또는 막 ~하려고 하다.
흥(興): 흥하다. 흥(興)↔망(亡)
필(必): 반드시
유(有): 있다.
정(禎): 상서[祥瑞ㆍ좋은 일이 일어날 조짐]
상(祥): 조짐
정상(禎祥): 좋은 징조
국(國): 나라
가(家): 집
국가(國家): 나라라는 집. 국가라고 함.
☞ 동양에서 나라[國]도 집[家]의 연장으로 바라본다.

장(將): 장차 ~하려고 하다 또는 막 ~하려고 하다.
망(亡): 망하다. 망(亡)↔흥(興)
필(必): 반드시
유(有): 있다.
요(妖): 괴이하다.
얼(孼): 재앙
요얼(妖孼): 재앙 또는 재앙의 징조

요얼(妖孼)의 비교

요(妖)	얼(孼)
원래 의복이나 노래 그리고 초목의 괴이한 것	원래 새나 짐승 그리고 벌레나 황충[메뚜기보다 큰 해충]의 괴이한 것
정리: 여기서 더 나아가 재앙이나 재앙이 일어날 징조라는 뜻이 요얼(妖孼)이다.	

제24장

분석

4	3	1	2	8	7	5	6
見	乎	蓍	龜	動	乎	四	體
나타날 현	~에 호	시초 시	귀갑 귀	일어날 동	~에 호	넷 사	몸 체

시초나 귀갑에 나타나고 온몸에 일어난다.

풀이

현(見): 나타나다.
호(乎): ~에
시(蓍): 시초
귀(龜): 귀갑(龜甲), 즉 거북의 등딱지
시귀(蓍龜): 점(占)을 치는데 쓰는 두 가지 도구와 방법을 말함.

동(動): 일어나다[發也].
호(乎): ~에
사(四): 넷[4]
체(體): 몸
사체(四體): 두 팔과 두 다리. 우리 몸의 전체를 말함.
동호사체(動乎四體) → 〈온몸에 일어난다〉, 이것의 맥락상 의미는 행동거지에 이상한 행동과 태도가 나타난다는 뜻임.

시귀(蓍龜)의 풀이

시(蓍)	귀(龜)
시초(蓍草), 비수리, 산가지, 댓가지라고도 한다.	귀갑(龜甲)
산가지로 역점(易占)을 칠 때 쓰는 도구 [i ching sticks]	거북이의 등딱지를 불에 구워낸 후 그 문양을 보고 점을 치는 것
공통점: 모두 점을 칠 때 사용하는 도구와 방법을 말한다.	

☞ 역점[易占 · i ching] 워크북으로 다음과 같은 책이 있다. 역점의 실습이 필요한 독자는 이 책을 참고하라.
• 서명석, 『주역상담&주역치료』, 용인: 책인숲, 2017.

분석

1	2	3/5	4	6	7	8	10	9
禍	福	將	至	善	必	先	知	之
재앙	복	장차 ~하려고할	올	좋을	반드시	먼저	나타낼	그것
화	복	장	지	선	필	선	지	지

12	11	13	14	16	15	1	2	3	4/6	5
不	善	必	先	知	之	故	至	誠	如	神
않을	좋을	반드시	먼저	나타낼	그것	그러므로	지극할	참마음	마치 ~와같다	귀신
불	선	필	선	지	지	고	지	성	여	신

재앙과 복이 장차 오려고 할 때 좋음은 반드시 먼저 그것을 나타내고, 좋지 않음은 반드시 먼저 그것을 나타낸다. 그러므로 지극한 참마음은 마치 음양과 같다.

풀이

화(禍): 재앙. 뜻하게 않게 생기는 불행한 사건과 사고를 말함.

복(福): 복. 살면서 만나게 되는 좋은 일과 행운을 말함.

장(將): 장차 ~하려고 하다 또는 막 ~하려고 하다.

지(至): 오다.

선(善): 좋다. 좋음[goodness]이라는 명사로 쓰임.
　　　　선(善)↔불선(不善)

필(必): 반드시. 부사

선(先): 먼저. 부사

지(知): 나타나다.

지(之): 그것[it]. 선(善)을 가리킴.

불(不): ~ 않다.

선(善): 좋다.

불선(不善): 좋지 않다. 좋지 않음[badness]이라는 명사로 쓰임. 불선(不善)↔선(善)

필(必): 반드시. 부사

선(先): 먼저. 부사

지(知): 나타나다.

지(之): 그것[it]. 불선(不善)을 가리킴.

☞ 〈선(善) 필선지지(必先知之) 불선(不善) 필선지지(必先知之)〉의 문장은 선(善)과 불선(不善)을 강조하기 위한 도치문이다! 이를 원래 문장으로 바꾸면 아래와 같다.

선(善) 필선지지(必善知之)	불선(不善) 필선지지(必善知之)
↓	↓
필선지선(必先知善): 반드시 먼저 좋음을 나타낸다.	필선지불선(必先知不善): 반드시 먼저 좋지 않음을 나타낸다.

제24장

고(故): 그러므로
지(至): 지극하다.
성(誠): 참마음 또는 진심(眞心) 혹은 천도
지성(至誠): 지극한 참마음. 천도(天道)를 말함.
〈지성(至誠)=천도(天道)〉
여(如): 마치 ~와 같다.
신(神): 귀신(鬼神). 음양을 말함.

귀신(鬼神)의 분석

귀(鬼)	신(神)
음[陰・--]을 말한다.	양[陽・―]을 말한다.
정리: 신(神)≒귀신(鬼神)≒음양(陰陽)	

지성여신(至誠如神) → 〈지극한 참마음은 마치 음양과 같다〉, 이것은 무슨 뜻일까? 그 전에 아래 문제를 풀어보자.

〈깜짝 퀴즈 36〉
〈밤낮으로 운동한다.〉〈사계로 순환한다.〉 이 두 명제를 한마디로 말하면 무엇인가? (   )

정답: 음양

밤낮과 음양

밤[夜]	낮[晝]
음	양

사계와 음양

봄[春]	여름[夏]	가을[秋]	겨울[冬]
양		음	

이렇게 놓고 보면 밤낮은 귀신(鬼神)의 작용이요 사계도 역시 귀신의 작용이다. 물론 이때 귀신은 음양(陰陽)이다. 그런데 이러한 운동은 한 치의 오차와 단 한 번의 어김도 없이 계속된다. 그래서 지성(至誠)이자 천도(天道)이다.

논평

천도(天道)같이 사는 것이 지성(至誠)이자 선(善)이요, 천도를 어긋나 사는 것이 반지성(反至誠)이자 불선(不善)이다. 그러니 무엇보다 선(善)인지 불선(不善)인지 그 기미[幾微・전조 또는 징조]를 먼저 아는 것이 무엇보다 중요하다.

제25장

25-1
誠者 自成也 而道 自道也

천도는 스스로 이룬다. 그렇지만 인도는 스스로 행한다.

25-2
誠者 物之終始 不誠無物 是故 君子誠之爲貴

천도란 만물의 끝과 처음이니 천도가 없으면 실질이 없다. 이 때문에 군자는 성지를 귀하게 여기게 된다.

25-3
誠者 非自成己而已也 所以成物也
成己仁也 成物知也 性之德也 合內外之道也
故時措之宜也

참마음이란 본래 자신만을 완성함이 아닐 뿐이다. 사회를 완성하는 수단이니 자신을 완성하는 것은 어짊이요 사회를 완성하는 것은 지혜이니 본성의 작용이다. 안과 밖을 통합하는 방법이다. 그러므로 때를 맞추어 처리함이 마땅하다.

원문 전석

25-1 誠者 自成也 而道 自道也

천도는 스스로 이룬다. 그렇지만 인도는 스스로 행한다.

분석

1	2	3	4	5	1	2	3	4	5
誠	者	自	成	也	而	道	自	道	也
천도 성	~는 자	스스로 자	이룰 성	~이다 야	그렇지만 이	인도 도	스스로 자	행할 도	~이다 야

천도는 스스로 이룬다. 그렇지만 인도는 스스로 행한다.

풀이

성(誠): 참마음. 천도(天道)로 쓰임.
　　　　 천도(天道)≒원·형·이·정(元亨利貞)
자(者): ~는. 주격 조사
자(自): 스스로. 부사
성(成): 이루다 또는 완성하다.
야(也): ~이다. 종결형 어조사

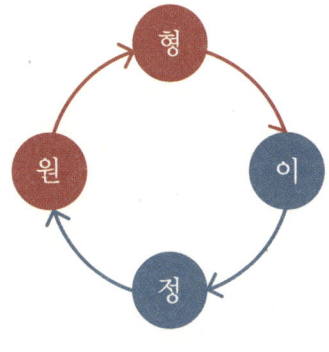

그림 8 천도

성≒천도: 천도의 운행은 위와 같이 원·형·이·정으로 운동한다!

☞ 천도(天道)는 위의 그림같이 누가 강제로 시키지 않아도 그렇게 운동한다! 그래서 〈스스로-이룬다[自成也]〉고 말한다.

이(而): 그렇지만. 역접의 뜻
도(道): 길. 인도(人道)로 쓰임.
　　　　인도(人道)≒인·예·의·지(仁禮義智)
자(自): 스스로. 부사
도(道): 행하다[行也] 혹은 실천하다.
야(也): ~이다. 종결형 어조사

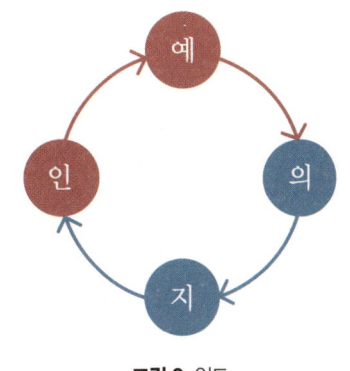

그림 9 인도

도≒인도: 인도의 운행은 인·예·의·지로 한다!
　☞ 인도는 위의 그림같이 남이 대신하는 것이 아니고 내가 스스로-행하는 것이다[自道也].

논평
천도는 누가 시키지 않아도 저만의 길을 간다. 그러나 인도는 내가 힘들여서 가야 하는 그런 길이다.

원문 전석

25-2

誠者 物之終始 不誠無物 是故 君子誠之爲貴

천도란 만물의 끝과 처음이니 천도가 없으면 실질이 없다.
이 때문에 군자는 성지를 귀하게 여기게 된다.

제25장　289

분석

1	2	3	4	5	6	8	7	10	9
誠	者	物	之	終	始	不	誠	無	物
천도 성	~란 자	만물 물	~의 지	끝 종	처음 시	아닐 불	천도 성	없을 무	실질 물

천도란 만물의 끝과 처음이니 천도가 아니면 실질이 없다.

풀이

성(誠): 천도
자(者): ~란
물(物): 만물
지(之): ~의
종(終): 끝 또는 종말
시(始): 처음 또는 시작
종시(終始): 끝과 처음

☞ 시종(始終)이라고 쓰지 않고 종시(終始)라 한다. 왜 그럴까?
아래 그림 13은 직선적 시간관을 나타낸 것이다. 이때 시간은 시작[始]에서 종말[終]로 흐른다.

시작[始]이 있으니
종말[終]이 있다!

그림 13 직선적 시간관

동양에서 시간은 직선으로 흐르지 않는다. 동양에서 바라보는 시간은 직선으로 흘러가는 것이 절대 아니다! 『주역』「건괘」〈단전〉에서도 이를 언표(言表)한다. 끝[終]과 시작[始]을 크게[大] 밝힌다[明]. 곧 대명종시(大明終始)가 그것이다. 동양에서 시간은 일정한 궤도 안에서 원 위를 무한 순환하며 반복 운동을 한다. 원환(圓環) 위를 돌고 돈다! 이를 그림으로 나타내면 아래 그림 14와 같다.

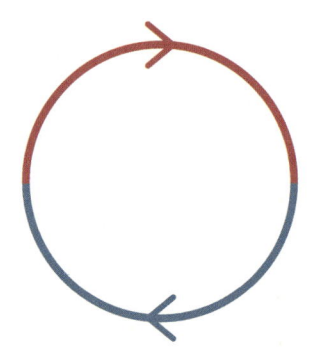

끝나야[終] 다시 시작한다[始]!
그래서 끝없이 무한 순환한다.

그림 14 원환적 시간관

천도의 운행으로 이를 설명해보자. 천도는 어떻게 운행하는가? 그것은 원·형·이·정으로 운행한다. 직선적 시간관이라면 이때 시간은 원 → 형 → 이 → 정, 즉 원에서 시작하여 정에서 끝나야 한다. 그러나 원환적 시간관에서 시간은 291쪽의 그림 8과 같이 원·형·이·정의 궤도 위를 무한히 순환하며 반복한다.

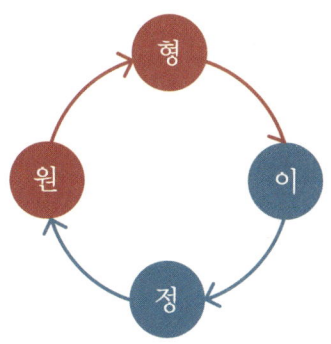

그림 8 천도

불(不): 아니다.
성(誠): 천도(天道)
무(無): 없다.
물(物): 실질(實質). 알맹이라는 뜻임. 이런 점 때문에 물(物)을 다음과 같이 풀고 있다.

원·형·이·정의 한 바퀴 운동으로 끝나면 그것으로 끝나는 것이 아니라 무한 운동이 계속된다. 다시 말해 이런 순환 운동이 계속된다는 것이 원환적 시간관이다.

⟨물(物)⟩의 사전별 풀이

물(物)	
1. 『진명 중한대사전』(1993), 2785쪽.	구체적인 내용, 실체
2. 『교학 대한한사전』(2000), 1970쪽.	실질(實質), 사물의 내용
3. 『민중 엣센스 중국어사전』(2001), 2230쪽.	구체적 내용, 실질
4. 『한한대사전』 9(2010), 98쪽.	사물의 내용과 실질
5. 『연세 중중한사전』 하(2015), 3794쪽.	알맹이, 내용, 실질, 구체적 내용

☞ 여기서 물(物)은 만물(萬物)로 쓰인 것이 절대 아니다! 오로지 물(物)은 실질(實質), 즉 알맹이로 쓰였을 뿐이다.

종시(終始)의 해석

종(終)	시(始)
한 주기 —원·형·이·정—의 종료	새로운 주기 —또 다시 원·형·이·정의 무한 반복—의 다시 시작함
평가: 종(終)과 시(始), 종(終)으로 끝나는 것이 아니라 시(始)로 다시 시작한다. 따라서 끝[終]과 시작[始]의 연결이 종시(終始)다.	

● **불성무물(不誠無物) 해석 두 버전**

불성무물(不誠無物)	
철학적 해석	일반적 해석
천도가 아니면 실질이 없다.	참마음이 아니면 새로운 세계란 없다.
평가: 성(誠)에는 참마음[眞心]이란 뜻도 있다. 그러나 이러한 해석은 성을 너무 정감적 수준에 가두어둘 가능성도 있고 인간의 관점에서 성을 포착하는 한계를 갖는다. 원래 성은 천도의 개념이다. 이러한 해석은 『중용』 20-18에 기초한 것이다. 물(物)은 천도 운행의 결과가 실질적 내용으로 드러나는 것이다. 그러니 새로운 세계로 물(物)을 바라보는 것은 지나친 의역인 셈이다. 바로 위의 물(物)에 대한 사전적 풀이를 참고하면 더욱 좋다.	

분석

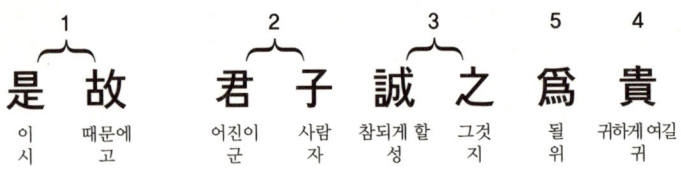

이 때문에 군자는 성지를 귀하게 여기게 된다.

풀이

시(是): 이
고(故): ~때문에
시고(是故): 이 때문에
군(君): 어진이[仁者]
자(子): 사람. 접미사
군자(君子): 천도(天道)인 성(誠)을 추구하며 그렇게 살려고 노력하며 사는 사람을 뜻함. 다시 말해 중용(中庸)으로 살아가려고 애쓰는 사람을 말함.
　☞ 반면 성인(聖人)은 완벽하게 천도(天道)대로 사는 사람을 말함.

성(誠): 참되게 하다.
지(之): 그것[it]. 천도와 인도를 하나로 통합하는 것을 말함.
성지(誠之): 인도(人道)
　☞ 〈성지=인도〉에 대한 구체적 내용은 20-18에 나온다.
위(爲): 되다.
귀(貴): 귀하게 여기다 또는 숭상하다.

〈깜짝 퀴즈 37〉
25-2의 성(誠)의 뜻으로 가장 적합한 것은 어느 것인가? (　　　)
① 참마음　② 정성　③ 천도　④ 성실

정답: ③

논평

불성무물(不誠無物)! 우리는 천도대로 살 수 있도록 노력하며 살아야 한다. 그렇게 하려면 어떻게 해야 하는가. 그것은 인·예·의·지라는 궤도 안에서 무한 반복하며 살아가는 길 외에 달리 방법이 없다. 그러니 천도(天道)의 종시(終始)처럼 그렇게 살라.

원문 전석

25-3

誠者 非自成己而已也 所以成物也 成己仁也
成物知也 性之德也 合內外之道也
故時措之宜也

참마음이란 본래 자신만을 완성함이 아닐 뿐이다. 사회를 완성하는 수단이니 자신을 완성하는 것은 어짊이요 사회를 완성하는 것은 지혜이니 본성의 작용이다. 안과 밖을 통합하는 방법이다. 그러므로 때를 맞추어 처리함이 마땅하다.

분석

1	2	6	3	5	4	7		
誠	者	非	自	成	己	而	已	也
참마음 성	~이란 자	아닐 비	본래 자	완성할 성	자신 기	뿐 이	뿐 이	~이다 야

참마음이란 본래 자신만을 완성함이 아닐 뿐이다.

풀이

성(誠): 참마음 또는 진심. 천도와 같이 인도대로 사는 본성으로서의 참마음을 말함.

자(者): ~이란

비(非): ~아니다.

자(自): 본래. 부사

성(成): 완성하다.

기(己): 자신 또는 자기[self]

성기(成己): 자신의 본성을 완벽하게 실현하는 것을 말함.

이(而): ~뿐

이(已): ~뿐

야(也): ~이다.

이이야(而已也): ~할 뿐이다.

제25장

분석

3		2	1	4	6	5	7	8
所	以	成	物	也	成	己	仁	也
것 소	할 이	완성할 성	사회 물	~이다 야	완성할 성	자신 기	어짊 인	~이다 야

10	9	11	12	13	14	15	16
成	物	知	也	性	之	德	也
완성할 성	사회 물	지혜 지	~이다 야	본성 성	~의 지	작용 덕	~이다 야

사회를 완성하는 수단이니 자신을 완성하는 것은 어짊이요 사회를 완성하는 것은 지혜이니 본성의 작용이다.

풀이

소(所): ~것 또는 ~바
이(以): 하다.
소이(所以): 하는 것 또는 하는 바. 수단이라는 뜻임. 성기(誠己)가 성물(成物)을 이루는 수단이라는 뜻임.
  ☞ 소이(所以)에는 도구, 수단, 방법, 원인, 목적 등 다양한 뜻이 있다. 그러므로 맥락에 따라 소이(所以)를 해석할 필요가 있다.

성(成): 완성하다.
물(物): 사회 또는 외부의 환경
  ☞ 궁금한 사람은 아래 책을 참고하면 된다.
『한한대사전』 9(단국대학교 동양학연구소, 2010), 98쪽.
성물(成物): 참마음으로 자신의 본성을 완성한 후에 그 참마음으로 사회를 완성하는 것.

〈깜짝 퀴즈 38〉
성물(成物)에서 물(物)의 풀이는 다음 중 어느 것인가? (　　　)
① 만물　② 사회　③ 사물

정답: ②

☞ 성물(成物)에서 물(物)의 해석도 전형적인 오역의 생산기지다! 이를 구체적으로 확인해보자.

	성물(成物)에서 물(物)의 해석 사례	
1	『중용』(한길사, 2014), 188쪽.	물(物)을 〈남〉으로 번역
2	『현토신역 부 안설 중용집주』 (한국인문고전연구소, 2016), 201쪽.	물(物)을 〈남〉으로 번역
3	『중용』(민음사, 2017), 106쪽.	물(物)을 〈자기 이외의 모든 사람과 사물〉로 번역. 이런 번역은 물(物)을 만물로 번역한 사례이다.
4	『집주완역 중용』 하 (대유학당, 2019), 742쪽.	물(物)을 〈사물〉로 번역
평가: 모두 다 오역이다! 이때 물(物)은 사회 또는 외부의 환경이라는 뜻이다.		

야(也): ~이다.
성(成): 완성하다.
기(己): 자신 또는 자기[self]
성기(成己): 자신의 본성을 완벽하게 실현하는 것을 말함.
인(仁): 어짊. 자신의 본성의 실현이 인(仁)으로 드러난다.
야(也): ~이다.
성(成): 완성하다.
물(物): 사회 또는 외부의 환경

성물(成物): 참마음으로 자신의 본성을 완성한 후에 그 참마음으로 사회를 완성하는 것임.
지(知): 지혜[智]. 어짊이라는 본성 상태를 사회에 그대로 응용해서 펼치는 것을 말함.
야(也): ~이다.
성(性): 본성
지(之): ~의
덕(德): 작용
야(也): ~이다.

- 성기: 자신의 완성
- 성물: 사회의 완성

그림 15 〈성기→성물〉 패러다임

☞ 성기(成己)는 핵심이기에 복숭아의 씨를 만들고 성물(成物)은 주변으로서의 사회 환경이기에 복숭아의 과육을 이룬다.

분석

```
  3    1    2    4    5    6
  合   内   外   之   道   也
통합할  안  바깥 ~하는 방법 ~이다
  합   내   외   지   도   야
```

1	2	3	4	5	6
故	時	措	之	宜	也
그러므로	때를 맞출	처리할	~이	마땅할	~이다
고	시	조	지	의	야

안과 밖을 통합하는 방법이다. 그러므로 때를 맞추어 처리함이 마땅하다.

풀이

합(合): 통합하다. 성기와 성물을 통합한다는 뜻임.
내(內): 안. 성기(成己)에서 기(己)를 말함.
외(外): 바깥. 성물(成物)의 물(物)을 말함.
지(之): ~하는
도(道): 방법
야(也): ~이다. 종결형 어조사
고(故): 그러므로
시(時): 때를 맞추다. 시중(時中)을 말함.
  ☞ 시중(時中)을 보려면 2-2를 참고하라.
조(措): 처리하다. 처리함이라는 명사형으로 쓰임.
지(之): ~이. 주격 조사
의(宜): 마땅하다, 어울리다 또는 알맞다.
야(也): ~이다.

〈성기(成己)→성물(成物)〉 패러다임

성기(成己): 자신을 완성하라.		성물(成物): 사회를 완성하라.
인야(仁也): 어짊이다.	→	지야(知也): 지혜이다.
내(內)		외(外)
수기(修己)		치인(治人)

평가: 이것은 유학의 기본 패러다임이다. 유학(儒學)에서 유(儒)가 선비[士]를 말하는데, 선비는 자신을 수양하는 사람이라는 〈①인격적 개념〉도 있지만 치자(治者)의 계급이라는 〈②신분적 개념〉도 있다. 이때 유(儒)는 ②에 방점이 찍히는 개념이기에 치자(治者)는 먼저 수기(修己)를 하고 그 다음에 치인(治人)을 해야 하는 것이다. 이것이 이른바 〈성기[修己]→성물[治人]〉 패러다임이다.

☞ 여기서 →는 성기(成己)와 성물(成物) 사이를 연결하며 하나로 통합시키는 방향성을 나타내며 동시에 성기와 성물을 연결하는 다리 역할을 한다.

논평

참마음으로 나를 완성하라. 그 마음을 사회로 전이[轉移·transference]해서 그 사회를 동시에 완성하라. 성기에서 성물로!

제26장

26-1 **故 至誠無息**
_{고 지 성 무 식}
그러므로 지극한 참마음은 멈추지 않는다.

26-2 **不息則久 久則徵**
_{불 식 즉 구 구 즉 징}
멈추지 않음은 오래감이고 오래감은 효과이다.

26-3 **徵則悠遠 悠遠則博厚 博厚則高明**
_{징 즉 유 원 유 원 즉 박 후 박 후 즉 고 명}
징험하면 길고 오래고 길고 오래면 넓고 두텁고 넓고 두터우면 높고 밝다.

26-4 **博厚 所以載物也 高明 所以覆物也 悠久 所以成物也**
_{박 후 소 이 재 물 야 고 명 소 이 부 물 야 유 구 소 이 성 물 야}
넓고 두터움은 만물을 싣는 작용이며, 높고 밝음은 만물을 덮는 작용이요, 길고 오래됨은 만물을 이루는 작용이다.

26-5 **博厚配地 高明配天 悠久無疆**
_{박 후 배 지 고 명 배 천 유 구 무 강}
넓고 두터움은 땅과 짝을 짓고 높고 밝음은 하늘과 짝을 짓고 길고 오래됨은 끝이 없다.

26-6 **如此者 不見而章 不動而變 無爲而成**
_{여 차 자 불 현 이 장 부 동 이 변 무 위 이 성}
이와 같은 것은 나타내 보이지 않아도 드러나며 일을 하지 않아도 변하며 시키지 않아도 이루어진다.

26-7 天地之道 可一言而盡也 其爲物不貳 則其生物不測

하늘과 땅의 작용은 한마디로 다할 수 있다. 그것이 만물을 만드는 것은 둘이 아니니 곧 그것이 만물을 낳는 것을 헤아리지 못한다.

26-8 天地之道 博也 厚也 高也 明也 悠也 久也

하늘과 땅의 작용은 넓고 두텁고 높고 밝고 길고 오래다.

26-9 今夫天 斯昭昭之多 及其無窮也 日月星晨繫焉 萬物覆焉 今夫地 一撮土之多 及其廣厚 載華嶽而不重 振河海而不洩 萬物載焉 今夫山 一卷石之多 及其廣大 草木生之 禽獸居之 寶藏興焉 今夫水 一勺之多 及其不測 黿鼉蛟龍魚鱉生焉 貨財殖焉

지금 하늘은 이러한 밝은 모양이 많아지니 그것이 끝이 없음에 이른다. 해와 달과 별들을 매단다. 만물을 덮는다. 지금 땅은 한 줌의 흙이 많아지니 그것이 넓고 두터움에 이르고 높고 큰 산을 싣고도 무겁지 않고 강과 바다를 받아들이고도 새지 않고 만물을 싣는다. 지금 산은 한주먹만한 돌이 많아져서 그것이 넓고 큼에 이르고 풀과 나무가 그곳에서 나고 날짐승과 길짐승이 그곳에서 살며 산물이 많이 나는 곳으로 흥성한다. 지금 물은 한 움큼이 많아져서 그것이 헤아리지 못함에 이르며 큰 자라와 악어와 이무기와 용과 고기와 작은 자라가 산다. 재물이 불어난다.

26-10

시 운 유 천 지 명 오 목 불 이 개 왈
詩云 維天之命 於穆不已 蓋曰
천 지 소 이 위 천 야 오 호 비 현 문 왕 지 덕 지 순
天之所以爲天也 於乎不顯 文王之德之純
개 왈 문 왕 지 소 이 위 문 야 순 역 불 이
蓋曰 文王之所以爲文也 純亦不已

『시경』은 말한다: 「오직 천명이 아! 심원하여 멈추지 않는다」 대략 말한다: 하늘이 하늘이 되는 까닭이다. 「아! 크게 나타나는구나 문왕의 본성의 순수함이여」 대략 말한다: 문왕이 문왕이 되는 까닭이다. 순수함이 또한 멈추지 않는다.

> 원문 전석

26-1

故 至誠無息

그러므로 지극한 참마음은 멈추지 않는다.

> 분석

```
  1      2    3    5    4
  故     至   誠   無   息
그러므로 지극할 참마음 않을  멈출
  고     지   성   무   식
```

그러므로 지극한 참마음은 멈추지 않는다.

> 풀이

고(故): 그러므로
지(至): 지극하다.

성(誠): 참마음 또는 천도
지성(至誠): 지극한 참마음. 천도(天道)를 말함.

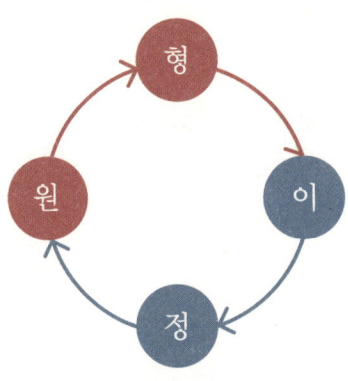

그림 8 천도

☞ 이를 두고 다산은 이렇게 말한 바 있다. 〈지성자(至誠者) 중화야(中和也) 무식자(無息者) 용야(庸也)〉. 이를 보면 다음과 같다.

1	2	3	4	5	6	1	2	3	4	5
至	誠	者	中	和	也	無	息	者	庸	也
지극할 지	참마음 성	~이란 자	참마음 중	알맞을 화	~이다 야	않을 무	멈출 식	~이란 자	일정하여 변함이 없을 용	~이다 야

지극한 참마음[天道]이란 참마음[中]에-알맞음[和]이다. 멈추지 않음이란 일정하여 변하지 않음이다.

지(至): 지극하다.
성(誠): 참마음
지성(至誠): 지극한 참마음. 천도(天道)를 말함. 지성(至誠)≒천도(天道)
자(者): ~이란
중(中): 참마음. 중(中)≒충(忠) 이때 충(忠)도 참마음을 뜻함. 이를 두고 한나라 때 유학자인 정현(鄭玄)은 이렇게 말했다: 〈정현주(鄭玄注) 중(中), 유충야(猶忠也)! 정현이 주를 달았다. 중(中)은 충(忠)과 같다!〉
화(和): 알맞다[適也].
중화(中和): 중, 즉 참마음에 알맞다는 뜻임. 다시 말해 천도에 알맞다. 중화(中和)는 〈참마음에-알맞음〉이라는 명사구로 쓰임.
야(也): ~이다. 종결형 어조사
무(無): ~않다.
식(息): 멈추다 또는 그만두다.
무식(無息): 멈추지 않음. 명사구로 쓰임.
자(者): ~이란
용(庸): 일정하여 변함이 없다[常也]. 일정하여 변함이 없음이라는 명사구로 쓰임.

용(庸)≒상[常·constant]

야(也): ~이다. 종결형 어조사

무(無): ~않다.
식(息): 멈추다 또는 그만두다.

논평

천도[天道·至誠]의 운동―원·형·이·정으로 돌아가는 것―이 멈추는 것을 본 적이 있는가?

원문 전석

26-2 | 不息則久 久則徵

멈추지 않음은 오래감이고 오래감은 효과이다.

분석

```
 2   1   3/5  4      6   7/9  8
 不   息   則   久      久   則   徵
 않을 멈출 ~은~이다 오래갈  오래갈 ~은~이다 효과
 불   식   즉   구      구   즉   징
```

멈추지 않음은 오래감이고 오래감은 효과이다.

풀이

불(不): ~않다.
식(息): 멈추다 또는 그만두다.
불식(不息): 멈추지 않음. 명사구로 쓰임. 천도의 운동이 멈추지 않는다는 뜻임.
즉(則): ~은 ~이다.
구(久): 오래가다. 오래감으로 쓰임.
구(久): 오래가다. 오래감으로 쓰임.
즉(則): ~은 ~이다.
징(徵): 효과[效果·effect] 혹은 효험

〈A 즉(則) B〉의 문법 구조

A 則 B		
A	즉(則)	B
A	~은 ~이다.	B

A는 B이다.
실례1 불식즉구(不息則久): 불식(不息)은 구(久)이다.
실례2 구즉징(久則徵): 구(久)는 징(徵)이다. 결국 이러한 실례는 〈불식(不息)=구(久), 구(久)=징(徵)〉이라는 뜻이다.

논평

천도의 지속성을 말하고 있다.

원문 전석

26-3

徵則悠遠 悠遠則博厚 博厚則高明

징험하면 길고 오래고 길고 오래면 넓고 두텁고 넓고 두터우면 높고 밝다.

분석

1	2	3	4	5	6	7	8	9
徵	則	悠	遠	悠	遠	則	博	厚
징험할 징	~면 즉	길 유	오랠 원	길 유	오랠 원	~면 즉	넓을 박	두터울 후

10	11	12	13	14
博	厚	則	高	明
넓을 박	두터울 후	~면 즉	높을 고	밝을 명

징험하면 길고 오래고 길고 오래면 넓고 두텁고 넓고 두터우면 높고 밝다.

풀이

징(徵): 징험(徵驗)하다. 징(徵)은 징조나 조짐 또는 현상을 말하고 험(驗)은 경험한다는 뜻임. 따라서 징험은 징조나 조짐 또는 현상을 보고 경험한다는 의미다. 여기서 징험은 자연의 현상—땅의 모습과 하늘의 모습—을 보고 경험한다는 것을 말함.

즉(則): ~면

유(悠): 길다[long] 또는 오래되다.

원(遠): 오래다[old].

유(悠): 길다[long] 또는 오래되다.

원(遠): 오래다[old].

즉(則): ~면

박(博): 넓다.

후(厚): 두텁다.

박(博): 넓다.

후(厚): 두텁다.

즉(則): ~면

고(高): 높다.

명(明): 밝다.

제26장

그림 16 천지의 징험

☞ 천지는 우주이며 자연이다. 동양에서 우주는 우(宇)라는 집과 주(宙)라는 집의 결합어다. 왜냐하면 우리가 우를 〈집 우〉라고 음과 훈을 말하고 주를 〈집 주〉라고 음과 훈을 말하기 때문이다. 이때 우(宇)는 땅이라는 공간의 집이고 주(宙)는 하늘이라는 시간의 집이다. 이 안에서 우리가 살아간다. 그러니 우리는 모두 우주적 존재다. 땅이라는 공간 없이 그리고 하늘이라는 시간 없이 우리는 단 하루도 버티기 어렵다. 그림 16을 보라. 청아한 하늘과 곡식이 누렇게 익어가는 땅을 말이다. 그것은 자연의 아름다운 모습이다. 그러므로 땅과 하늘이라는 우주는 동시에 그림 16과 같은 물리적인 자연인 셈이다. 이를 두고 우리는 그것을 우주자연이라 부른다. 그런데 우주자연은 그 나이로 보면 가늠하기 어려울 정도로 길고 오래인 연식(年式)이다. 이것이 이른바 우주자연의 유(悠)이자 원(遠)이다. 이때 유(悠)는 길다[long]는 뜻이고 원(遠)은 오래다[old]라는 뜻이다. 그러므로 〈유(悠)+원(遠)=long+old〉의 이미지인 것이다. 다시 그림 16을 보자. 하늘은 어떤가. 하늘은 높다[高]. 그리고 청명(淸明)하다. 이때 청명은 그림과 같은 청명이지만, 원래 하늘에는 해가 뜨고 달이 뜨는 곳이다. 그래서 밝다[明]. 그러니 하늘의 이미지는 높고[高] 밝다[明]. 이제 땅을 보자. 평원을 상상해 보라. 땅은 넓다[博]. 그것뿐인가. 또한 땅은 두께로 보면 엄청 두텁다[厚]. 그래서 땅의 이미지를 박(博)과 후(厚)로 잡은 것이다. 이제 그림 16의 오른쪽을 보자. 거기에 징(徵) 자(字)가 있다. 이때 징(徵)은 징험한다는 뜻이다. 또 징험은 현상을 경험한다는 뜻이다. 이때 징이 현상이고 험이 경험이다. 우리는 하늘이 높고 밝다는 것을 하나의 현상으로 경험하고, 땅이 넓고 두텁다는 것을 또 하나의 현상으로 경험한다. 우리 모두 하늘과 땅에 대하여 이렇게 징-험[현상으로-경험]한다.

논평

우주 자연의 연식은 길고[悠] 오래며[遠], 땅은 넓고[博] 두텁고[厚], 하늘은 높고[高] 밝다[明].

원문 전석

26-4

博厚 所以載物也 高明 所以覆物也 悠久 所以成物也

넓고 두터움은 만물을 싣는 작용이며, 높고 밝음은 만물을 덮는 작용이요, 길고 오래됨은 만물을 이루는 작용이다.

분석

넓고 두터움은 만물을 싣는 작용이며, 높고 밝음은 만물을 덮는 작용이요, 길고 오래됨은 만물을 이루는 작용이다.

풀이

박(博): 넓다.
후(厚): 두텁다.
박후(博厚): 넓고 두터움. 명사구로 쓰임. 박후(博厚)는 땅[地]의 이미지임.

소(所): ~것 또는 ~바
이(以): 하다.
소이(所以): 〈~하는 바 또는 ~하는 것〉이지만, 작용[function]이라는 뜻임.

재(載): 싣다[load].
물(物): 만물[all-things]
야(也): ~이다. 종결형 어조사
고(高): 높다.
명(明): 밝다.
고명(高明): 높고 밝음. 명사구로 쓰임. 하늘은 높고 그 하늘에 뜨는 해와 달은 밝다. 고명(高明)은 하늘[天]의 이미지임.
소(所): ~것 또는 ~바
이(以): 하다.
소이(所以): 〈~하는 바 또는 ~하는 것〉이지만, 작용[function]이라는 뜻임.
부(覆): 덮다[cover].
물(物): 만물[all-things]

야(也): ~이다. 종결형 어조사
유(悠): 길다[long].
구(久): 오래되다[old].
유구(悠久): 길고 오래됨. 명사구로 쓰임. 유구(悠久)는 천지자연의 연식(年式)이 길고 오래되었다는 뜻임.
소(所): ~것 또는 ~바
이(以): 하다.
소이(所以): 〈~하는 바 또는 ~하는 것〉이지만, 작용[function]이라는 뜻임.
성(成): 이루다.
물(物): 만물[all-things]
야(也): ~이다. 종결형 어조사

〈깜짝 퀴즈 39〉
위 텍스트에서 소이(所以)의 뜻으로 가장 적합한 것은 어느 것인가? (   )
① 까닭 ② 이유 ③ 작용 ④ 수단 ⑤ 목적 ⑥ 방법 ⑦ 도구 ⑧ 원인

정답: ③

논평

하늘은 만물을 덮어주고 땅은 만물을 실어준다. 이러한 천지자연은 만물을 이룬다.

원문 전석

26-5

博厚配地 高明配天 悠久無疆

넓고 두터움은 땅과 짝을 짓고 높고 밝음은 하늘과 짝을 짓고 길고 오래됨은 끝이 없다.

분석

1	2	4	3	5	6	8	7	9	10	12	11
博	厚	配	地	高	明	配	天	悠	久	無	疆
넓을 박	두터울 후	짝을 지을 배	땅 지	높을 고	밝을 명	짝을 지을 배	하늘 천	길 유	오래될 구	없을 무	끝 강

넓고 두터움은 땅과 짝을 짓고 높고 밝음은 하늘과 짝을 짓고 길고 오래됨은 끝이 없다.

풀이

박(博): 넓다.
후(厚): 두텁다.
박후(博厚): 넓고 두터움. 명사구로 쓰임. 박후(博厚)는 땅[地]의 이미지임.
배(配): 짝을 짓다[pair].
지(地): 땅
고(高): 높다.
명(明): 밝다.
고명(高明): 높고 밝음. 명사구로 쓰임. 하늘은 높고 그 하늘에 뜨는 해와 달은 밝다. 고명(高明)은 하늘[天]의 이미지임.
배(配): 짝을 짓다[pair].
천(天): 하늘
유(悠): 길다[long].
구(久): 오래되다[old].
유구(悠久): 길고 오래됨. 명사구로 쓰임. 유구(悠久)는 천지자연의 연식(年式)이 길고 오래되었다는 뜻임.
무(無): 없다.
강(疆): 끝 또는 한계
무강(無疆): 끝이 없다 또는 한계가 없다.

논평

박후는 땅의 이미지이고 고명은 하늘의 이미지이며 그러한 하늘과 땅이 길고 오래됨은 끝이 없다

제26장

원문 전석

26-6

如此者 不見而章 不動而變 無爲而成

이와 같은 것은 나타내 보이지 않아도 드러나며 일을 하지 않아도 변하며 시키지 않아도 이루어진다.

분석

2	1	3	5	4	6	7	9	8	10	11
如	此	者	不	見	而	章	不	動	而	變
같을 여	이 차	~것 자	않을 불	나타내보일 현	~해도 이	드러날 장	않을 부	일을 할 동	~해도 이	변할 변

13	12	14	15
無	爲	而	成
않을 무	시킬 위	~해도 이	이루어질 성

이와 같은 것은 나타내 보이지 않아도 드러나며 일을 하지 않아도 변하며 시키지 않아도 이루어진다.

풀이

여(如): ~와 같다.
차(此): 이[this]
자(者): ~것
여차자(如此者): 이와 같은 것. 이전의 텍스트의 내용, 즉 〈26-4〉, 〈26-5〉, 그리고 〈26-6〉을 가리킴.
불(不): ~않다.
현(見): 나타내 보이다.

이(而): ~해도. 역접의 접속사
장(章): 드러내다.
불현이장(不見而章): 〈나타내 보이지 않아도 드러난다는 것[不見而章]〉은 땅의 작용[地道]을 나타내 보이지 않아도 땅의 작용이 드러난다는 뜻임.
부(不): ~않다.
동(動): 일을 하다[work].

이(而): ~해도. 역접의 접속사

변(變): 변하다.

부동이변(不動而變): 〈일을 하지 않아도 변하는 것[不動而變]〉은 하늘의 작용[天道]을 말하는데, 하늘의 작용은 눈에 보이지 않는다! 그러니 일을 하지 않는 듯하다. 그러나 잘 보라. 천도가 원·형·이·정, 즉 봄·여름·가을·겨울로 운동하지 않은 적이 한번이라도 있었는가. 이렇게 눈에 보이지는 않지만 운동한다는 것은 곧 변한다는 뜻이다. 그러니 변할 변[變]이라고 말했던 것이다.

무(無): ~않다.

위(爲): 시키다[let].

이(而): ~해도. 역접의 접속사

성(成): 이루어지다.

무위이성(無爲而成): 〈시키지 않아도 이루어지는 것[無爲而成]〉은 천도와 지도의 통합, 즉 천지의 도를 말함. 천도는 천도대로 지도는 지도대로 누가 시키지 않아도 각각 일을 수행한다. 즉 각각 하늘의 작용[天道]과 땅의 작용[地道]을 이루어낸다.

● **천도와 지도 그리고 천지의 도**

텍스트의 장절	땅의 작용[地道]	하늘의 작용[天道]	우주자연의 작용 [천도와 지도의 통합]
26-4	박후(博厚) 소이재물야(所以載物也)	고명(高明) 소이부물야(所以覆物也)	유구(悠久) 소이성물야(所以成物也)
↓	↓	↓	↓
26-5	박후배지(博厚配地)	고명배천(高明配天)	유구무강(悠久無疆)
↓	↓	↓	↓
26-6	불현이장(不見而章)	부동이변(不動而變)	무위이성(無爲而成)
비고	↓는 텍스트의 맥락을 이어받는 것을 말한다. · 땅의 작용은 지도를 말한다. · 하늘의 작용은 천도를 말한다. · 우주자연의 작용은 천지의 도로 천도와 지도를 통합해서 말하는 것이다.		

논평

지도(地道)는 지도의 일을 하고, 천도(天道)는 천도의 일을 한다. 이렇게 천지(天地)의 도(道)는 멈추지 않는다.

원문 전석

26-7

天地之道 可一言而盡也 其爲物不貳 則其生物不測

하늘과 땅의 작용은 한마디로 다할 수 있다. 그것이 만물을 만드는 것은 둘이 아니니 곧 그것이 만물을 낳는 것을 헤아리지 못한다.

분석

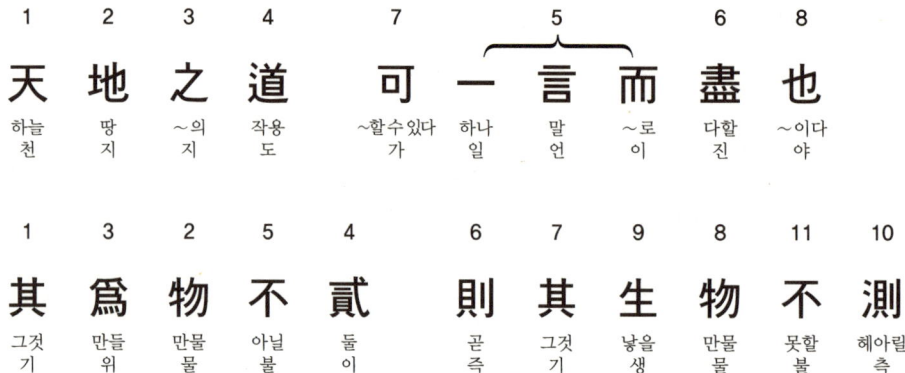

하늘과 땅의 작용은 한마디로 다할 수 있다. 그것이 만물을 만드는 것은 둘이 아니니 곧 그것이 만물을 낳는 것을 헤아리지 못한다.

풀이

천(天): 하늘
지(地): 땅
지(之): ~의
도(道): 작용[function]
천지지도(天地之道): 〈천도(天道)+지도(地道)〉의 통합을 말함.

가(可): ~할 수 있다.
일(一): 하나[1]
언(言): 말
일언(一言): 한마디의 말
이(而): ~로. 부사구를 만드는 접미사
일언이(一言而): 한마디로

진(盡): 다하다 또는 죄다 보이다.
야(也): ~이다. 종결형 어조사
기(其): 그것. 천지지도(天地之道)를 가리킴.
위(爲): 만들다.
물(物): 만물[all-things]. 하늘과 땅 사이에 살아가는 모든 생명체를 말함.
불(不): 아니다.
이(貳): 둘[二]. 천도와 지도라는 두 가지를 말함.
불이(不貳): 둘이 아니다. 즉 천도(天道)와 지도(地道)는 두 개가 아니라 하나[一]라는 뜻임.
〈천도+지도=천지지도〉
즉(則): 곧
기(其): 그것. 천지지도(天地之道)를 가리킴.
생(生): 낳다.
물(物): 만물[all-things]. 하늘과 땅 사이에 살아가는 모든 생명체를 말함.
불(不): 못하다.
측(測): 헤아리다[measure].

논평

천도와 지도를 통합시켜 놓고 천지의 도가 하는 일을 말하고 있다.

원문 전석

26-8

天地之道 博也 厚也 高也 明也 悠也 久也

하늘과 땅의 작용은 넓고 두텁고 높고 밝고 길고 오래다.

분석

1	2	3	4	5	6	7	8	9	10
天	地	之	道	博	也	厚	也	高	也
하늘 천	땅 지	~의 지	작용 도	넓을 박	~이다 야	두터울 후	~이다 야	높을 고	~이다 야

11	12	13	14	15	16
明	也	悠	也	久	也
밝을 명	~이다 야	길 유	~이다 야	오랠 구	~이다 야

하늘과 땅의 작용은 넓고 두텁고 높고 밝고 길고 오래다.

풀이

천(天): 하늘
지(地): 땅
지(之): ~의
도(道): 작용
박(博): 넓다.
야(也): ~이다. 종결형 어조사
후(厚): 두텁다.
야(也): ~이다. 종결형 어조사
고(高): 높다.
야(也): ~이다. 종결형 어조사
명(明): 밝다.

야(也): ~이다. 종결형 어조사
유(悠): 길다[long].
야(也): ~이다. 종결형 어조사
구(久): 오래다[old].
야(也): ~이다. 종결형 어조사

〈천도+지도=천지의 도〉의 이미지

내용	이미지
지도(地道)	땅의 이미지: 넓다[博也]+두텁다[厚也]
천도(天道)	하늘의 이미지: 높다[高也]+밝다[明也]
천지의 도	천지의 통합 이미지: 길다[悠也]+오래다[久也]

논평

하늘은 하늘대로 땅은 땅대로 그 이미지가 변하지 않고, 천지 통합의 이미지도 역시 그렇다.

원문 전석

26-9

今夫天 斯昭昭之多 及其無窮也 日月星辰繫焉
萬物覆焉 今夫地 一撮土之多 及其廣厚
載華嶽而不重 振河海而不洩 萬物載焉 今夫山
一卷石之多 及其廣大 草木生之 禽獸居之
寶藏興焉 今夫水 一勺之多 及其不測
黿鼉蛟龍魚鼈生焉 貨財殖焉

지금 하늘은 이러한 밝은 모양이 많아지니 그것이 끝이 없음에 이른다. 해와 달과 별들을 매단다. 만물을 덮는다. 지금 땅은 한 줌의 흙이 많아지니 그것이 넓고 두터움에 이르고 높고 큰 산을 싣고도 무겁지 않고 강과 바다를 받아들이고도 새지 않고 만물을 싣는다. 지금 산은 한주먹만한 돌이 많아져서 그것이 넓고 큼에 이르고 풀과 나무가 그곳에서 나고 날짐승과 길짐승이 그곳에서 살며 산물이 많이 나는 곳으로 흥성한다. 지금 물은 한 움큼이 많아져서 그것이 헤아리지 못함에 이르며 큰 자라와 악어와 이무기와 용과 고기와 작은 자라가 산다. 재물이 불어난다.

분석

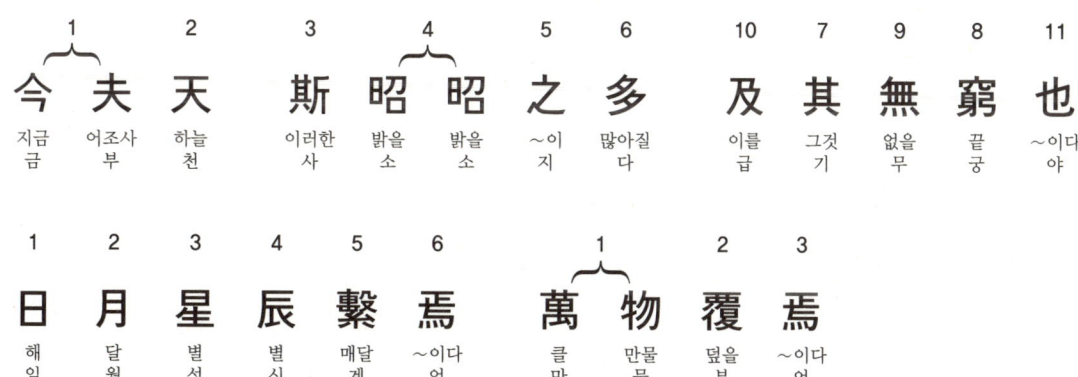

지금 하늘은 이러한 밝은 모양이 많아지니 그것이 끝이 없음에 이른다. 해와 달과 별들을 매단다. 만물을 덮는다.

제26장 313

풀이

금(今): 지금
부(夫): 문장 중간에 쓰이는 어조사. 별 뜻은 없다.
금부(今夫): 지금. 부사
천(天): 하늘
사(斯): 이러한
소(昭): 밝다.
소(昭): 밝다.
소소(昭昭): 밝은 모양 또는 환하게 밝음이라는 뜻임.
지(之): ~이. 주격 조사
다(多): 많아지다.
급(及): 이르다.
기(其): 그것. 이러한 밝은 모양[斯昭昭]을 가리킴.
무(無): 없다.
궁(窮): 끝.
무궁(無窮): 끝이 없다. 끝이 없음이라는 명사구로 쓰임.
야(也): ~이다. 종결형 어조사
일(日): 해

월(月): 달
성(星): 별. 별 중에서도 중앙별을 뜻함. 예를 들어 북극성이 이에 속한다.
신(辰): 별. 별 중에서도 중앙별의 주위를 도는 뭇별을 말함. 예를 들어, 중앙별인 북극성의 주위를 도는 북두칠성이 이에 속한다.
계(繫): 매달다. 이때 매다는 것의 주체는 하늘임.
언(焉): ~이다. 단정과 강조를 말하는 종결형 어조사
만(萬): 크다 또는 다수
물(物): 만물[all-things]
만물(萬物): 생명을 가지고 있는 동식물을 말함. 또한 만물에 생명체를 가지고 있지 않은 모든 물체도 포함함.
부(覆): 덮다[cover]. 이때 덮는 것의 주체는 하늘임.
언(焉): ~이다. 단정과 강조를 뜻하는 종결형 어조사

분석

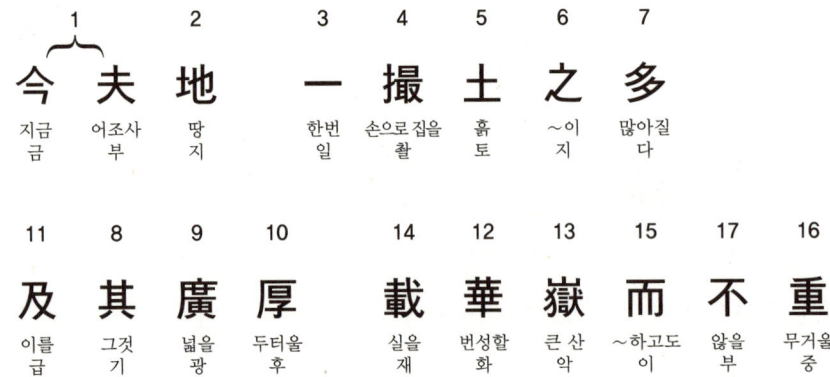

20	18	19	21	23	22	24		25	26

振 河 海 而 不 洩　萬 物 載 焉
받아들일 강 바다 ~하고도 않을 샐　클 만물 실을 ~이다
진 하 해 이 불 설　만 물 재 언

지금 땅은 한 줌의 흙이 많아지니 그것이 넓고 두터움에 이르고 높고 큰 산을 싣고도 무겁지 않고 강과 바다를 받아들이고도 새지 않고 만물을 싣는다.

풀이

금(今): 지금
부(夫): 문장 중간에 쓰이는 어조사. 별 뜻은 없다.
금부(今夫): 지금. 부사
지(地): 땅
일(一): 한번. 부사
촬(撮): 손으로 집다.
토(土): 흙
일촬토(一撮土): 한 줌의 흙
지(之): ~이. 주격 조사
다(多): 많아지다.
급(及): 이르다.
기(其): 그것[it]. 한 줌의 흙[一撮土]을 가리킴.
광(廣): 넓다.
후(厚): 두텁다.
광후(廣厚): 넓고 두터움. 명사구로 쓰임.
재(載): 싣다.
화(華): 번성하다.
악(嶽): 큰 산

화악(華嶽): 번성한 큰 산. 높고 큰 산을 말함.
이(而): ~하고도
부(不): ~않다.
중(重): 무겁다.
진(振): 받아들이다.
하(河): 강
해(海): 바다
이(而): ~하고도
불(不): ~않다.
설(洩): 새다.
불설(不洩): 강과 바다의 물이 새지 않는다.
만(萬): 크다 또는 다수
물(物): 만물[all-things]
만물(萬物): 생명을 가지고 있는 동식물을 말함. 또한 만물에 생명체를 가지고 있지 않은 모든 물체도 포함함.
재(載): 싣다[load].
언(焉): ~이다. 종결형 어조사

분석

지금 산은 한주먹만한 돌이 많아져서 그것이 넓고 큼에 이르고 풀과 나무가 그곳에서 나고 날짐승과 길짐승이 그곳에서 살며 산물이 많이 나는 곳으로 흥성한다.

풀이

금(今): 지금
부(夫): 문장 중간에 쓰이는 어조사. 별 뜻은 없다.
금부(今夫): 지금. 부사
산(山): 산
일(一): 하나
권(卷): 주먹
석(石): 돌
일권석(一卷石): 한주먹만한 크기의 돌
지(之): ~이. 주격 조사
다(多): 많아지다.
급(及): 이르다.
기(其): 그것[it]. 한주먹만한 크기의 돌흙[一卷石]을 가리킴.
광(廣): 넓다.
대(大): 크다.

광대(廣大): 넓고 큼. 명사구로 쓰임.
초(草): 풀
목(木): 나무
생(生): 나다.
지(之): 그곳. 산(山)을 가리킴.
금(禽): 날짐승. 날아다니는 짐승이라는 뜻임. 날짐승은 새와 같다.
수(獸): 길짐승. 네 발로 기어 다니는 짐승이라는 뜻임.
거(居): 살다.
지(之): 그곳. 산(山)을 가리킴.
보(寶): 보물
장(藏): 감추다.
보장(寶藏): 산물(産物)이 많이 나는 곳
흥(興): 흥성하다 또는 창성하다.
언(焉): ~이다. 단정과 강조를 뜻하는 종결형 어조사

분석

지금 물은 한 움큼이 많아져서 그것이 헤아리지 못함에 이르며 큰 자라와 악어와 이무기와 용과 고기와 작은 자라가 산다. 재물이 불어난다.

풀이

금(今): 지금

부(夫): 문장 중간에 쓰이는 어조사. 별 뜻은 없다.

금부(今夫): 지금. 부사

수(水): 물

일(一): 한[하나]

작(勺): 구기라는 작은 국자를 말함. 소량이라는 뜻임.

일작(一勺): 한 움큼

지(之): ~이. 주격 조사

다(多): 많아지다.

급(及): 이르다.

기(其): 그것[it]. 한 움큼[一勺]을 가리킴.

불(不): 못하다.

측(測): 헤아리다[measure].

불측(不測): 헤아리지 못함. 명사구로 쓰임.

원(黿): 큰 자라

타(鼉): 악어

교(蛟): 이무기

룡(龍): 용

어(魚): 고기

별(鼈): 작은 자라

생(生): 살다.

언(焉): ~이다. 단정과 강조를 뜻하는 종결형 어조사

화(貨): 재물

재(財): 재물

화재(貨財): 재물[goods]. 오늘날 재화(財貨)로 씀.

식(殖): 불어나다.

언(焉): ~이다. 단정과 강조를 뜻하는 종결형 어조사

● **천지산수 이미지**

분류	텍스트 핵심 구절	풀이	이미지	비고
천(天): 하늘	계언(繫焉)/ 부언(覆焉)	매달다./덮다.	하늘에 해와 달 그리고 각종 별들이 매달린다./하늘이 만물을 덮어준다.	하늘의 작용
지(地): 땅	재언(載焉)	싣다.	땅이 만물을 실어준다.	땅의 작용
산(山): 산	흥언(興焉)	흥성하다.	산에 각종 초목과 날짐승 그리고 길짐승들이 산다.	산의 작용
수(水): 물	생언(生焉)/ 식언(殖焉)	산다./ 불어나다.	물속에 각종 동물이 살고 있으며 각종 산물이 증식한다.	물의 작용

☞ 이때 산수(山水)는 자연의 다른 표현이다. 그러므로 천지산수는 곧 천지자연인 셈이다. 천지자연은 각자 자신의 자리에서 자신만의 작용을 쉼 없이 수행한다. 이것이 곧 성(誠)이자 지성무식(至誠無息)인 것이다!

논평

하늘과 땅 그리고 산과 물에 온갖 것들이 살아가고 있다. 그 속에 지성무식으로 천지산수가 작용한다.

원문 전석

26-10

詩云「維天之命 於穆不已」
蓋曰 天之所以爲天也「於乎不顯 文王之德之純」
蓋曰 文王之所以爲文也 純亦不已

『시경』은 말한다:
「오직 천명이 아! 심원하여 멈추지 않는다」
대략 말한다: 하늘이 하늘이 되는 까닭이다.
「아! 크게 나타나는구나 문왕의 본성의 순수함이여」
대략 말한다: 문왕이 문왕이 되는 까닭이다. 순수함이 또한 멈추지 않는다.

분석

1	2
蓋	曰
대략 개	말할 왈

『시경』은 말한다: 「오직 천명이 아! 심원하여 멈추지 않는다」
대략 말한다: 하늘이 하늘이 되는 까닭이다. 「아! 크게 나타나는구나 문왕의 본성의 순수함이여」
대략 말한다: 문왕이 문왕이 되는 까닭이다. 순수함이 또한 멈추지 않는다.

풀이

시(詩): 『시경(詩經)』. 『시경(詩經)』「주송(周頌)」〈유천지명편(維天之命篇)〉에 나옴.
운(云): 말하다. 〈운(云)=왈(曰)〉
유(維): 오직. 부사
천(天): 하늘. 천(天)은 물리 천[sky]이 아니라 주재천[Heaven]이다. 이때 주재란 이 세상을 다스리고 관리하는 일을 관장한다는 뜻임.
지(之): ~의
명(命): 명령. 천명이라는 뜻임.
천지명(天之命): 하늘의 명령. 줄여서 천명이라는 뜻. 천도를 말함. 천명(天命)≒천도(天道)
오(於): 아! 감탄의 어조사
목(穆): 심원하다.
불(不): ~않다.
이(已): 멈추다 또는 그만두다.

개(蓋): 대략. 부사
왈(曰): 말하다. 말하는 주체는 『중용(中庸)』의 저자인 자사임.
천(天): 하늘. 천(天)은 물리 천[sky]이 아니라 주재천[Heaven]이다. 이때 주재란 이 세상을 다스리고 관리하는 일을 관장한다는 뜻임.
지(之): ~이. 주격 조사
소(所): 까닭
이(以): 까닭
소이(所以): 까닭
위(爲): 되다.
천(天): 하늘. 천(天)은 물리 천[sky]이 아니라 주재천[Heaven]이다. 이때 주재란 이 세상을 다스리고 관리하는 일을 관장한다는 뜻임.

야(也): ~이다. 종결형 어조사

☞ 하늘이 하늘이 되는 까닭이다[天之所以爲天也]는 뜻은 하늘은 본래 하늘답다라는 뜻이다.

오(於): 아!

호(乎): 아!

오호(於乎): 아! 감탄의 어조사

비(不): 크다. 크게라는 부사로 쓰임. 비(不)≒비(丕)

비(不)의 음훈 대조표

	비(不)		
1	『교학 대한한사전』 (교학사, 2005), 45쪽.	클 불 [大也]	비(丕)와 통용
2	『동아 한한대사전』 (동아출판사, 1987), 33쪽.	클 부	크다≒비(丕)
3	『한한대사전』1 (단국대학교 동양학연구소, 2009), 316쪽.	클 비	크다. 비(丕)와 통용

평가: 여기서 나는 3번을 취했다. 그래서 음을 비로 썼다. 따라서 불(不)은 아니다[not]라는 뜻의 부정사가 아니라 크다[大也]라는 뜻의 형용사다. 그러므로 〈비(不)≒비(丕)〉로 읽어야 한다.

현(顯): 나타나다 또는 드러나다.

비현(不顯): 크게 나타나다. 비현(不顯)≒비현(丕顯)

☞ 비현(不顯)도 오역의 대표적인 생산기지다! 물론 이 오역의 근원적 빌미는 주자가 제공했다. 주자는 비현(不顯)을 불현(不顯)으로 보고 나타나지 않는가?라고 주석했다. 그러나 이런 해석은 완전히 틀린 것이다. 불(不)이 반어적 용법으로 ~않는가?로 쓸 때는 문장의 끝에 배치된다. 이런 용법의 구체적인 예를 보고 싶으면 『한문해석사전』(글항아리, 2013) 502쪽을 참고하라. 이러한 주자의 실수를 그대로 답습한 국내 번역서의 오역 실태를 보자.

비현(不顯)의 오역 사례

	비현(不顯)은 크게 나타난다는 뜻인데 불현(不顯), 즉 나타나지 않는가라는 식으로 오역	
1	『중용장구신강』 (명문당, 2005), 565쪽.	나타나지 않으랴?
2	『중용』(한길사, 2014), 197쪽.	드러나지 않는가.
3	『현토신역부안설중용집주』 (한국인문고전연구소, 2016), 208쪽.	드러나지 않겠는가.
4	『중용』(민음사, 2017), 110쪽.	밝고도 환하지 않는가!
5	『집주완역 중용』 하 (대유학당, 2019), 791쪽.	드러나지 않는가?

총평: 천편일률 오역의 산실이다. 그리고 텍스트에 오호(於乎)라는 감탄사가 앞에 있는데 1번과 5번 같이 〈나타나지 않으랴?〉 〈드러나지 않는가?〉와 같이 반어적으로 처리하면 절대 안 된다!

☞ 비현(不顯)이 비현(丕顯)으로서 〈크게[不] 나타난다[顯]〉라고 해석한다! 『한한대사전』1(단국대학교 동양학연구소, 2009)의 394쪽을 참고하라.

☞ 참고로 레게의 영문 번역을 보면 국내 번역물이 오역인지 더욱 선명해진다.

「오호비현(於乎不顯)
문왕지덕지순(文王之德之純)」
→ How illustrious was it, the singleness of the virtue of King Wen!

문(文): 문왕
왕(王): 임금
문왕(文王): 주나라를 창건한 무왕의 아버지
지(之): ~의
덕(德): 본성, 인품 또는 품격

지(之): ~의
순(純): 순수하다 또는 진실하다[誠也]. 순수함이라는 명사구로 쓰임.
개(蓋): 대략. 부사
왈(曰): 말하다. 이때 말하는 주체는 『중용(中庸)』의 저자인 자사임.
문(文): 문왕
왕(王): 임금
문왕(文王): 주나라를 창건한 무왕의 아버지
지(之): ~의
소(所): 까닭
이(以): 까닭

소이(所以): 까닭
위(爲): 되다.
문(文): 문왕
야(也): ~이다. 종결형 어조사
  ☞ 문왕이 문왕이 되는 까닭이다[文之所以爲文也]는 뜻은 문왕은 본래 문왕답다는 뜻이다.
순(純): 순수하다 또는 진실하다[誠也]. 순수함이라는 명사구로 쓰임.
역(亦): 또한. 부사
불(不): ~않다.
이(已): 멈추다 또는 그만두다.

〈깜짝 퀴즈 40〉
26-10에 나오는 『시경(詩經)』의 구절은 다음 중 언제 사용하는 것일까? (   )
① 주나라의 창건일에 쓰는 시
② 문왕의 생일날에 쓰는 시
③ 문왕의 제사 때 쓰는 시

정답: ③

논평

문왕은 천도대로 자신의 본성을 순수하게 펼쳐 보였다. 그런 문왕을 기리고 있다.

제27장

27-1
대재 성인지도
大哉 聖人之道
위대하구나! 성인의 작용이여.

27-2
양양호 발육만물 준극우천
洋洋乎 發育萬物 峻極于天
광대하게 만물이 싹트고 자라나 생장하여 하늘에 이른다.

27-3
우우대재 예의삼백 위의삼천
優優大哉 禮儀三百 威儀三千
넉넉하고 넉넉해 훌륭하구나! 예의 삼백 위의 삼천이여.

27-4
대기인이후행
待其人而後行
그 사람에 의지한 이후 행한다.

27-5
고 왈 구부지덕 지도불응언
故 曰 苟不至德 至道不凝焉
그러므로 말한다. 만일 지극한 본성이 아니면 지극한 작용은 이루어지지 않는다.

27-6
고 군자 존덕성이도문학 치광대이진정미
故 君子 尊德性而道問學 致廣大而盡精微
극고명이도중용 온고이지신 돈후이숭례
極高明而道中庸 溫故而知新 敦厚以崇禮
그러므로 군자는 본성을 높이고 묻고 배움을 행하고, 넓고 큼을 지극히 하고 깊고 정밀함을 다하고, 높고 밝음을 다하고 중용을 행하고, 옛것을 익혀 새것을 알고, 도탑게 하고 두텁게 함으로써 예도를 높인다.

27-7 是故 居上不驕 爲下不倍 國有道 其言足以興 國無道 其默足以容 詩曰 旣明且哲 以保其身 其此之謂與

이 때문에 높은 자리에 있더라도 교만하지 않고 아래 사람이 되어도 배반하지 않는다. 나라에 인도가 있으면 그 말을 행할 수 있다. 나라에 인도가 없다면 그 침묵을 받아들일 수 있다. 『시경』은 말한다: 「이미 현명하고 또 지혜로우니 그 자신을 보호하게 되리라」 아마 이것을 말할 것이다.

원문 전석

27-1

大哉 聖人之道

위대하구나! 성인의 작용이여.

분석

1	2	3	4	5
大	哉	聖	人	之	道

大 위대할 대
哉 ~하구나! 재
聖 성인 성
人 사람 인
之 ~의 지
道 작용 도

위대하구나! 성인의 작용이여.

☞ 이 텍스트는 〈대재(大哉)〉를 강조하기 위한 도치문이다.
〈대재(大哉) 성인지도(聖人之道) → 성인지도(聖人之道) 대재(大哉)[성인의 작용이 위대하구나!]〉로 놓으면 도치 이전의 원래 문장이다.

풀이

대(大): 위대하다.
재(哉): ~하구나! 감탄의 어조사
성(聖): 성인[聖人·sage]
인(人): 사람

성인(聖人): 천도를 완벽하게 실현하며 사는 사람을 말함. ☞ 군자(君子)
지(之): ~의
도(道): 작용[function] 또는 기능

논평

천도의 운행 따라 그렇게 사는 사람, 우리는 그를 성인(聖人)이라 부른다.

제27장

원문 전석

27-2 洋洋乎 發育萬物 峻極于天

광대하게 만물이 싹트고 자라나 생장하여 하늘에 이른다.

분석

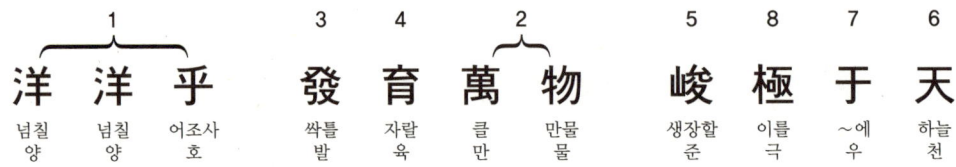

광대하게 만물이 싹트고 자라나 생장하여 하늘에 이른다.

풀이

양(洋): 넘치다 또는 가득 차서 넘치다.
양(洋): 넘치다 또는 가득 차서 넘치다.
양양(洋洋): 충만한 모양 또는 빠진 데 없이 꽉 차 있는 모양을 뜻함.
호(乎): 앞에 나온 구절—양양(洋洋)—의 부사를 만드는 접미사로 쓰임.
양양호(洋洋乎): 광대하게 또는 충만하게. 부사
발(發): 싹트다[萌也].
육(育): 자라다.

발육(發育): 태어나 성장하다.
만(萬): 크다 또는 다수
물(物): 만물[all-things]
만물(萬物): 생명을 가지고 있는 모든 동식물을 말함.
준(峻): 자라다 또는 생장하다.
극(極): 이르다[至也].
우(于): ~에. 전치사
천(天): 하늘

논평

천지 사이에 만물이 가득 차 있으면서 각자 생육의 일에 참여하고 있다.

원문 전석

27-3 優優大哉 禮儀三百 威儀三千

넉넉하고 넉넉해 훌륭하구나! 예의 삼백 위의 삼천이여.

분석

넉넉하고 넉넉해 훌륭하구나! 예의 삼백 위의 삼천이여.

☞ 이 텍스트는 〈우우대재(優優大哉)〉를 강조하기 위한 도치문이다.
〈우우대재(優優大哉) 예의삼백(禮儀三百) 위의삼천(威儀三千) → 예의삼백(禮儀三百) 위의삼천(威儀三千) 우우대재(優優大哉)[예의 삼백과 위의 삼천이 넉넉하고 넉넉해 훌륭하구나!]〉로 놓으면 도치 이전의 원래 문장이다.

풀이

우(優): 넉넉하다.
우(優): 넉넉하다.
우우(優優): 우(優)와 우(優)를 합치면 온화하고 얌전한 모양이라는 뜻임.
대(大): 훌륭하다.
재(哉): ~하구나! 감탄사
례(禮): 예도 또는 예법
의(儀): 법도
예의(禮儀): 〈예법[예로서 지켜야 할 법칙]+의식[진행 절차]〉을 말함.
☞ 이때 예의(禮儀)는 일상생활에서 사람이 지켜야 할 도리인 예의(禮義)와는 다른 것이다.
삼(三): 셋[3]
백(百): 백[100]
삼백(三百): 300
예의삼백(禮儀三百): 예법과 의식이 300가지
위(威): 아름답다 또는 멋지다.
의(儀): 예절

위의(威儀): 아름다운 예절. 이것은 예의(禮儀)에 대한 세칙(細則)을 말함.
삼(三): 셋[3]

천(天): 천[1000]
삼천(三千): 3000
위의삼천(威儀三千): 아름다운 예절이 3000가지

● 예의(禮儀)와 위의(威儀)의 비교

예의(禮儀): 예제(禮制)					위의(威儀): 행례(行禮)				
예법의 제도를 말한다. 〈예법+의식〉의 대강이자 총칙이다.					실천하는 예절로 〈예법+의식〉에 따른 세부적 사항, 즉 세칙을 말한다.				
관례 (冠禮)	혼례 (婚禮)	상례 (喪禮)	제례 (祭禮)	…[등등 등]	관례에 따른 세칙	혼례에 따른 세칙	상례에 따른 세칙	제례에 따른 세칙	…[등등 등]
총 300가지					총 3000가지				
평가: 예의가 총론이라면 위의는 각론이라고 볼 수 있다. 관혼상제 등 각 영역에 총론이 있다면 관혼상제 등에 따른 각 영역별 각론이 있는 이치와 같다. 예의와 위의를 합쳐서 총 3300가지나 된다.									

☞ 위의(威儀)의 구체적인 내용은 『예기(禮記)』「곡례(曲禮)」상·하에 나온다. 이때 곡례(曲禮)란 자잘한[曲] 예절[禮]이라는 뜻으로 예의 세칙인 위의(威儀)와 같은 말이다

논평

예의(禮儀)와 위의(威儀)도 모두 인도(人道)의 구현을 위한 설치이고, 이러한 인도도 결국 천도(天道)를 지향한다.

원문 전석

27-4

待其人而後行

그 사람에 의지한 이후 행한다.

분석

```
   3    1    2      4        5
   待   其   人   而   後   行
 의지할  그   사람  이후  뒤   행할
  대    기   인    이    후    행
```

그 사람에 의지한 이후 행한다.

풀이

대(待): 의지하다 또는 기대다.

☞ 이 대자(待字)의 번역도 대표적인 오역의 생산 기지다! 국내 번역물 모두 이 대(待)를 기다리다라고 번역하고 있다. 심지어 레게도 대(待)를 기다리다[wait]라고 영역하고 있다. 완전히 틀렸다. 맥락상 그런 뜻이 결코 아니다.

대자(待字)의 사전 풀이

	대(待)	
1	『교학 대한한사전』(교학사, 2005), 1065쪽.	기대다. 의지하다.
2	『한한대사전』 5(단국대학교 동양학연구소, 2009), 226쪽.	기대다. 의지하다.

기(其): 그

인(人): 사람

기인(其人): 그 사람. 27-1의 성인(聖人)을 가리킴.

이(而): 이후. 시점의 한정을 뜻하는 어조사로 쓰임.

후(後): 뒤

이후(而後): ~이후(以後) 또는 ~뒤에.
　　　　　　이후(而後)≒이후(以後)

행(行): 행하다. 행(行)의 주체는 군자(君子)이다. 군자가 그 사람, 즉 성인(聖人)에 의지하여 군자가 실천에 참여한다는 뜻이 행(行)이다.

논평

성인(聖人)에 의지하여 군자(君子)는 자신의 길을 간다.

원문 전석

27-5 | 故 曰 苟不至德 至道不凝焉

그러므로 말한다. 만일 지극한 본성이 아니면 지극한 작용은 이루어지지 않는다.

분석

1	2	3/7	6	4	5	8	9	11	10	12
故	曰	苟	不	至	德	至	道	不	凝	焉
그러므로	말할	만일 ~이라면	아닐	지극할	본성	지극할	작용	않을	이루어질	~이다
고	왈	구	부	지	덕	지	도	불	응	언

그러므로 말한다. 만일 지극한 본성이 아니면 지극한 작용은 이루어지지 않는다.

풀이

고(故): 그러므로
왈(曰): 말하다. 이때 말하는 주체는 자사(子思)임.
구(苟): 만일 ~이라면[if]
부(不): 아니다.
지(至): 지극하다.
덕(德): 본성 또는 마음

지(至): 지극하다.
도(道): 작용 또는 기능
불(不): ~않다.
응(凝): 이루어지다[成也].
언(焉): ~이다. 강조와 단정을 나타내는 종결형 어조사

논평

지덕[至德·지극한 본성]이라야 지도[至道·지극한 작용]를 이룬다.

원문 전석

27-6

故 君子 尊德性而道問學 致廣大而盡精微
極高明而道中庸 溫故而知新 敦厚以崇禮

그러므로 군자는 본성을 높이고 묻고 배움을 행하고, 넓고 큼을 지극히 하고 깊고 정밀함을 다하고, 높고 밝음을 다하고 중용을 행하고, 옛것을 익혀 새것을 알고, 도탑게 하고 두텁게 함으로써 예도를 높인다.

분석

그러므로 군자는 본성을 높이고 묻고 배움을 행하고,

풀이

고(故): 그러므로
군(君): 어진이[仁者]
자(子): 사람
군자(君子): 중용의 뜻을 알고 이를 실천하는데 노력하는 사람. 다시 말해 성인(聖人)이 되려고 꾸준히 노력하는 사람을 말함. 인격적 개념임.
존(尊): 높이다.
덕(德): 본성 또는 마음
성(性): 본성

덕성(德性): 마음으로서의 본성, 즉 마음인 본성을 뜻함. 덕성(德性)≒본성(本性)
이(而): ~하고. 대등과 병렬의 접속사
도(道): 행하다[行也], 좇아서 행하다 혹은 실행하다.
  ☞ 이때 주자는 도(道)를 유(由)로 주석했다. 이를 그대로 수용하여 어떤 이들은 도문학을 묻고 배움을 말미암는다로 똑같이 따르고 있다. 이러한 실태를 보도록 하자.

유(由)를 말미암다로 오역한 실례

	유(由)의 오역 사례	
1	『중용』 (한길사, 2014), 204쪽.	… 말미암는다.
2	『현토신역부안설중용집주』 (한국인문고전연구소, 2016), 212쪽.	… 말미암으니
3	『중용』 (민음사, 2017), 111쪽.	… 말미암으니

평가: 유(由)에는 말미암다라는 뜻도 있지만 행하다 또는 따르다라는 뜻도 있다. 텍스트의 맥락에서 유(由)는 〈유(由), 행야(行也)〉로 쓰였다. 따라서 유(由)≒행(行)≒도(道)라고 할 때 그것은 모두 행한다는 뜻이다.

문(問): 묻다.

학(學): 배우다.

문학(問學): 묻고 배우는 활동을 말함. 묻고 배우는 대상은 바로 앞 구절에 나오는 본성인 덕성이다. 따라서 묻고 배운다는 것은 자신의 본성에 대하여 묻고 자신의 본성에 대하여 배우는 것이다.

☞ 간혹 어떤 이들은 이를 학문으로 번역하는 실수를 저지르고 있다. 즉 〈문학(問學) → 학문(學問)〉으로 말이다. 이것은 원래 맥락을 완벽하게 곡해하는 방식이다. 다시 말하지만 문학은 현대적 의미의 학문(science)과 아무런 관련이 없다!

존덕성이도문학(尊德性而道問學)의 구조 분석

존덕성(尊德性)	이(而)	도문학(道問學)
존심(存心)의 대전제	대등과 병렬의 접속사	치지(致知)의 대전제

평가: 존덕성과 도문학은 아래에 연결되는 하위 네 텍스트들—①치광대이진정미(致廣大而盡精微), ②극고명이도중용(極高明而道中庸), ③온고이지신(溫故而知新), ④돈후이숭례(敦厚而崇禮)—의 강령[platform·기반 및 근거]의 역할을 한다.

〈깜짝 퀴즈 41〉
묻고 배움의 대상은 구체적으로 무엇이고 그것의 속뜻은 무엇인가? 무엇: (　　　　), 속뜻: (　　　　)
① 덕성(德性)　② 학문　③ 지성(至誠)　④ 지식

정답: 무엇—① 덕성, 속뜻—③ 지성[至誠·지극한 참마음]

분석

　　　3　　1　　2　　4　　7　　5　　6
　　　致　廣　大　而　盡　精　微
　　지극히 할　넓을　클　~하고　다할　자세할　작을
　　　치　　광　대　이　진　정　미

넓고 큼을 지극히 하고 깊고 정밀함을 다하고,

풀이

치(致): 지극히 하다.
광(廣): 넓다.
대(大): 크다.
광대(廣大): 넓고 큼. 본성이 넓고 크다는 뜻임.
치광대(致廣大): 본성의 넓고 큼을 지극히 한다. 정성을 다하여 본성을 극진히 하는 것을 말함.
이(而): ~하고. 대등과 병렬의 접속사

진(盡): 다하다.
정(精): 자세하다.
미(微): 작다.
정미(精微): 깊고 정밀하다.
진정미(盡精微): 깊고 정밀함을 다한다. 즉 자신의 본성에 대하여 깊고 정밀하게 알려고 노력하는 것을 말함.

분석

```
  3    1    2    4    7    5    6
  極   高   明   而   道   中   庸
 다할 높을 밝을 ~하고 행할 알맞을 법
  극   고   명   이   도   중   용
```

높고 밝음을 다하고 중용을 행하고,

풀이

극(極): 다하다.
고(高): 높다.
명(明): 밝다.
고명(高明): 높고 밝음. 저 높은 하늘에 떠 있는 해와 달과 같이 본성이 높고 밝다는 뜻임.
극고명(極高明): 본성의 높고 밝음을 다한다. 이때 다한다는 뜻은 고명인 본성을 극진하게 한다는 뜻임.
이(而): ~하고. 대등과 병렬의 접속사
도(道): 행하다.
중(中): 알맞다. 알맞음이 있을 때 그 알맞음을 지나치거나 그 알맞음에 미치지 못하는 것이 없는, 즉 과불급이 없는[無過不及] 상태라는 뜻임.

용(庸): 법[常]
중용(中庸): 본성을 실현하는데 필요한 알맞음과 그것의 지속과 유지라는 뜻임.
　☞ 구체적인 내용을 알고 싶으면 2-1을 참고하라.
　☞ 중용의 풀이 보완
일을 처리하는 데에 이르러서 곧 이와 같이 세밀하게 하여 [본성의 알맞음을] 지나치는 것도 아니고 [본성의 알맞음에] 미치지 못하는 것도 아닌 것이 중용이다[及行事 則恁地細密 無過不及 是中庸].
　☞ [본성의 알맞음을]과 [본성의 알맞음에]는 맥락상 추가해서 넣은 것이다.

제27장

분석

2	1	3	5	4	6	7	8	10	9
溫	故	而	知	新	敦	厚	以	崇	禮
익힐	오래될	~해서	알	새	도탑게 할	두터이 할	~로써	높일	예도
온	고	이	지	신	돈	후	이	숭	례

옛것을 익혀 새것을 알고, 도탑게 하고 두텁게 함으로써 예도를 높인다.

풀이

온(溫): 익히다 또는 배우다.
고(故): 오래되다. 옛것이라는 뜻임.
이(而): ~해서
지(知): 알다.
신(新): 새것 또는 새로움

온고이지신(溫故而知新)를 대하는 두 버전.

온고이지신(溫故而知新)	
공자 버전	『논어』「위정」2-11: 옛것을 익혀 새것을 안다.
자사 버전	〈이미-나에게-본성이-내재해-있음[故]〉을 배운다[溫]. 그리고-나서[而] 〈그러한-본성의-재발견[新]〉을 안다[知].

☞ 본문을 공자의 버전으로 처리했지만, 맥락상 자사의 버전으로 온고이지신을 재해석하였다. 이러한 해석은 온고(溫故)를 자신의 본성에 대한 〈다시-배움[re-learning]〉으로 지신(知新)을 자신의 본성에 대한 〈새로운-배움[new-learning]〉으로 처리한 것이다.

돈(敦): 도탑게 하다.
후(厚): 두텁게 하다.
돈후(敦厚): 도탑게 하고 두텁게 한다. 자신의 본성의 층을 두텁게, 깊게 만드는 작업을 말함.

돈(敦)≒후(厚)

이(以): ~로써
숭(崇): 높이다.
례(禮): 예도라는 뜻으로 27-3의 〈예의(禮儀)+위의(威儀)〉를 가리킴.
숭례(崇禮): 예도를 숭상하는 것을 말함. 이러한 작업은 결국 예도를 숭상하여 인도를 복구해 천도로 다가서려는 노력의 일환임.

● **27-6의 텍스트 구조**

대강 [총론]	존덕성(尊德性): 본성을 높이는 활동	도문학(道問學): 자신의 본성에 대하여 묻고 배우는 활동
세부 [각론]	치광대(致廣大): 자신의 본성이 넓고 큼을 지극히 하는 활동	진정미(盡情微): 자신의 본성에 대하여 깊고 정밀하게 알고자 모든 노력을 다하는 활동
	극고명(極高明): 자신의 본성이 높고 밝다는 것을 지극히 하는 활동	도중용(道中庸): 자신의 본성을 일상에서 알맞게 실천하는 활동
	온고(溫故): 이미 본성이 내 안에 있다는 것을 다시 확인하는 활동[re-learning]	지신(知新): 그러한 본성을 재-발견하는 활동 [new-learning]
	돈후(敦厚): 자신의 본성을 더욱 두텁게 하는 활동	숭례(崇禮): 예도[예의+위의]를 숭상하여 인도를 복구함으로써 천도에 다가서는 활동
평가	존심(存心) 공부: 본성을 보존하는 공부	치지(致知) 공부: 본성을 보존하는 앎을 지극히 하는 공부

논평

본성을 보전하는 일과 그러한 본성을 보전하는 앎을 치밀하게 설계해 실천하라.

원문 전석

是故 居上不驕 爲下不倍 國有道 其言足以興 國無道 其默足以容 詩曰 旣明且哲 以保其身 其此之謂與

27-7

이 때문에 높은 자리에 있더라도 교만하지 않고 아래 사람이 되어도 배반하지 않는다. 나라에 인도가 있으면 그 말을 행할 수 있다. 나라에 인도가 없다면 그 침묵을 받아들일 수 있다. 『시경』은 말한다: 「이미 현명하고 또 지혜로우니 그 자신을 보호하게 되리라」 아마 이것을 말할 것이다.

분석

1	2	4	3	6	5	8	7	10	9
是	故	居	上	不	驕	爲	下	不	倍
이	때문	있을	높은 자리	않을	교만할	될	아래 사람	않을	배반할
시	고	거	상	불	교	위	하	불	배

이 때문에 높은 자리에 있더라도 교만하지 않고 아래 사람이 되어도 배반하지 않는다.

풀이

시(是): 이

고(故): 때문

시고(是故): 이 때문에

거(居): 있다. 군자가 ~에 있다는 맥락임.

상(上): 높은 쪽이지만, 높은 자리에 있는 윗사람이라는 뜻임. 상(上)↔하(下)

불(不): ~않다.

교(驕): 교만하다.

위(爲): 되다. 군자가 ~가 된다는 뜻임.

하(下): 아래 사람. 하(下)↔상(上)

불(不): ~않다.

배(倍): 배반하다.

분석

1	3	2	4	5	7		6
國	有	道	其	言	足	以	興
나라	있을	인도	그	말	~할수있다	할	행할
국	유	도	기	언	족	이	흥

나라에 인도가 있으면 그 말을 행할 수 있다.

풀이

국(國): 나라
유(有): 있다.
도(道): 인도(人道) 또는 인의(仁義).
　　　　인도(人道)≒인의(仁義)

도(道), 즉 인도(人道)로서의 인의(仁義)의 풀이

도(道)			
인도(人道)			
인(仁)	예(禮)	의(義)	지(智)
봄[春]	여름[夏]	가을[秋]	겨울[冬]
양(陽)의 세계[一]		음(陰)의 세계[--]	
인(仁)		의(義)	
인예(仁禮) 중에서 양(陽)의 대푯값으로 인(仁)을 추출		의지(義智) 중에서 음(陰)의 대푯값으로 의(義)를 추출	
종합: 원래 인도(人道)는 인·예·의·지(仁禮義智)라고 해야 맞다. 하지만 인·예·의·지(仁禮義智)를 줄여서 인의(仁義)라 한다. 인도(人道)≒인의(仁義)			

기(其): 그. 군자를 가리킴.
언(言): 말
족(足): ~할 수 있다.
이(以): 하다.
족이(足以): ~할 수 있다.
흥(興): 행하다.

☞ 도(道)에는 천도(天道)와 지도(地道) 그리고 인도(人道)가 있는데, 그 중에서 위의 내용은 인도만을 말한 것이다.

분석

1	3	2	4	5	7		6
國	無	道	其	默	足	以	容
나라	없을	인도	그	침묵할	~할수있다	할	받아들일
국	무	도	기	묵	족	이	용

나라에 인도가 없다면 그 침묵을 받아들일 수 있다.

풀이

국(國): 나라
무(無): 없다.
도(道): 인도(人道) 또는 인의(仁義).
　　　　인도(人道)≒인의(仁義)
기(其): 그. 군자를 가리킴.

묵(默): 침묵하다. 침묵이라는 명사로 쓰임.
족(足): ~할 수 있다.
이(以): 하다.
족이(足以): ~할 수 있다.
용(容): 받아들이다.

분석

1	2	3	4	5	6	10	9	7	8
詩	曰	旣	明	且	哲	以	保	其	身
시경	말할	이미	현명할	또	지혜로울	될	보호할	그	자신
시	왈	기	명	차	철	이	보	기	신

1	2	3	4	5
其	此	之	謂	與
아마	이것	~을	말할	~할것이다
기	차	지	위	여

『시경』은 말한다: 「이미 현명하고 또 지혜로우니 그 자신을 보호하게 되리라」 아마 이것을 말할 것이다.

풀이

시(詩): 『시경(詩經)』. 『시경(詩經)』「대아(大雅)」〈증민편(蒸民篇)〉에 나옴.
왈(曰): 말하다.
기(既): 이미. 부사
명(明): 현명하다.
차(且): 또
철(哲): 지혜롭다.
이(以): 되다.

보(保): 보호하다 또는 지키다.
기(其): 그. 군자를 가리킴.
신(身): 자신[自身·self]
기(其): 아마. 부사
차(此): 이것
지(之): ~을. 어조사
위(謂): 말하다.
여(與): ~할 것이다. 추측의 종결형 어조사

논평

군자는 높은 자리에 있든 아니면 낮은 자리에 있든 인도(人道), 즉 인의(仁義)의 길을 간다.

제28장

28-1
子曰 愚而好自用 賤而好自專 生乎今之世
反古之道 如此者 災及其身者也

공자가 말했다. 어리석으면서 스스로 행사하기를 좋아하고 천하면서 스스로 독단하기를 좋아하며
현재의 세상에 살면서 옛날의 방법으로 되돌아가면 이와 같은 사람은 재앙이 그 자신에 미치는 것이다.

28-2
非天子 不議禮 不制度 不考文

임금이 아니면 예도를 말하지 못하고 법도를 만들지 못하며 글자를 살피지 못한다.

28-3
今天下 車同軌 書同文 行同倫

지금 온 세상에 수레는 바퀴 사이가 같고 문서는 글자가 같고 행위는 도리가 같다.

28-4
雖有其位 苟無其德 不敢作禮樂焉 雖有其德
苟無其位 亦不敢作禮樂焉

비록 그 지위에 있으나 만일 그 능력이 없으면 감히 예악을 만들지 못한다. 비록 그 능력이 있으나 만일 그 지위가 없다면 또한 감히 예악을 만들지 못한다.

28-5
子曰 吾說夏禮 杞不足徵也 吾學殷禮
有宋存焉 吾學周禮 今用之 吾從周

공자가 말했다. 나는 하나라의 예도를 말했고 기나라는 증거가 충분하지 못했다. 나는 은나라의 예도를 배웠고 또 송나라가 있었다. 나는 주나라의 예도를 배웠고 지금 그것을 쓰니 나는 주나라를 따르겠다.

원문 전석

28-1

子曰 愚而好自用 賤而好自專 生乎今之世
反古之道 如此者 災及其身者也

공자가 말했다. 어리석으면서 스스로 행사하기를 좋아하고 천하면서 스스로 독단하기를 좋아하며 현재의 세상에 살면서 옛날의 방법으로 되돌아가면 이와 같은 사람은 재앙이 그 자신에 미치는 것이다.

분석

1	2
子	曰
공자 자	말할 왈

1	2	5	3	4	6	7	10	8	9
愚	而	好	自	用	賤	而	好	自	專
어리석을 우	~면서 이	좋을 호	스스로 자	행사할 용	천할 천	~면서 이	좋을 호	스스로 자	독단할 전

15	14	11	12	13	19	16	17	18
生	乎	今	之	世	反	古	之	道
살 생	~에 호	현재 금	~의 지	세상 세	되돌아갈 반	옛날 고	~의 지	방법 도

21	20	22	23	26	24	25	27	28
如	此	者	災	及	其	身	者	也
~와 같을 여	이 차	사람 자	재앙 재	미칠 급	그 기	자신 신	것 자	~이다 야

공자가 말했다. 어리석으면서 스스로 행사하기를 좋아하고 천하면서 스스로 독단하기를 좋아하며 현재의 세상에 살면서 옛날의 방법으로 되돌아가면 이와 같은 사람은 재앙이 그 자신에 미치는 것이다.

풀이

자(子): 공자
왈(曰): 말하다.
우(愚): 어리석다.
이(而): ~면서
호(好): 좋아하다.
자(自): 스스로. 부사
용(用): 행사하다 또는 행동하다.
자용(自用): 부정적인 의미로 자신의 고집대로 모든 일을 처리하는 것을 말함.
천(賤): 천하다 또는 신분이 낮다.
이(而): ~면서
호(好): 좋아하다.
자(自): 스스로. 부사
전(專): 독단하다 또는 어떤 일을 마음대로 하다.
자전(自專): 부정적인 의미로 자기 마음대로 일을 처리하는 것을 말함.

생(生): 살다.
호(乎): ~에
금(今): 현재
지(之): ~의
세(世): 세상
반(反): 되돌아가다.
고(古): 옛날
지(之): ~의
도(道): 방법 또는 방도 혹은 수단
여(如): ~와 같다.
차(此): 이[this]
자(者): 사람
재(災): 재앙
급(及): 미치다 또는 이르다.
기(其): 그. 이와 같은 사람을 가리킴.
신(身): 자신[自身·self]
자(者): 것
야(也): ~이다. 종결형 어조사

자용(自用)과 자전(自專)의 사전적 풀이

자용(自用)	자전(自專)
자신이 옳다고 여기는 대로 일을 처리하고, 다른 사람의 의견을 수용하지 않는다.	자신의 생각대로 독단하여 일을 처리한다.
공통점: 둘 다 부정적 의미로 쓰였다.	

논평

자용과 자전을 경계하라. 그리고 과거로의 회귀도 조심하라.

원문 전석

28-2

非天子 不議禮 不制度 不考文

임금이 아니면 예도를 말하지 못하고 법도를 만들지 못하며 글자를 살피지 못한다.

분석

2	1		5	4	3		8	7	6		11	10	9
非	天	子	不	議	禮		不	制	度		不	考	文
아닐	임금	사람	못할	말할	예도		못할	만들	법도		못할	살필	글자
비	천	자	불	의	례		부	제	도		불	고	문

임금이 아니면 예도를 말하지 못하고 법도를 만들지 못하며 글자를 살피지 못한다.

풀이

비(非): 아니다.
천(天): 임금
자(子): 사람
천자(天子): 임금
불(不): 못하다.
의(議): 말하다 또는 의론하다.
례(禮): 예도. 사회의 존속과 유지를 위해 규정해 놓은 법칙, 규범, 의식 등을 총칭해서 말함.
부(不): 못하다.
제(制): 만들다.
도(度): 법도. 법[law]과 제도[system]를 말함.
불(不): 못하다.
고(考): 살피다 또는 고찰하다.
문(文): 글자. 서명(書名)을 말함. 서명의 뜻은 다음과 같다.

문(文): 글자	
서(書): 글자를 쓰는 법	명(名): 글자를 읽는 법
글자의 점과 획	글자의 음[音·소리]

당시 천자만이 할 수 있는 세 가지 권한

권한 1	권한 2	권한 3
의례(議禮)	제도(制度)	고문(考文)
예도에 대하여 강론할 수 있는 권한	법과 제도를 만들 수 있는 권한	글자를 고찰하여 고치고 글자를 바로잡을 수 있는 권한

☞ 당시 이러한 권한을 임금만이 가지고 있었다.

논평

당시 성인(聖人)만이 천자(天子)가 될 수 있다. 이러한 의식 때문에 저런 권한을 모두 천자에게 부여한 것이다. 천자가 하늘을 대신하여 위임통치하는 것으로 보았기 때문에 절대 권한을 주었다.

원문 전석

28-3 今天下 車同軌 書同文 行同倫

지금 온 세상에 수레는 바퀴 사이가 같고 문서는 글자가 같고 행위는 도리가 같다.

분석

지금 온 세상에 수레는 바퀴 사이가 같고 문서는 글자가 같고 행위는 도리가 같다.

풀이

금(今): 지금 또는 현재
천(天): 하늘
하(下): 아래
천하(天下): 하늘 아래, 즉 온 세상. 온 세상에라는 부사로 쓰임.

거(車): 수레
동(同): 같다.
궤(軌): 바퀴 사이. 원래 궤(軌)는 수레바퀴의 자국 또는 수레의 두 바퀴 사이의 너비를 뜻함.
거동궤(車同軌): 수레는 바퀴 사이가 같다. 이것은 당시 교통 및 운송 수단인 수레와 수레바퀴 사이의 규격을 통일시켰다는 의미임.
서(書): 문서
동(同): 같다.
문(文): 글자
서동문(書同文): 문서는 글자가 같다. 이것은 당시 공공 문서 등을 동일한 글자 체계로 통일했다는 의미임.

행(行): 행위. 인간의 행위 전체를 말함.
동(同): 같다.
륜(倫): 도리 또는 인도로 사람이 지켜야 하는 바른 길, 즉 인도로서의 도리를 말함.
사람이 지켜야 하는 바른 길≒도리(道理)≒인도(人道)
행동륜(行同倫): 행위는 도리가 같다. 인간이 인간으로서 해야만 하는 행위의 준칙과 법도를 체계화하였다는 뜻임.

논평

온 세상을 하나로 통일했다.

원문 전석

28-4

雖有其位 苟無其德 不敢作禮樂焉 雖有其德 苟無其位 亦不敢作禮樂焉

비록 그 지위에 있으나 만일 그 능력이 없으면 감히 예악을 만들지 못한다.
비록 그 능력이 있으나 만일 그 지위가 없다면 또한 감히 예악을 만들지 못한다.

분석

1	4	2	3	5/9	8	6	7
雖	有	其	位	苟	無	其	德
비록	있을	그	지위	만일~한다면	없을	그	능력
수	유	기	위	구	무	기	덕

13	10	12	11		14
不	敢	作	禮	樂	焉
못할	감히	만들	예도	음악	~이다
불	감	작	례	악	언

비록 그 지위에 있으나 만일 그 능력이 없으면 감히 예악을 만들지 못한다.

풀이

수(雖): 비록
유(有): 있다.
기(其): 그
위(位): 지위 또는 자리. 왕의 자리를 말함.
구(苟): 만일 ~한다면[if]
무(無): 없다.
기(其): 그
덕(德): 능력 또는 작용
불(不): 못하다.
감(敢): 감히. 부사
작(作): 만들다.

례(禮): 예도(禮度). 예법과 제도를 말함.
악(樂): 음악

예악의 역할

예(禮): 예도	악(樂): 음악
세상의 질서를 바로잡는 기능	인심(人心)을 화합하게 만드는 작용
평가: 이러한 의미로 예악을 강조했다.	

언(焉): ~ 이다. 강조와 단정을 나타내는 종결형 어조사

분석

1	4	2	3	5/9	8	6	7
雖	有	其	德	苟	無	其	位
비록 수	있을 유	그 기	능력 덕	만일 ~한다면 구	없을 무	그 기	지위 위

10	14	11	13	12		15
亦	不	敢	作	禮	樂	焉
또한 역	못할 불	감히 감	만들 작	예도 례	음악 악	~이다 언

비록 그 능력이 있으나 만일 그 지위가 없다면 또한 감히 예악을 만들지 못한다.

풀이

수(雖): 비록
유(有): 있다.
기(其): 그
덕(德): 능력 또는 작용
구(苟): 만일 ~한다면[if]
무(無): 없다.
기(其): 그
위(位): 지위 또는 자리. 왕의 자리를 말함.

역(亦): 또한. 부사
불(不): 못하다.
감(敢): 감히. 부사
작(作): 만들다.
례(禮): 예도(禮度). 예법과 제도를 말함.
악(樂): 음악
언(焉): ~이다. 강조와 단정을 나타내는 종결형 어조사

논평

예악을 만들 수 있는 자리는 왕의 자리이며 또한 왕은 예악을 제정할 수 있는 능력이 있어야 한다.

원문 전석

28-5

子曰 吾說夏禮 杞不足徵也 吾學殷禮 有宋存焉
吾學周禮 今用之 吾從周

공자가 말했다. 나는 하나라의 예도를 말했고 기나라는 증거가 충분하지 못했다. 나는 은나라의 예도를 배웠고 또 송나라가 있었다. 나는 주나라의 예도를 배웠고 지금 그것을 쓰니 나는 주나라를 따르겠다.

분석

1	2	1	4	2	3	5	8	7	6	9
子	曰	吾	說	夏	禮	杞	不	足	徵	也
공자 자	말할 왈	나 오	말할 설	하나라 하	예도 례	기나라 기	못할 부	충분할 족	증거 징	~이다 야

공자가 말했다. 나는 하나라의 예도를 말했고 기나라는 증거가 충분하지 못했다.

풀이

자(子): 공자
왈(曰): 말하다.
오(吾): 나 〈오(吾)=공자(孔子)〉
설(說): 말하다 또는 이야기하다.
하(夏): 중국의 하나라(B.C. 2070~B.C. 1600)
례(禮): 예도(禮度). 〈예법+제도〉를 말함.

기(杞): 하나라를 계승한 기나라
부(不): 못하다.
족(足): 충분하다.
부족(不足): 충분하지 못하다.
징(徵): 증거[證]. 하나라의 예도에 대한 증거를 말함.
야(也): ~이다. 종결형 어조사

분석

1	4	2	3	5	6	7	8
吾	學	殷	禮	有	宋	存	焉
나 오	배울 학	은나라 은	예도 례	또 유	송나라 송	있을 존	~이다 언

1	4	2	3	5	7	6	8	10	9
吾	學	周	禮	今	用	之	吾	從	周
나 오	배울 학	주나라 주	예도 례	지금 금	쓸 용	그것 지	나 오	따를 종	주나라 주

나는 은나라의 예도를 배웠고 또 송나라가 있었다. 나는 주나라의 예도를 배웠고 지금 그것을 쓰니 나는 주나라를 따르겠다.

풀이

오(吾): 나 〈오(吾)=공자(孔子)〉
학(學): 배우다.
은(殷): 중국의 은나라(B.C. 1600~B.C. 1046)
례(禮): 예도(禮度). 〈예법+제도〉를 말함.
유(有): 또. 부사
송(宋): 은나라를 계승한 송나라
존(存): 있다.
언(焉): ~이다. 강조와 단정을 뜻하는 종결형 어조사
오(吾): 나 〈오(吾)=공자(孔子)〉
학(學): 배우다.

주(周): 중국의 주나라(B.C. 1046~B.C. 256)
례(禮): 예도(禮度). 〈예법+제도〉를 말함.
금(今): 지금 또는 현재
용(用): 쓰다.
지(之): 그것[it]. 주례(周禮)를 가리킴.
오(吾): 나 〈오(吾)=공자(孔子)〉
종(從): 따르다.
주(周): 주나라를 뜻하고 더 구체적으로 말하면 주례(周禮)임.

● **28-5의 총정리**

하(夏): 하나라	은(殷): 은나라[≒상나라]	주(周): 주나라
존망 시기: B.C. 2070 ~ B.C. 1600	존망 시기: B.C. 1600 ~ B.C. 1046	존망 시기: B.C. 1046 ~ B.C. 256
하례(夏禮): 하나라의 예도	은례(殷禮): 은나라의 예도	주례(周禮): 주나라의 예도
계승한 나라: 기나라	계승한 나라: 송나라	관련 언급 없음
내용: 공자가 하나라의 예도를 말했다. 기나라가 이를 계승했지만 관련 증거가 부족하다.	내용: 공자가 은나라의 예도를 배웠다. 이를 계승한 송나라가 있었다.	내용: 공자가 주나라의 예도를 배웠다. 공자 생존 시절 주나라의 예법을 쓰고 있었으므로 공자가 주나라의 예도를 따랐다.

논평

문물과 제도를 완비한 주나라를 공자가 칭송하고 있다.

제29장

29-1
王天下 有三重焉 其寡過矣乎
_{왕 천 하 유 삼 중 언 기 과 과 의 호}

온 세상에 왕 노릇하는 데에는 세 가지 중대한 임무가 있다. 아마 허물이 적겠구나!

29-2
上焉者 雖善無徵 無徵不信 不信民弗從
_{상 언 자 수 선 무 징 무 징 불 신 불 신 민 부 종}
下焉者 雖善不尊 不尊不信 不信民弗從
_{하 언 자 수 선 부 존 부 존 불 신 불 신 민 부 종}

위는 비록 좋지만 증거가 없어 증거가 없으니 믿지 않고 믿지 않으니 백성들이 따르지 않는다. 아래는 비록 좋지만 우러러보지 않고 우러러보지 않으니 믿지 않고 믿지 않으니 백성들이 따르지 않는다.

29-3
故 君子之道 本諸身 徵諸庶民
考諸三王而不謬 建諸天地而不悖
質諸鬼神而無疑 百世以俟聖人而不惑

그러므로 임금의 어진 정치는 자신에게서 그것을 근본으로 삼고, 여러 백성에게서 그것을 이루고, 세 임금에게서 그것을 살펴보니 어긋나지 않으며, 세상에 그것을 세워도 어그러지지 않으며, 천도에게 그것을 물어도 미혹되지 않으며, 여러 해 동안 오직 성인을 기다려도 도리에 어긋나지 않는다.

29-4
質諸鬼神而無疑 知天也 百世以俟聖人而不惑
知人也

천도에게 그것을 물어도 미혹되지 않는다는 것은 하늘이 아는 것이다. 여러 해 동안 오직 성인을 기다려도 도리에 어긋나지 않는다는 것은 사람들이 아는 것이다.

29-5

시고 군자 동이세위천하도 행이세위천하법
是故 君子 動而世爲天下道 行而世爲天下法
언이세위천하칙 원지즉유망 근지즉불염
言而世爲天下則 遠之則有望 近之則不厭

이 때문에 임금은 움직임으로써 대대로 온 세상의 길이 되고 행위로써 대대로 온 세상의 법이 되며 말로써 대대로 온 세상의 법칙이 된다. 그를 멀리해도 오히려 덕망이 있고 그를 가까이 해도 오히려 싫지 않다.

29-6

시왈 재피무오 재차무역 서기숙야이영종예
詩曰 在彼無惡 在此無射 庶幾夙夜以永終譽
군자 미유불여차이조유예어천하자야
君子 未有不如此而蚤有譽於天下者也

『시경』은 말한다:「거기에 있으면서도 미워함이 없고 이곳에 있으면서도 싫어함이 없다 이른 아침부터 늦은 밤까지 명성이 영원히 이루어지게 되기를 바란다」임금이 이와 같지 않으면서 일찍이 온 세상에 명성이 있었던 사람은 없었다.

원문 전석

29-1

王天下 有三重焉 其寡過矣乎

온 세상에 왕 노릇하는 데에는 세 가지 중대한 임무가 있다. 아마 허물이 적겠구나!

분석

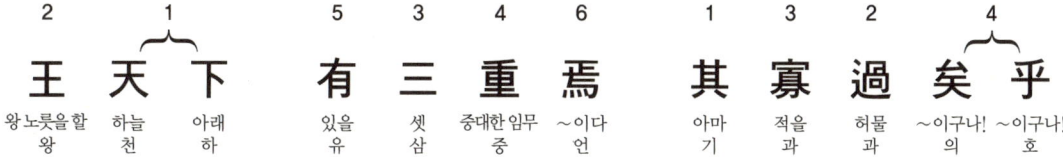

온 세상에 왕 노릇하는 데에는 세 가지 중대한 임무가 있다. 아마 허물이 적겠구나!

풀이

왕(王): 왕 노릇을 하다.
천(天): 하늘
하(下): 아래
천하(天下): 하늘 아래, 즉 온 세상
유(有): 있다.
삼(三): 셋[3]이라는 뜻인데 세 가지로 풀었음.
중(重): 중대한 임무
삼중(三重): 세 가지 중대한 임무
삼중(三重)의 내용

삼중(三重): 왕 노릇을 하는데 세 가지 중대한 임무		
①의례(議禮)	②제도(制度)	③고문(考文)
☞ 구체적 내용을 보고 싶으면 28-2를 참고하라.		

언(焉): ~이다. 강조와 단정을 나타내는 종결형 어조사
기(其): 아마. 부사
과(寡): 적다.
과(過): 허물
과과(寡過): 허물이 적다. 왕 노릇을 하는데 중대한 임무인 세 가지—①의례(議禮), ②제도(制度), ③고문(考文)—를 잘하면 허물이 없다는 뜻임.
의(矣): ~이구나!
호(乎): ~이구나!
의호(矣乎): ~이구나! 감탄을 나타내는 종결형 어조사

제29장

논평

왕 노릇을 제대로 하고 싶으면 세 가지 일을 잘하라.

원문 전석

29-2

上焉者 雖善無徵 無徵不信 不信民弗從
下焉者 雖善不尊 不尊不信 不信民弗從

위는 비록 좋지만 증거가 없어 증거가 없으니 믿지 않고 믿지 않으니 백성들이 따르지 않는다. 아래는 비록 좋지만 우러러보지 않고 우러러보지 않으니 믿지 않고 믿지 않으니 백성들이 따르지 않는다.

분석

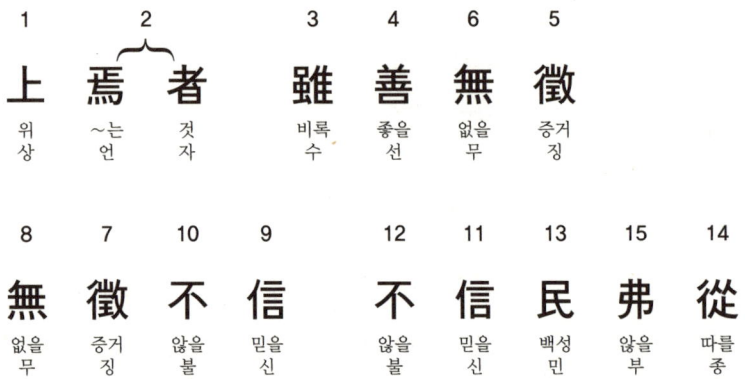

위는 비록 좋지만 증거가 없어 증거가 없으니 믿지 않고 믿지 않으니 백성들이 따르지 않는다.

풀이

상(上): 위. 하나라와 상나라[은나라]의 예도(禮度)를 가리킴.

언(焉): ~는

자(者): 것

언자(焉者): ~는. 주격 조사

상언자(上焉者): 위에 것은 또는 위는

수(雖): 비록

선(善): 좋다.

무(無): 없다.

징(徵): 증거[證]

무(無): 없다.

징(徵): 증거[證]

불(不): ~않다.

신(信): 믿다.

불(不): ~않다.

신(信): 믿다.

민(民): 백성. 백성들이라는 복수로 쓰임.

부(弗): ~않다.

종(從): 따르다.

분석

1	2		3	4	6	5
下	焉	者	雖	善	不	尊
아래	~는	것	비록	좋을	않을	우러러볼
하	언	자	수	선	부	존

8	7	10	9	12	11	13	15	14
不	尊	不	信	不	信	民	弗	從
않을	우러러볼	않을	믿을	않을	믿을	백성	않을	따를
부	존	불	신	불	신	민	부	종

아래는 비록 좋지만 우러러보지 않고 우러러보지 않으니 믿지 않고 믿지 않으니 백성들이 따르지 않는다.

풀이

하(下): 아래

언(焉): ~는

자(者): 것

언자(焉者): ~는. 주격 조사

하언자(下焉者): 아래 것은 또는 아래는

수(雖): 비록

제29장

선(善): 좋다.
부(不): ~않다.
존(尊): 우러러보다.
부(不): ~않다.
존(尊): 우러러보다.
불(不): ~않다.

신(信): 믿다.
불(不): ~않다.
신(信): 믿다.
민(民): 백성. 백성들이라는 복수로 쓰임.
부(弗): ~않다.
종(從): 따르다.

● **상(上)과 하(下)의 내용 정리**

상언자(上焉者)의 상(上)	하언자(下焉者)의 하(下)
상(上): 하나라와 은나라[상나라]의 예도를 가리킨다.	하(下): 공자의 예도를 가리킨다.
하나라와 은나라의 예도는 좋으나 그것에 대한 기록과 증거가 남아 있지 않다. 그러므로 백성들이 그것을 따르지 않는다.	공자의 예도는 좋으나 그 예도를 펼 수 있는 지위를 공자가 가지고 있지 않다. 그러므로 백성들이 공자의 예도를 따르지 않는다.

논평

백성들이 예도를 따르고 실천하기 위해서는 왕이 그것을 백성들에게 징험[徵驗·증거로서 경험함]할 수 있어야 한다.

원문 전석

故 君子之道 本諸身 徵諸庶民 考諸三王而不謬
建諸天地而不悖 質諸鬼神而無疑
百世以俟聖人而不惑

29-3

그러므로 임금의 어진 정치는 자신에게서 그것을 근본으로 삼고, 여러 백성에게서 그것을 이루고, 세 임금에게서 그것을 살펴보니 어긋나지 않으며, 세상에 그것을 세워도 어그러지지 않으며, 천도에게 그것을 물어도 미혹되지 않으며, 여러 해 동안 오직 성인을 기다려도 도리에 어긋나지 않는다.

분석

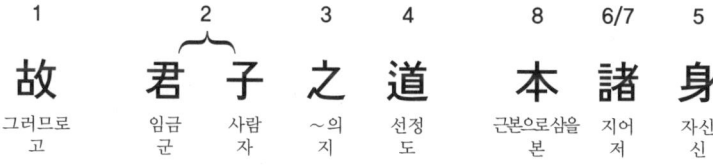

그러므로 임금의 어진 정치는 자신에게서 그것을 근본으로 삼고,

풀이

고(故): 그러므로
군(君): 임금
자(子): 사람
군자(君子): 나라의 최고 통치자인 임금[王·king]을 뜻함. 신분적 개념임.
지(之): ~의
도(道): 선정(善政), 즉 좋은[어진] 정치
본(本): 근본으로 삼다.
저(諸): 이조사로 지어(之於)의 줄임말. 지(之)는 그것[it], 즉 군자지도를 가리키고 어(於)는 ~에게서라는 뜻임.

저(諸)	
지(之)	어(於)
그것=군자지도(君子之道)	~에게서

☞ 이때 군자지도는 왕의 어진 정치를 뜻한다. 여기서 군자(君子)가 국가의 통치자인 왕으로 신분적 개념이고 도(道)는 어진 정치라는 뜻이다.

신(身): 자신[自身·self]

제29장 357

분석

13	11/12	9	10	18	16/17	14	15	19	21	20
徵	諸	庶	民	考	諸	三	王	而	不	謬
이룰 징	지어 저	여러 서	백성 민	살펴볼 고	지어 저	셋 삼	임금 왕	~하니 이	않을 불	어긋날 류

여러 백성에게서 그것을 이루고, 세 임금에게서 그것을 살펴보니 어긋나지 않으며,

풀이

징(徵): 이루다.
저(諸): 어조사로 지어(之於)의 줄임말. 지(之)는 그것[it], 즉 군자지도를 가리키고 어(於)는 ~에게서 라는 뜻임.

저(諸)	
지(之)	어(於)
그것=군자지도(君子之道)	~에게서

☞ 이때 군자지도는 왕의 어진 정치를 뜻한다. 여기서 군자(君子)가 국가의 통치자인 왕으로 신분적 개념이고 도(道)는 어진 정치라는 뜻이다.

서(庶): 여러
민(民): 백성
고(考): 살펴보다.
저(諸): 어조사로 지어(之於)의 줄임말. 지(之)는 그것[it], 즉 군자지도를 가리키고 어(於)는 ~에게서 라는 뜻임.

저(諸)	
지(之)	어(於)
그것=군자지도(君子之道)	~에게서

☞ 이때 군자지도는 왕의 어진 정치를 뜻한다. 여기서 군자(君子)가 국가의 통치자인 왕으로 신분적 개념이고 도(道)는 어진 정치라는 뜻이다.

삼(三): 셋[3]
왕(王): 임금

삼왕(三王)의 풀이

삼왕(三王)		
하(夏)나라의 우왕(禹王)	은(殷)나라의 탕왕(湯王)	주(周)나라의 문왕(武王) 또는 무왕(武王)
정리: 상고시대 중국의 성왕(聖王)으로 알려진 3대의 세 임금이다.		

이(而): ~하니. 접속사
불(不): ~않다.
류(謬): 어긋나다.

분석

25	23/24	22	26	28	27
建	諸	天 地	而	不	悖
세울	지어	하늘 땅	~해도	않을	어그러질
건	저	천 지	이	불	패

32	30/31	29	33	35	34
質	諸	鬼 神	而	無	疑
물을	지어	음 양	~해도	않을	미혹될
질	저	귀 신	이	무	의

세상에 그것을 세워도 어그러지지 않으며, 천도에게 그것을 물어도 미혹되지 않으며,

풀이

건(建): 세우다.

저(諸): 어조사로 지어(之於)의 줄임말. 지(之)는 그것[it], 즉 군자지도를 가리키고 어(於)는 ~에게서 라는 뜻임.

저(諸)	
지(之)	어(於)
그것=군자지도(君子之道)	~에게서

☞ 이때 군자지도는 왕의 어진 정치를 뜻한다. 여기서 군자(君子)가 국가의 통치자인 왕으로 신분적 개념이고 도(道)는 어진 정치라는 뜻이다.

천(天): 하늘
지(地): 땅
천지(天地): 하늘과 땅. 세상을 뜻함.
이(而): ~해도. 접속사
불(不): ~않다.

패(悖): 어그러지다.

질(質): 묻다.

저(諸): 어조사로 지어(之於)의 줄임말. 지(之)는 그것[it], 즉 군자지도를 가리키고 어(於)는 ~에게서 라는 뜻임.

저(諸)	
지(之)	어(於)
그것=군자지도(君子之道)	~에게서

☞ 이때 군자지도는 왕의 어진 정치를 뜻한다. 여기서 군자(君子)가 국가의 통치자인 왕으로 신분적 개념이고 도(道)는 어진 정치라는 뜻이다.

귀(鬼): 음(陰)
신(神): 양(陽)
귀신(鬼神): 음양으로 천도(天道)임.

귀신의 풀이

귀(鬼)	신(神)
음(陰)	양(陽)
천도(天道)	
평가: 귀신(鬼神)≒음양(陰陽)≒천도(天道)	

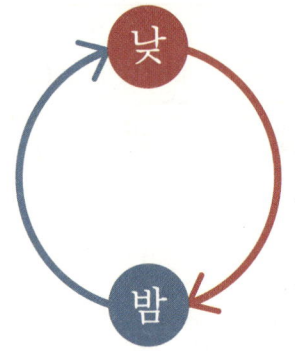

밤: 음
낮: 양

그림 17 밤낮의 순환
파란색은 음을 나타내고 빨간색은 양을 나타낸다.

☞ 예를 들어, 밤낮으로 천도가 운행한다. 이때 밤이 음이고 낮이 양이다. 따라서 밤낮은 음양이고 이 음양이 천도이다. 이러한 것은 귀신(鬼神)의 작용이다. 오른쪽 그림 17을 보자. 아래 그림은 시계방향으로 밤에서 낮으로 다시 낮에서 밤으로 무한 반복하며 순환한다. 이를 두고 『주역(周易)』「고괘(蠱卦)」〈단전(彖傳)〉은 이렇게 말한다. 끝나면 또 시작하니 천도의 운행이다[終則有始 天行也]. 여기서 끝난다는 것은 밤이 끝난다는 것이고 또 시작한다는 것은 낮이 또 다시 시작한다는 뜻이다. 이때 이른바 천행(天行)이 바로 천도(天道)요 이 천도(天道)가 음양(陰陽)이고 이 음양(陰陽)이 귀신(鬼神)인 것이다.

이(而): ~해도. 접속사
무(無): ~않다.
의(疑): 미혹되다.

분석

여러 해 동안 오직 성인을 기다려도 도리에 어긋나지 않는다.

풀이

백(百): 여러[many]
세(世): 해
백세(百世): 여러 해. 여러 해 동안이라는 부사구로 쓰임.
이(以): 오직. 부사
사(俟): 기다리다.
성(聖): 성인

인(人): 사람
성인(聖人): 이때 성인은 상고시대의 삼왕과 같은 성왕(聖王)을 말함. 성인(聖人)≒성왕(聖王)
이(而): ~해도. 접속사
불(不): 않다.
혹(惑): 사리에 벗어나다 또는 도리에 어긋나다.

논평

임금의 어진 정치가 어떠해야 하는지 말하고 있다.

원문 전석

29-4

質諸鬼神而無疑 知天也 百世以俟聖人而不惑 知人也

천도에게 그것을 물어도 미혹되지 않는다는 것은 하늘이 아는 것이다. 여러 해 동안 오직 성인을 기다려도 도리에 어긋나지 않는다는 것은 사람들이 아는 것이다.

분석

천도에게 그것을 물어도 미혹되지 않는다는 것은 하늘이 아는 것이다. 여러 해 동안 오직 성인을 기다려도 도리에 어긋나지 않는다는 것은 사람들이 아는 것이다.

풀이

질(質): 묻다.

저(諸): 어조사로 지어(之於)의 줄임말. 지(之)는 그것[it], 즉 군자지도를 가리키고 어(於)는 ~에게서 라는 뜻임.

저(諸)	
지(之)	어(於)
그것=군자지도(君子之道)	~에게서

☞ 이때 군자지도는 왕의 어진 정치를 뜻한다. 여기서 군자(君子)가 국가의 통치자인 왕으로 신분적 개념이고 도(道)는 어진 정치라는 뜻이다.

귀(鬼): 음(陰)
신(神): 양(陽)
귀신(鬼神): 음양으로 천도(天道)임.

귀신의 풀이

귀(鬼)	신(神)
음(陰)	양(陽)
천도(天道)	

평가: 귀신(鬼神)≒음양(陰陽)≒천도(天道)

☞ 예를 들어, 밤낮으로 천도가 운행한다. 이때 밤이 음이고 낮이 양이다. 따라서 밤낮은 음양이고 이 음양이 천도이다. 이러한 것은 귀신(鬼神)의 작용이다.

이(而): ~해도. 접속사
무(無): ~않다.
의(疑): 미혹되다.
지(知): 알다.

천(天): 하늘
야(也): ~이다. 종결형 어조사
백(百): 여러[many]
세(世): 해
백세(百世): 여러 해. 여러 해 동안이라는 부사구로 쓰임.
이(以): 오직. 부사
사(俟): 기다리다.
성(聖): 성인
인(人): 사람

성인(聖人): 상고시대의 삼왕과 같은 성왕(聖王)을 말함. 성인(聖人)≒성왕(聖王)
☞ 29-3의 삼왕(三王)을 참고하라.
이(而): ~해도
불(不): ~않다.
혹(惑): 사리에 벗어나다 또는 도리에 어긋나다.
지(知): 알다.
인(人): 사람. 사람들이라는 복수로 쓰임.
야(也): ~이다. 종결형 어조사

논평

한 국가의 통치자인 군자의 어진 정치에 대해서 하늘이 알고 사람들이 알고 있다.

원문 전석

29-5

是故 君子 動而世爲天下道 行而世爲天下法
言而世爲天下則 遠之則有望 近之則不厭

이 때문에 임금은 움직임으로써 대대로 온 세상의 길이 되고 행위로써 대대로 온 세상의 법이 되며 말로써 대대로 온 세상의 법칙이 된다. 그를 멀리해도 오히려 덕망이 있고 그를 가까이 해도 오히려 싫지 않다.

분석

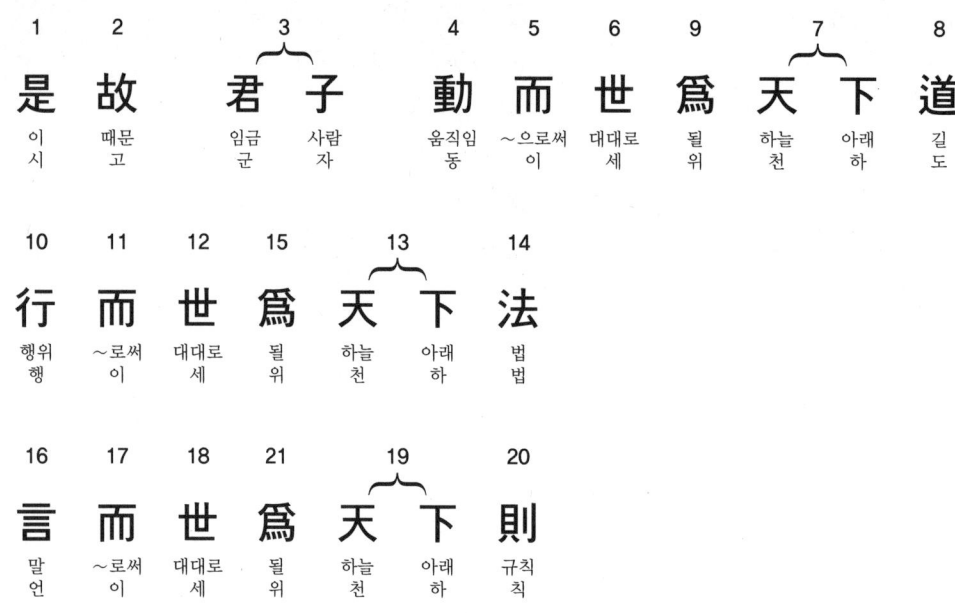

이 때문에 임금은 움직임으로써 대대로 온 세상의 길이 되고 행위로써 대대로 온 세상의 법이 되며 말로써 대대로 온 세상의 법칙이 된다.

풀이

시(是): 이
고(故): 때문
시고(是故): 이 때문에
군(君): 임금
자(子): 사람
군자(君子): 나라의 최고 통치자인 임금[王·king]. 신분적 개념임.
동(動): 움직임
이(而): ~으로써
세(世): 대대로. 부사
위(爲): 되다.
천(天): 하늘

하(下): 아래
천하(天下): 하늘 아래, 즉 온 세상
도(道): 길. 어진 정치[善政]를 말함.
행(行): 행위 또는 행실
이(而): ~로써
세(世): 대대로. 부사
위(爲): 되다.
천(天): 하늘
하(下): 아래
천하(天下): 하늘 아래, 즉 온 세상
법(法): 법 또는 법률
언(言): 말

이(而): ~로써

세(世): 대대로. 부사

위(爲): 되다.

천(天): 하늘

하(下): 아래

천하(天下): 하늘 아래, 즉 온 세상

칙(則): 규칙 또는 준칙

법(法)과 칙(則)의 비교

법(法)	칙(則)
법 또는 법률	규칙 또는 준칙
강제적인 사회 유지의 시스템[law]	각각 세부적 사항을 조율하는 장치[rule]
총평: 법이 더 포괄적이고 체계적이고 규칙은 더 세부적이고 즉시적이다.	

분석

2	1	3	5	4	7	6	8	10	9
遠	之	則	有	望	近	之	則	不	厭
멀리할 원	그를 지	오히려 즉	있을 유	덕망 망	가까이할 근	그를 지	오히려 즉	않을 불	싫을 염

그를 멀리해도 오히려 덕망이 있고 그를 가까이 해도 오히려 싫지 않다.

풀이

원(遠): 멀리하다.

지(之): 그를[him]. 군자를 가리킴.

즉(則): 오히려. 부사

유(有): 있다.

망(望): 덕망 또는 우러러 따르는 것

근(近): 가까이하다.

지(之): 그를[him]. 군자를 가리킴.

즉(則): 오히려. 부사

불(不): ~않다.

염(厭): 싫다.

논평

최고 통치자인 군자, 즉 임금의 모든 통치 행위는 길이자 법이고 규칙이 된다. 그러므로 그만큼 막중하고 제대로 된 길을 가야 한다.

원문 전석

29-6

詩曰「在彼無惡 在此無射 庶幾夙夜以永終譽」
君子 未有不如此而蚤有譽於天下者也

『시경』은 말한다: 「거기에 있으면서도 미워함이 없고 이곳에 있으면서도 싫어함이 없다 이른 아침부터 늦은 밤까지 명성이 영원히 이루어지게 되기를 바란다」 임금이 이와 같지 않으면서 일찍이 온 세상에 명성이 있었던 사람은 없었다.

분석

1	2		2	1	4	3		2	1	4	3
詩	曰		在	彼	無	惡		在	此	無	射
시경 시	말할 왈		있을 재	거기 피	없을 무	미워할 오		있을 재	이곳 차	없을 무	싫어할 역

7		1	2	6	4	5	3
庶	幾	夙	夜	以	永	終	譽
바랄 서	바랄 기	이른 아침 숙	늦은 밤 야	될 이	영원히 영	이루어질 종	명성 예

1	2
君	子
임금 군	사람 자

14	13	5	4	3	6	7	11	10	9	8		12	15
未	有	不	如	此	而	蚤	有	譽	於	天	下	者	也
않을 미	있을 유	않을 불	같을 여	이 차	~면서 이	일찍이 조	있을 유	명성 예	~에 어	하늘 천	아래 하	사람 자	~이다 야

『시경』은 말한다: 「거기에 있으면서도 미워함이 없고 이곳에 있으면서도 싫어함이 없다 이른 아침부터 늦은 밤까지 명성이 영원히 이루어지게 되기를 바란다」 임금이 이와 같지 않으면서 일찍이 온 세상에 명성이 있었던 사람은 없었다.

풀이

시(詩): 『시경(詩經)』. 『시경(詩經)』「주송(周訟)」〈진로편(振鷺篇)〉에 나옴.
왈(曰): 말하다.
재(在): 있다.
피(彼): 저기
무(無): 없다.
오(惡): 미워하다 또는 싫어하다. 미워함이라는 명사형으로 쓰임.
재(在): 있다.
차(此): 이곳
무(無): 없다.
역(射): 싫어하다. 싫어함이라는 명사형으로 쓰임.
서(庶): 바라다.
기(幾): 바라다.
서기(庶幾): ~하기 바란다.
숙(夙): 이른 아침
야(夜): 늦은 밤 또는 깊은 밤
숙야(夙夜): 이른 아침부터 늦은 밤까지
이(以): 되다.
영(永): 영원히. 부사
종(終): 이루어지다 또는 극에 달하다.
영종(永終): 영원하다 또는 길이 이어지다.
예(譽): 명성 또는 영예
군(君): 임금
자(子): 사람
군자(君子): 나라의 최고 통치자인 임금[王·king]. 신분적 개념이다.
미(未): 않다.
유(有): 있다.
미유(未有): 있지 않다, 즉 지금까지 없었다는 뜻임.
불(不): ~않다.
여(如): ~와 같다.
차(此): 이
이(而): ~면서
조(蚤): 일찍이. 부사
유(有): 있다.
예(譽): 명성 또는 영예
어(於): ~에
천(天): 하늘
하(下): 아래
천하(天下): 하늘 아래, 즉 온 세상
자(者): 사람
야(也): ~이다. 종결형 어조사

● **왕천하와 군자의 정리**

왕천하(王天下)	군자(君子)
29-1: 온 세상에 왕 노릇을 한다.	29-3, 29-5, 29-6의 군자
종합: 29-1이 왕의 역할을 말하고 있기 때문에 29-3, 29-5, 29-6에 등장하는 모든 군자(君子)는 국가의 최고 통치자인 임금을 말하는 신분적 개념이다.	

논평

진정한 왕도(王道)가 무엇인지 말하고 있다.

제30장

30-1 仲尼 祖述堯舜 憲章文武 上律天時 下襲水土

중니는 요임금과 순임금을 근본으로 기술하고 문왕과 무왕을 본받아 드러냈다. 위로는 천도를 본받고 아래로는 풍토를 따랐다.

30-2 辟如天地之無不持載 無不覆幬
辟如四時之錯行 如日月之代明

비유하자면 마치 하늘과 땅이 떠받쳐 싣지 아니함이 없고 덮지 아니함이 없는 것과 같다.
비유하자면 마치 사계절이 번갈아 운행하는 것과 같고 마치 해와 달이 교대로 밝히는 것과 같다.

30-3 萬物並育而不相害 道並行而不相悖
小德川流 大德敦化 此天地之所以爲大也

만물이 함께 자라지만 서로 해치지 않고 천도와 지도가 함께 운행하지만 서로 어그러지지 않는다. 작은 작용으로 내가 흐르고 큰 작용으로 화육을 두텁게 하는데 이것이 하늘과 땅이 위대한 것이 되는 까닭이다.

원문 전석

30-1

仲尼 祖述堯舜 憲章文武 上律天時 下襲水土

중니는 요임금과 순임금을 근본으로 기술하고 문왕과 무왕을 본받아 드러냈다. 위로는 천도를 본받고 아래로는 풍토를 따랐다.

분석

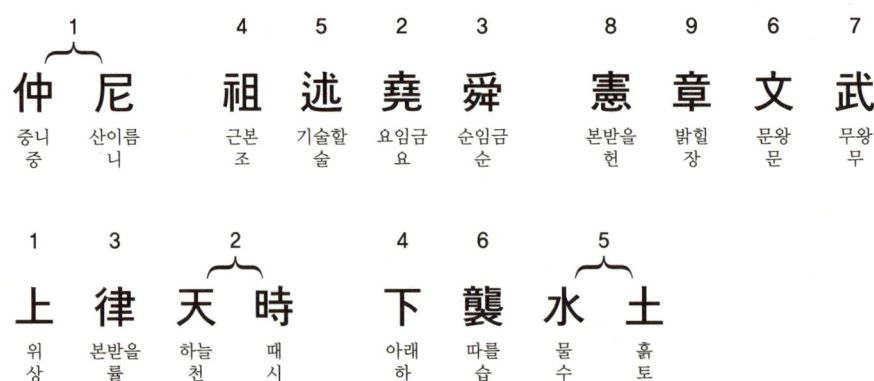

중니는 요임금과 순임금을 근본으로 기술하고 문왕과 무왕을 본받아 드러냈다. 위로는 천도를 본받고 아래로는 풍토를 따랐다.

풀이

중(仲): 공자의 자(字)가 중니(仲尼)인데 그때의 중(仲)

공자(孔子: B.C. 551 ~ B.C. 479): 공(孔)은 성씨이고 자(子)는 존경의 접미사다.	
이름[名]	자(字): 이름을 중요하게 여겨서 함부로 부르지 않는 관습에서 장가든 이후 부르기 위하여 짓는 것을 자(字)라 하는데 이름[名]에 준해서 쓴다.
구(丘)	중니(仲尼)

니(尼): 이구(尼丘)라는 산이름을 말하는데 그때의 니(尼). 이구(尼丘)는 산동성(山東省) 곡부현(曲阜縣) 동남에 있으며, 이곳이 바로 공자가 태어난 곳임. 이구(尼丘)를 이산(尼山)이라고 부른다.

중니(仲尼): 공자의 자(字). 자사(子思)의 할아버지임.

조(祖): 근본 또는 본받다. 근본에서 그 뜻을 취해 근본으로라는 부사구로 번역함.

술(述): 짓다 또는 기술하다.
조술(祖述): 선인(先人)이 말한 바를 근본으로 하여 서술해서 밝힌다.
요(堯): 요임금
　☞ 자세한 인물 정보를 알고 싶으면 아래를 참고하라. 당요(唐堯)라는 항목에 들어 있다.
1. 『교학 대한한사전』(교학사, 2005), 562쪽.
2. 『한한대사전』3(단국대학교 동양학연구소, 2008), 131쪽.

순(舜): 순임금
　☞ 자세한 인물 정보를 알고 싶으면 아래를 참고하라. 우순(虞舜)이라는 항목에 들어 있다.
1. 『교학 대한한사전』(교학사, 2005), 2867쪽.
2. 『한한대사전』12(단국대학교 동양학연구소, 2008), 45쪽.

요순(堯舜): 상고시대 중국의 두 성군(聖君). 요임금이 그의 능력을 알아보고 자식에게 왕위를 물려주지 않고 순임금에게 왕위를 물려주었다. 이를 선양(禪讓)이라 한다. 두 임금이 너무나 정치를 잘 해서 그들이 통치한 시기를 요순시대라 한다. 그 후 요순하면 태평성대를 뜻하게 되었다.

헌(憲): 본받다.
장(章): 밝히다 또는 드러내다.
헌장(憲章): 본받아 명백히 하다.
문(文): 주나라 문왕. 무왕의 아버지
무(武): 주나라를 창건한 무왕. 문왕의 아들
상(上): 위. 위로는이라는 부사구로 쓰임.
률(律): 본받다 또는 기준으로 삼고 따르다.
천(天): 하늘
시(時): 때
천시(天時): 하늘의 때로 춘·하·추·동을 말함. 여기서 더 나아가 천시는 하늘의 운행, 즉 천도를 말함. 〈천시(天時)=춘·하·추·동(春夏秋冬)=천행(天行)≒천도(天道)≒천명(天命)〉
하(下): 아래. 아래로라는 부사구로 쓰임.
습(襲): 따르다[因也] 또는 좇다.
수(水): 물
토(土): 흙
수토(水土): 물과 흙. 그 지역의 풍습과 관례를 뜻함. 그래서 수토(水土)는 풍토(風土)라는 의미임.
　　　　　수토(水土)≒풍토(風土)

상하(上下)로 본 천도와 지도

상(上)≒천(天)	하(下)≒지(地)
천도(天道)의 세계	지도(地道)의 세계
천시(天時)로 비유	수토(水土)로 비유

논평

공자는 요순과 문무를 본받아 천도와 지도를 따랐다. 이런 사실을 자사가 찬양하고 있다.

원문 전석

30-2

辟如天地之無不持載 無不覆幬
辟如四時之錯行 如日月之代明

비유하자면 마치 하늘과 땅이 떠받쳐 싣지 아니함이 없고 덮지 아니함이 없는 것과 같다. 비유하자면 마치 사계절이 번갈아 운행하는 것과 같고 마치 해와 달이 교대로 밝히는 것과 같다.

분석

1	2/14	3	4	5	9	8	6	7	13	12	10	11
辟	如	天	地	之	無	不	持	載	無	不	覆	幬
비유할 비	마치 ~와같다 여	하늘 천	땅 지	~이 지	없을 무	아니할 부	붙잡아 줄 지	실을 재	없을 무	아닐 할 불	덮을 부	덮을 도

비유하자면 마치 하늘과 땅이 떠받쳐 싣지 아니함이 없고 덮지 아니함이 없는 것과 같다.

풀이

비(辟): 비유하다. 비유하자면[if]이라는 가정절로 쓰임.

여(如): 마치 ~와 같다.

천(天): 하늘

지(地): 땅

천지(天地): 하늘과 땅

지(之): ~이. 주격 조사

무(無): 없다.

부(不): 아니하다.

무부(無不): ~않음이 없다. 예외가 없이 반드시 그렇다는 뜻임.

지(持): 붙잡아 두다, 손에 쥐다 혹은 잡다.

재(載): 싣다.

지재(持載): 떠받쳐 싣다.

무(無): 없다.

불(不): 아니하다.

무불(無不): ~않음이 없다. 예외가 없이 반드시 그렇다는 뜻임.
부(覆): 덮다.
도(幬): 덮다.
부도(覆幬): 덮다.

천지(天地)의 덕[德·작용]

하늘이 하는 일[天德]	땅이 하는 일[地德]
… 부도(覆幬): 덮어주는 일 [covering]	… 지재(持載): 실어주는 일 [loading]
총평: 천지의 덕, 즉 하늘과 땅의 작용을 말하고 있다.	

분석

1	2/8	3	4	5	6	7	9/15	10	11	12	13	14
辟	如	四	時	之	錯	行	如	日	月	之	代	明
비유할 비	마치 ~와같다 여	네 사	계절 시	~이 지	번갈아 착	운행할 행	마치 ~와같다 여	해 일	달 월	~이 지	교대로 대	밝힐 명

비유하자면 마치 사계절이 번갈아 운행하는 것과 같고 마치 해와 달이 교대로 밝히는 것과 같다.

풀이

비(辟): 비유하다. 비유하자면[if]이라는 가정절로 쓰임.
여(如): 마치 ~와 같다.
사(四): 네 또는 넷
시(時): 계절 또는 철
사시(四時): 사계절. 봄·여름·가을·겨울의 사계(四季)를 뜻함.
지(之): ~이. 주격 조사
착(錯): 번갈아 또는 교대로. 부사
행(行): 운행하다.
여(如): 마치 ~와 같다.
일(日): 해 또는 태양
월(月): 달
일월(日月): 해와 달

지(之): ~이. 주격 조사
대(代): 교대로 또는 번갈아. 부사
명(明): 밝히다.

천도(天道)의 작용

	천도(天道)				
음양 사례 1	사계절[四時]			
	양(陽)		음(陰)	
	봄[春]	여름[夏]	가을[秋]	겨울[冬]
음양 사례 2	양(陽)		음(陰)	
	해[日]		달[月]	
총평: 사시(四時)로 천도(天道)의 운행을 말하고 있는데, 이 천도가 위와 같이 음양으로 작용한다. 또한 해와 달로 음양의 작용을 말하고 있다. 해가 뜨면 달이 지고 달이 뜨면 해가 진다. 모두 천도의 운행이다.				

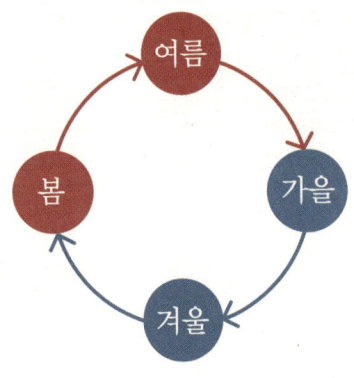

그림 7 사계의 순환

☞ 『주역(周易)』「설괘전(說卦傳)」은 말한다: … 천도는 음과 양이다[… 天之道曰陰與陽]. 이를 다시 줄이면 천도는 음양이다! 구체적인 내용을 보려면 다음 책을 참고하라.
- 서명석, 『설괘전』, 용인: 책인숲, 2015, 34쪽.

논평

하늘의 작용과 땅의 작용을 말한다. 그리고 천도가 운행하는 법칙, 즉 천시(天時)—봄·여름·가을·겨울—를 통해 천도를 말하고 해와 달로 음양의 작용을 밝히고 있다. 물론 이때 음양은 천도의 운동 방식이다.

원문 전석

萬物並育而不相害 道並行而不相悖 小德川流 大德敦化 此天地之所以爲大也

30-3

만물이 함께 자라지만 서로 해치지 않고 천도와 지도가 함께 운행하지만 서로 어그러지지 않는다. 작은 작용으로 내가 흐르고 큰 작용으로 화육을 두텁게 하는데 이것이 하늘과 땅이 위대한 것이 되는 까닭이다.

분석

만물이 함께 자라지만 서로 해치지 않고 천도와 지도가 함께 운행하지만 서로 어그러지지 않는다.

풀이

만(萬): 많다 또는 크다.
물(物): 만물[all-things]
만물(萬物): 생명체를 가지고 있는 모든 동식물을 말함.

병(並): 함께. 부사 〈병(並)=병(竝)=병(幷)〉
육(育): 자라다.
이(而): ~지만. 역접을 나타냄.
불(不): ~않다.

제30장 375

상(相): 서로. 부사
해(害): 해치다.
도(道): 천도를 말함. 천도란 천도만을 말하는 것이 아니라 지도를 포함한 것으로 〈천도(天道)=천도(天道)+지도(地道)〉이다.

도(道)	
천도(天道)	지도(地道)
평가: 도(道)는 단독으로 말하면 천도(天道)이고, 통합해서 말하면 천도(天道)와 지도(地道)의 결합이다.	

병(並): 함께. 부사 〈병(並)=병(竝)=병(幷)〉
행(行): 운행하다.
이(而): ~하지만. 역접을 나타냄.
불(不): ~않다.
상(相): 서로. 부사
패(悖): 어그러지다.

분석

1	2	3	4	5	6	8	7
小	德	川	流	大	德	敦	化
작을 소	작용 덕	내 천	흐를 류	클 대	작용 덕	두텁게 할 돈	화육 화

9	10	11	12	15		14	13	16
此	天	地	之	所	以	爲	大	也
이것 차	하늘 천	땅 지	~이 지	것 소	될 이	될 위	위대할 대	~이다 야

작은 작용으로 내가 흐르고 큰 작용으로 화육을 두텁게 하는데 이것이 하늘과 땅이 위대한 것이 되는 까닭이다.

풀이

소(小): 작다.
덕(德): 작용
소덕(小德): 작은 작용. 작은 작용으로라는 부사구로 쓰임. 소덕(小德)↔대덕(大德)

천(川): 내
류(流): 흐르다.
천류(川流): 내가 흐른다. 냇물이 그 유역을 적시는 것을 말하는 것으로 어떤 혜택이 한정적 범위에 미치는 것을 뜻함. 그래서 천류(川流)를 소덕(小德)이라 함.

대(大): 크다.
덕(德): 작용
대덕(大德): 큰 작용. 큰 작용으로라는 부사구로 쓰임. 대덕(大德)↔소덕(小德)
돈(敦): 두텁게 하다.
화(化): 화육(化育). 천지의 작용으로 만물이 태어나 자라는 것을 화육이라 함.

소덕(小德)과 대덕(大德)의 비교

소덕(小德): 작은 작용	대덕(大德): 큰 작용
천류(川流): 냇물이 흐르면서 그 주변 지역을 적셔주듯이 그 혜택이 한정적인 것을 말한다.	돈화(敦化): 천지의 화육을 두텁게 한다는 뜻으로 천지는 삼라만상이 태어나[化] 자라는[育] 것을 도와주는 역할을 한다.
총평: 소덕에 비해 천지의 덕이 위대함을 말하고 있다.	

차(此): 이것. 대덕돈화(大德敦化)를 가리킴.
천(天): 하늘
지(地): 땅
천지(天地): 하늘과 땅. 공간과 시간이 점유하는 온 세상[宇宙]을 뜻함.

천지(天地)와 우주(宇宙)

천(天): 하늘	지(地): 땅
주(宙): 시간의 집	우(宇): 공간의 집
총평: 시간과 공간을 말하는 것으로 우리가 살아가는 온 세상을 말한다.	

지(之): ~이. 주격 조사
소(所): ~것 또는 ~바
이(以): 되다.
소이(所以): 되는 것. 까닭으로 쓰임.
위(爲): 되다.
대(大): 위대하다. 위대한 것이라는 명사구로 쓰임.
야(也): ~이다. 종결형 어조사

논평

천지화육의 위대함을 말하고 있다.

제31장

31-1 唯天下至聖 爲能聰明睿知 足以有臨也
寬裕溫柔 足以有容也 發强剛毅 足以有執也
齊莊中正 足以有敬也 文理密察 足以有別也

오직 온 세상에 지극한 성인은 총명예지할 수 있게 되어 충분히 윗사람이-아랫사람이-있는-곳에-감이 있을 만하다. 너그럽고 관대하고 온화하고 부드러워야 충분히 받아들임이 있을 만하다. 단호한 의지의 굳셈을 드러내야 충분히 보존함이 있을 만하다. 경건하게 삼가고 정중하고 알맞고 발라야 충분히 예가 있을 만하다. 문장의 이치를 치밀하게 살펴야 충분히 변별함이 있을 만하다.

31-2 溥博淵泉 而時出之

깊은 샘이 널리 두루 미친다. 그리고 때를 맞추어 그곳에서 물이 솟아오른다.

31-3 溥博如天 淵泉如淵 見而民莫不敬
言而民莫不信 行而民莫不說

널리 두루 미치는 것은 하늘과 같고 깊은 샘은 못과 같다. 나타나면 백성들이 공경하지 아니함이 없고 말하면 백성들이 믿지 아니함이 없고 행하면 백성들이 기쁘지 아니함이 없다.

31-4 是以 聲名洋溢乎中國 施及蠻貊 舟車所至
人力所通 天之所覆 地之所載 日月所照
霜露所隊 凡有血氣者 莫不尊親 故曰配天

이로써 명예와 이름이 중국에 차서 넘치고 남방종족과 북방종족에까지 뻗어 미친다. 배와 수레가 미치는 곳에 사람의 힘이 통하는 곳에 하늘이 덮는 곳에 땅이 싣는 곳에 해와 달이 비추는 곳에 서리와 이슬이 떨어지는 곳에 모든 사람이 존경하고 사랑하지 아니함이 없다. 그러므로 하늘과 결합한다고 말한다.

원문 전석

唯天下至聖 爲能聰明睿知 足以有臨也
寬裕溫柔 足以有容也 發强剛毅 足以有執也
齊莊中正 足以有敬也 文理密察 足以有別也

31-1

오직 온 세상에 지극한 성인은 총명예지할 수 있게 되어 충분히 윗사람이-아랫사람이-있는-곳에-감이 있을 만하다. 너그럽고 관대하고 온화하고 부드러워야 충분히 받아들임이 있을 만하다. 단호한 의지의 굳셈을 드러내야 충분히 보존함이 있을 만하다. 경건하게 삼가고 정중하고 알맞고 발라야 충분히 예가 있을 만하다. 문장의 이치를 치밀하게 살펴야 충분히 변별함이 있을 만하다.

분석

오직 온 세상에 지극한 성인은 총명예지할 수 있게 되어 충분히 윗사람이-아랫사람이-있는-곳에-감이 있을 만하다.

제31장

풀이

유(唯): 오직. 부사
천(天): 하늘
하(下): 아래
천하(天下): 온 세상. 온 세상이라는 부사구로 쓰임.
지(至): 지극하다.
성(聖): 성인[聖人·sage]
위(爲): 되다.
능(能): ~할 수 있다.
위능(爲能): 할 수 있게 되다.
총(聰): 귀가 밝다 또는 총명하다.
명(明): 눈이 밝다 또는 밝다.
예(睿): 깊고 밝다 또는 세미(細微)한 일에 통하다.
지(知): 지혜롭다. 지(知)≒지(智)
총명예지(聰明睿知): 〈귀밝음+눈밝음+능통함+지혜로움〉을 말함.

성인(聖人)의 사덕[四德·네 가지 능력]

성인(聖人)의 사덕(四德)			
총(聰)	명(明)	예(睿)	지(知)
듣지 않는 것이 없는 것	보지 않는 것이 없는 것	통하지 않는 것이 없는 것	알지 못하는 것이 없는 것

족(足): 족하다 또는 ~할 만하다.
이(以): 하다. 이(以)≒위(爲)
족이(足以): 충분히 ~할 만하다.
유(有): 있다.
림(臨): 윗사람이 아랫사람이 있는 곳에 가다, 다스리다 혹은 통치하다. 윗사람이-아랫사람이-있는-곳에-감이라는 명사구로 쓰임.
야(也): ~이다. 종결형 어조사

분석

```
  1    2    3    4    5/8      7    6    9
  寬   裕   溫   柔   足  以   有   容   也
너그러울 관대할 온화할 부드러울 족할  할  있을 받아들일 ~이다
  관    유   온    유   족   이   유   용   야
```

너그럽고 관대하고 온화하고 부드러워야 충분히 받아들임이 있을 만하다.

풀이

관(寬): 너그럽다.
유(裕): 관대하다.
관유(寬裕): 마음이 너그럽고 관대하다.

온(溫): 온화하다.
유(柔): 부드럽다.
온유(溫柔): 성질(性質), 즉 본성의 바탕이 온화하

고 부드럽다는 뜻임.

족(足): 족하다 또는 ~할 만하다.

이(以): 하다. 이(以)≒위(爲)

족이(足以): 충분히 ~할 만하다.

유(有): 있다.

용(容): 받아들이다 또는 용서하다. 받아들임이라는 명사형으로 쓰임.

야(也): ~이다. 종결형 어조사

☞ 아래 텍스트는 사람다움[仁]으로 수렴된다.

관유온유(寬裕溫柔) 족이유용야(足以有容也)
너그럽고 관대하고 온화하고 부드러워야 충분히 받아들임이 있을 수 있다.
총평: 위 텍스트는 공자의 인(仁)으로 수렴된다.

분석

단호한 의지의 굳셈을 드러내야 충분히 보존함이 있을 만하다.

풀이

발(發): 드러내다 또는 나타내다.

강(強): 단호하다 또는 결연하다.

강(剛): 굳세다.

의(毅): 굳세다.

강강의(強剛毅)의 공통점

강(強)	강(剛)	의(毅)
굳세다.	굳세다.	굳세다.
공통점: 모두 굳세다라는 뜻으로 의지력이 강력하고 꿋꿋하다는 뜻이다.		

강강(強剛): 억세어 굽히지 아니함.

강의(剛毅): 강직하여 굴하지 아니함. 의지가 굳셈을 뜻함.

강강의(強剛毅): 의지력이 강하고 꿋꿋함.

족(足): 족하다 또는 ~할 만하다.

이(以): 하다. 이(以)≒위(爲)

족이(足以): 충분히 ~할 만하다.

유(有): 있다.

집(執): 보존하다, 지키다 혹은 잡다. 보존함이라는 명사형으로 쓰임.

야(也): ~이다. 종결형 어조사

☞ 아래 텍스트는 옳음[義]으로 수렴된다.

발강강의(發強剛毅) 족이유집야(足以有執也)
단호한 의지의 굳셈을 드러내야 충분히 보존함이 있을 수 있다.
총평: 위 텍스트는 공자의 의(義)로 수렴된다.

분석

경건하게 삼가고 정중하고 알맞고 발라야 충분히 예가 있을 만하다. 문장의 이치를 치밀하게 살펴야 충분히 변별함이 있을 만하다.

풀이

재(齊): 경건하게 삼가다 또는 삼가다.
장(莊): 삼가다, 정중하다 또는 공손하다.
재장(齊莊): 삼가고 공손하다.
중(中): 알맞다.
정(正): 바르다.
중정(中正): 알맞고[中] 바르다[正].
　　　　　중정(中正)≒중용(中庸)
족(足): 족하다 또는 ~할 만하다.
이(以): 하다. 이(以)≒위(爲)
족이(足以): 충분히 ~할 만하다.
유(有): 있다.
경(敬): 예(禮). 감사하는 예를 뜻함.
야(也): ~이다. 종결형 어조사
　☞ 아래 텍스트는 예의-있음[禮]으로 수렴된다.

재장중정(齊莊中正) 족이유경야(足以有敬也)
경건하게 삼가고 정중하고 알맞고 발라야 충분히 예가 있을 수 있다.
총평: 위 텍스트는 공자의 예(禮)로 수렴된다.

문(文): 문장 또는 글월
리(理): 이치 또는 조리
문리(文理): 문장의 이치 또는 조리, 즉 문맥을 뜻함.
밀(密): 자세하다, 면밀하다 혹은 치밀하다.
찰(察): 살피다.
밀찰(密察): 면밀하게 살핀다.
족(足): 족하다 또는 ~할 만하다.
이(以): 하다. 이(以)≒위(爲)
족이(足以): 충분히 ~할 만하다.
유(有): 있다.
별(別): 변별하다. 변별함이라는 명사형으로 쓰임.
야(也): ~이다. 종결형 어조사
　☞ 아래 텍스트는 지혜[智]로 수렴된다.

문리밀찰(文理密察) 족이유별야(足以有別也)
문장의 이치를 치밀하게 살펴야 충분히 변별함이 있을 수 있다.
총평: 위 텍스트는 공자의 지(智)로 수렴된다.

논평

총명예지한 성인(聖人)의 삶을 말하고 있다.

원문 전석

31-2

溥博淵泉 而時出之

깊은 샘이 널리 두루 미친다. 그리고 때를 맞추어 그곳에서 물이 솟아오른다.

분석

3	4	1	2	5	6	8	7
溥	博	淵	泉	而	時	出	之
널리	두루 미칠	깊을	샘	그리고	때맞출	물이 솟아오를	그곳
보	박	연	천	이	시	출	지

깊은 샘이 널리 두루 미친다. 그리고 때를 맞추어 그곳에서 물이 솟아오른다.

풀이

보(溥): 널리 또는 두루. 부사
박(博): 널리 미치다 또는 두루 미치다.
연(淵): 깊다.
천(泉): 샘

이(而): 그리고. 순접의 접속사
시(時): 때맞추다.
출(出): 샘솟다[湧也] 또는 물이 솟아오르다.
지(之): 그곳. 연천(淵泉)을 가리킴.

논평

성인(聖人)의 덕[德·은혜]이 샘물처럼 솟아나 온 세상에 두루 미치는 것을 비유적으로 말하고 있다.

제31장

원문 전석

31-3

溥博如天 淵泉如淵 見而民莫不敬
言而民莫不信 行而民莫不說

널리 두루 미치는 것은 하늘과 같고 깊은 샘은 못과 같다. 나타나면 백성들이 공경하지 아니함이 없고 말하면 백성들이 믿지 아니함이 없고 행하면 백성들이 기쁘지 아니함이 없다.

분석

1	2	4	3	5	6	8	7
溥	博	如	天	淵	泉	如	淵
널리	두루 미칠	~와 같다	하늘	깊을	샘	~와 같다	못
보	박	여	천	연	천	여	연

널리 두루 미치는 것은 하늘과 같고 깊은 샘은 못과 같다.

풀이

보(溥): 널리 또는 두루. 부사

박(博): 널리 미치다 또는 두루 미치다.

여(如): ~와 같다.

천(天): 하늘

☞ **보박여천(溥博如天):** 성인(聖人)의 은덕(恩德)이 마치 천도의 덕[德·작용]과 같이 두루 널리 미친다는 것을 비유적으로 말하고 있다.

연(淵): 깊다.

천(泉): 샘

여(如): ~와 같다.

연(淵): 못 또는 깊은 소(沼)

연(淵)의 두 가지 의미

연(淵)	
형용사	명사
깊다.	못 또는 깊은 소(沼)

☞ **연천여연(淵泉如淵):** 샘과 못은 어디에 있는가? 땅에 있다. 그러니 이 구절은 지도(地道)의 무궁함을 비유적으로 샘물의 비유로 풀어내고 있다.

분석

1	2	3	6	5	4	7	8	9	12	11	10
見	而	民	莫	不	敬	言	而	民	莫	不	信
나타날 현	~하면 이	백성 민	없을 막	~아니할 불	공경할 경	말할 언	~하면 이	백성 민	없을 막	~아니할 불	믿을 신

13	14	15	18	17	16
行	而	民	莫	不	說
행할 행	~하면 이	백성 민	없을 막	~아니할 불	기쁠 열

나타나면 백성들이 공경하지 아니함이 없고 말하면 백성들이 믿지 아니함이 없고 행하면 백성들이 기쁘지 아니함이 없다.

풀이

현(見): 나타나다.
이(而): ~하면
민(民): 백성. 백성들이라는 복수로 쓰임.
막(莫): 없다.
불(不): ~아니하다.
막불(莫不): ~아니함이 없다. 이중부정으로 강한 긍정을 나타냄.
경(敬): 공경하다.
언(言): 말하다.
이(而): ~하면
민(民): 백성. 백성들이라는 복수로 쓰임.
막(莫): 없다.

불(不): ~아니하다.
막불(莫不): ~아니함이 없다. 이중부정으로 강한 긍정을 나타냄.
신(信): 믿다.
행(行): 행하다.
이(而): ~하면
민(民): 백성. 백성들이라는 복수로 쓰임.
막(莫): 없다.
불(不): ~아니하다.
막불(莫不): ~아니함이 없다. 이중부정으로 강한 긍정을 나타냄.
열(說): 기쁘다.

논평

성인(聖人)의 덕[德·작용]은 천지를 걸쳐 드러나고 성인이 나타나면 백성들이 공경하고, 성인이 말하면 백성들이 믿고, 성인이 행하면 백성들이 기뻐한다. 이렇게 성인의 위대함을 말하고 있다.

제31장

원문 전석

31-4

是以 聲名洋溢乎中國 施及蠻貊 舟車所至
人力所通 天之所覆 地之所載 日月所照
霜露所隊 凡有血氣者 莫不尊親 故曰配天

이로써 명예와 이름이 중국에 차서 넘치고 남방종족과 북방종족에까지 뻗어 미친다. 배와 수레가 미치는 곳에 사람의 힘이 통하는 곳에 하늘이 덮는 곳에 땅이 싣는 곳에 해와 달이 비추는 곳에 서리와 이슬이 떨어지는 곳에 모든 살아있는 사람이 존경하고 사랑하지 아니함이 없다. 그러므로 하늘과 결합한다고 말한다.

분석

이로써 명예와 이름이 중국에 차서 넘치고 남방종족과 북방종족에까지 뻗어 미친다.

풀이

시(是): 이
이(以): ~로써
시이(是以): 이로써 또는 때문에
성(聲): 명예
명(名): 이름
양(洋): 넘치다.
일(溢): 넘치다 또는 차다.
양일(洋溢): 차서 넘친다.

호(乎): ~에
중(中): 중국
국(國): 나라
중국(中國): 중국. 나라이름
이(施): 뻗다 또는 미치다.
급(及): 미치다 또는 이르다.
만(蠻): 남방종족. 비하해서 남쪽 오랑캐라 함.
맥(貊): 북방종족. 비하해서 북쪽 오랑캐라 함.

분석

1	2	4	3	5	6	8	7	9	10	12	11
舟	車	所	至	人	力	所	通	天	之	所	覆
배 주	수레 거	곳 소	미칠 지	사람 인	힘 력	곳 소	통할 통	하늘 천	~이 지	곳 소	덮을 부

13	14	16	15	17	18	20	19	21	22	24	23
地	之	所	載	日	月	所	照	霜	露	所	隊
땅 지	~이 지	곳 소	실을 재	해 일	달 월	곳 소	비출 조	서리 상	이슬 로	곳 소	떨어질 추

25	28	26	27	29	33	32	31	30
凡	有	血	氣	者	莫	不	尊	親
모든 범	있을 유	피 혈	숨 기	사람 자	없을 막	~아니할 부	존경할 존	사랑할 친

배와 수레가 미치는 곳에 사람의 힘이 통하는 곳에 하늘이 덮는 곳에 땅이 싣는 곳에 해와 달이 비추는 곳에 서리와 이슬이 떨어지는 곳에 모든 살아있는 사람이 존경하고 사랑하지 아니함이 없다.

풀이

주(舟): 배

거(車): 수레

주거(舟車): 배와 수레. 당시의 교통수단을 말함.

소(所): 곳. 장소를 말함.

지(至): 이르다 또는 미치다.

인(人): 사람

력(力): 힘

인력(人力): 사람의 힘 또는 사람의 노동력

소(所): 곳. 장소를 말함.

통(通): 통하나.

천(天): 하늘

지(之): ~이. 주격 조사

소(所): 곳. 장소를 말함.

부(覆): 덮다.

지(地): 땅

지(之): ~이. 주격 조사

소(所): 곳. 장소를 말함.

재(載): 싣다.

일(日): 해

월(月): 달

일월(日月): 해와 달
소(所): 곳. 장소를 말함.
조(照): 비추다.
상(霜): 서리
로(露): 이슬
상로(霜露): 서리와 이슬
소(所): 곳. 장소를 말함.
추(隊): 떨어지다. 떨어진다는 뜻이지만 이를 의역하면 맺힌다는 뜻임.

상로소추(霜露所隊)의 두 버전

상로소추(霜露所隊)	
직역 버전	서리와 이슬이 떨어지는 곳
의역 버전	서리와 이슬이 맺히는 곳

주거소지(舟車所至)……상로소추(霜露所隊)의 문장 구조

□□所○의 구조
1. □□所○ → 주거소지(舟車所至)
2. □□所○ → 인력소통(人力所通)
3. □□所○ → 천지소부(天之所覆)
4. □□所○ → 지지소재(地之所載)
5. □□所○ → 일월소조(日月所照)
6. □□所○ → 상로소추(霜露所隊)

〈~하는 곳에〉라는 방식으로 모두 부사구를 이룬다. 인간이 살아가는 모든 공간을 말한다.

범(凡): 모든
유(有): 있다.
혈(血): 피 또는 혈액
기(氣): 숨 또는 호흡
혈기(血氣): 피와 호흡을 말함. 살아있는 사람은 혈액이 흘러야 하고 숨, 즉 호흡을 해야 살 수 있다. 그래서 혈기(血氣)는 이때 생명체의 필수 요소이다. 원래 혈기(血氣)는 피와 숨이 통하는 모든 동물을 일컫는 말임.
자(者): 사람
유혈기자(有血氣者): 살아있는 사람
막(莫): 없다.
부(不): ~아니하다.
막부(莫不): ~아니함이 없다. 이중부정으로 강한 긍정을 나타냄.
존(尊): 존경하다 또는 우러러보다.
친(親): 사랑하다 또는 친애하다.
존친(尊親): 존경하고 사랑한다. 성인(聖人)을 존친(尊親)한다는 뜻임.

> 분석

1	4	3	2
故	曰	配	天
그러므로 고	말할 왈	결합할 배	하늘 천

그러므로 하늘과 결합한다고 말한다.

> 풀이

고(故): 그러므로
왈(曰): 말하다.
배(配): 결합하다[合也] 또는 짝을 짓다.

천(天): 하늘. 물리적 하늘[sky]이 아니라 천도(天道)로서의 덕[德·능력 또는 작용]을 말함.

> 논평

성인(聖人)의 위대한 작용이 사람이 사는 어디에나 미친다.

제32장

32-1
유천하지성 위능경륜천하지대경
唯天下至誠 爲能經綸天下之大經
입천하지대본 지천지지화육 부언유소의
立天下之大本 知天地之化育 夫焉有所倚

오직 온 세상에 지극한 참마음만이 온 세상의 큰 길로 다스리고 온 세상의 큰 근본을 세우고 하늘과 땅의 화육을 알 수 있게 된다. 무릇 어찌 의지할 바가 있겠는가?

32-2
순순기인 연연기연 호호기천
肫肫其仁 淵淵其淵 浩浩其天

그 어짊이 정성스럽고 간절하며 그 못이 깊고 고요하며 그 하늘이 넓고 크구나.

32-3
구불고총명성지달천덕자 기숙능지지
苟不固聰明聖知達天德者 其孰能知之

만일 진실로 총명성지하게 하늘의 작용을 통달하지 못한 사람이라면 그 누가 그것을 알 수 있겠는가?

원문 전석

32-1

唯天下至誠 爲能經綸天下之大經
立天下之大本 知天地之化育 夫焉有所倚

오직 온 세상에 지극한 참마음만이 온 세상의 큰 길로 다스리고 온 세상의 큰 근본을 세우고 하늘과 땅의 화육을 알 수 있게 된다. 무릇 어찌 의지할 바가 있겠는가?

분석

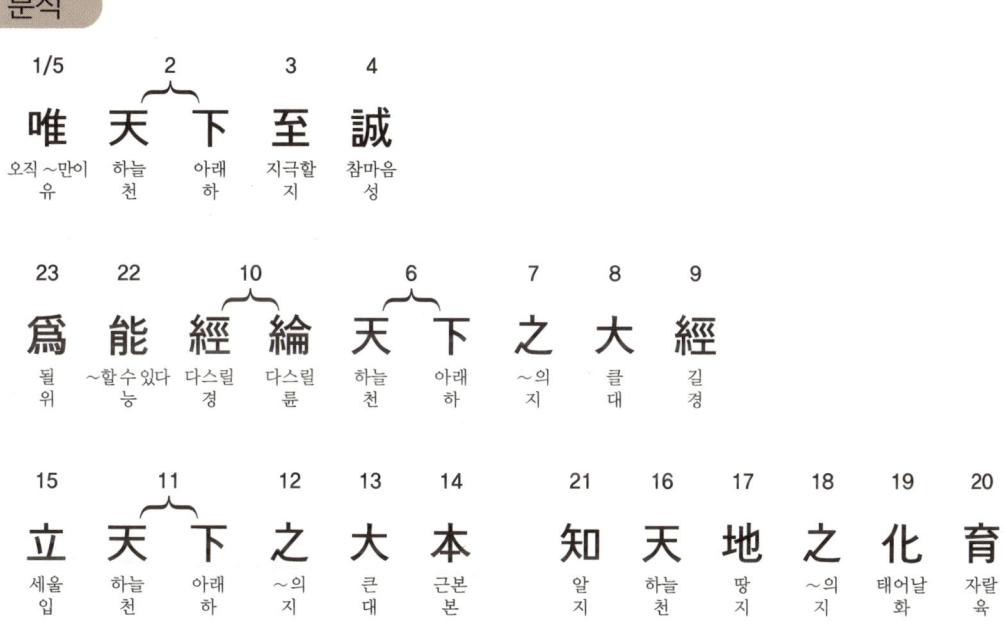

오직 온 세상에 지극한 참마음만이 온 세상의 큰 길로 다스리고 온 세상의 큰 근본을 세우고 하늘과 땅의 화육을 알 수 있게 된다.

☞ 〈… 爲能經綸天下之大經 立天下之大本 知天地之化育〉은 원래 이런 문장구조인 것이다. 「爲能{①經綸天下之大經+②立天下之大本+③知天地之化育} → 爲能經綸天下之大經+爲能立天下之大本+爲能知天地之化育」 이와 같이 ①, ②, ③이 모두 위능(爲能), 즉 〈할 수 있게 된다[爲能]〉에 걸리는 구조이다.

제32장 391

> **풀이**

유(唯): 오직 ~만이. 부사
천(天): 하늘
하(下): 아래
천하(天下): 하늘 아래, 즉 온 세상
지(至): 지극하다.
성(誠): 참마음
지성(至誠): 지극한 참마음
　☞ 지성(至誠)의 상세한 내용을 보고 싶으면 26-1을 참고하라.
위(爲): 되다.
능(能): ~할 수 있다.
위능(爲能): ~할 수 있게 되다.
경(經): 다스리다 또는 경영하다.
륜(綸): 다스리다 또는 통괄하다.

경륜(經綸)의 원뜻과 전의(轉義)

경(經)	륜(綸)
베를 짜다.	실
경륜은 원래 실로 베를 짠다는 뜻이다. 여기서 전의(轉義)하여 국가의 대사를 계획하고 운영하는 일을 말한다. 따라서 경륜은 천하를 경영하고 다스린다는 뜻이다.	

천(天): 하늘
하(下): 아래
천하(天下): 하늘 아래, 즉 온 세상
지(之): ~의
대(大): 크다.
경(經): 길 또는 법 혹은 이치

대경(大經): 큰 길. 사람이 지켜야 할 큰 도리로 오륜(五倫)을 뜻함.
　☞ 오륜의 상세한 내용을 알고 싶으면 20-8을 참고하라.
립(立): 세우다.
천(天): 하늘
하(下): 아래
천하(天下): 하늘 아래, 즉 온 세상
지(之): ~의
대(大): 크다.
본(本): 근본
지(知): 알다.
천(天): 하늘
지(地): 땅
천지(天地): 하늘과 땅으로 우주(宇宙)를 말함.

천지(天地)와 우주(宇宙)의 관계

천(天): 하늘	지(地): 땅
주(宙): 시간의 집	우(宇): 공간의 집
따라서 천지는 인간이 살아가는 공간과 시간이라는 집으로서의 우주와 같다.	

지(之): ~의
화(化): 태어나다, 자라다 혹은 생장하다.
육(育): 자라다.
화육(化育): 만물이 태어나 자라는 것을 말함. 즉 천지자연이 만물을 낳고 길러 자라게 하는 것을 말함.

분석

```
  1    2/6   5    4    3
  夫    焉   有   所   倚
  무릇  어찌  있을  바   의지할
  부   ~하겠는가? 유   소   의
       언
```

무릇 어찌 의지할 바가 있겠는가?

풀이

부(夫): 무릇 또는 대저. 발어사로 굳이 해석하지 안 해도 됨.
언(焉): 어찌 ~하겠는가? 반어의 의문형 어조사
유(有): 있다.
소(所): ~바

의(倚): 의지하다. 지성(至誠) 말고 〈다른 어떤 것에 의지한다〉는 뜻임.
☞ 의지할 것이 지성(至誠), 즉 천도 밖에 없다는 뜻이다.

논평

오직 지극한 참마음만이 이 세상의 지고한 법칙이다.

원문 전석

32-2

肫肫其仁 淵淵其淵 浩浩其天

그 어짊이 정성스럽고 간절하며 그 못이 깊고 고요하며 그 하늘이 넓고 크구나.

제32장

분석

3	4	1	2	7	8	5	6	11	12	9	10
肫	肫	其	仁	淵	淵	其	淵	浩	浩	其	天
정성스러운 모양 순	정성스러운 모양 순	그 기	어짊 인	깊을 연	고요할 연	그 기	못 연	클 호	클 호	그 기	하늘 천

그 어짊이 정성스럽고 간절하며 그 못이 깊고 고요하며 그 하늘이 넓고 크구나.

☞ 〈순순기인(肫肫其仁) 연연기연(淵淵其淵) 호호기천(浩浩其天)〉은 모조리 도치문이다. 이를 원래 문장으로 바꾸면 이렇게 된다. 〈기인순순(其仁肫肫) 기연연연(其淵淵淵) 기천호호(其天浩浩)〉 이런 도치는 〈순순(肫肫), 연연(淵淵), 호호(浩浩)〉를 강조하기 위한 것이다.

풀이

순(肫): 정성스러운 모양[誠貌]
순(肫): 정성스러운 모양[誠貌]
순순(肫肫): 정성스럽고 간절한 모양. 정성스럽고 간절하다라는 형용사로 쓰임.
기(其): 그
인(仁): 어짊 또는 사람다움. 공자 철학의 핵심 키워드임.
연(淵): 깊다 또는 고요하다.
연(淵): 깊다 또는 고요하다.
연연(淵淵): 깊고 고요한 모양. 깊고 고요하다라는 형용사로 쓰임.
기(其): 그
연(淵): 못
호(浩): 형용사로 크다 또는 명사로 광대한 모양을 뜻함.

호(浩): 형용사로 크다 또는 명사로 광대한 모양을 뜻함.
호호(浩浩): 광대한 모양. 넓고 크다라는 형용사로 쓰임.
기(其): 그
천(天): 하늘

〈순순기인(肫肫其仁) 연연기연(淵淵其淵) 호호기천(浩浩其天)〉과 삼재(三才)사상

순순기인(肫肫其仁)연연기연(淵淵其淵)호호기천(浩浩其天)	
①천(天)	호호기천(浩浩其天)
③인(仁)	순순기인(肫肫其仁)
②지(地)	연연기연(淵淵其淵)
총평: 천·지·인 삼재(三才)로 천덕(天德)·지덕(地德)·인덕(人德)을 말하고 있다. 이때 덕(德)은 작용을 뜻한다.	

● 32-2와 32-1의 관계

32-2		
순순기인(肫肫其仁)	연연기연(淵淵其淵)	호호기천(浩浩其天)
↑	↑	↑
32-1		
경륜천하지대경 (經綸天下之大經)	입천하지대본 (立天下之大本)	지천지지화육 (知天地之化育)

☞ ↑는 32-1의 아래 것이 32-2의 위의 것으로 곧바로 연결된다는 뜻이다.

논평

천·지·인 삼재의 덕[德·작용]을 말하고 있다.

원문 전석

32-3

苟不固聰明聖知達天德者 其孰能知之

만일 진실로 총명성지하게 하늘의 작용을 통달하지 못한 사람이라면
그 누가 그것을 알 수 있겠는가?

분석

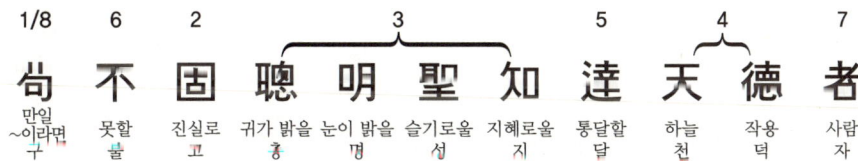

제32장　395

9	10/14	13	12	11
其	孰	能	知	之
그 기	누가 ~하겠는가? 숙	~할수있다 능	알 지	그것 지

만일 진실로 총명성지하게 하늘의 작용을 통달하지 못한 사람이라면 그 누가 그것을 알 수 있겠는가?

풀이

구(苟): 만일 ~이라면[if]
불(不): 못하다.
고(固): 진실로. 부사
총(聰): 귀가 밝다.
명(明): 눈이 밝다.
총명(聰明): 총명하다.
성(聖): 슬기롭다 또는 밝다.
지(知): 지혜롭다. 지(知)≒지(智)
성지(聖知): 통하지 않는 것이 없이 뛰어난 지혜라는 뜻임.

달(達): 통달하다.
천(天): 하늘
덕(德): 작용
천덕(天德): 하늘의 작용. 이때 천덕은 천도에서 나온다. 그런 천도를 지성(至誠)이라 함.
자(者): 사람
기(其): 그
숙(孰): 누구
기숙(其孰): 그 누가 ~ 하겠는가? 반어의문형을 뜻함.
능(能): ~ 할 수 있다.
지(知): 알다.
지(之): 그것[it]. 천덕(天德)을 가리킴.

총명성지(聰明聖知)의 풀이

총명성지(聰明聖知)			
총(聰)	명(明)	성(聖)	지(知)
귀가 밝다.	눈이 밝다.	슬기롭다.	지혜롭다.
평가: 형용사 〈총+명+성+지〉가 합쳐서 총명성지하게라는 부사구를 이루었다. 이때 총명성지하게란 〈귀가 밝게+눈이 밝게+슬기롭게+지혜롭게〉라는 뜻이다.			

논평

성인(聖人)만이 천덕(天德)을 알아 지성(至誠)을 실천한다.

제33장

33-1
_{시왈 의금상경 오기문지저야 고 군자지도}
詩曰 衣錦尚絅 惡其文之著也 故 君子之道
_{암연이일장 소인지도 적연이일망 군자지도}
闇然而日章 小人之道 的然而日亡 君子之道
_{담이불염 간이문 온이리 지원지근 지풍지자}
淡而不厭 簡而文 溫而理 知遠之近 知風之自
_{지미지현 가여입덕의}
知微之顯 可與入德矣

『시경』은 말한다: 「비단옷을 입고 홑옷으로 장식한다 그 무늬의 드러남을 싫어하기 때문이다」 그러므로 군자의 길은 어둡지만 날마다 드러나고 소인의 길은 선명하지만 날마다 없어진다. 군자의 길은 담박해도 싫지 않고 간략하면서 아름답고 온화하면서 편안하다. 먼 것의 가까움을 알고 바람의 유래를 알고 형체 없는 것의 나타남을 알면 함께 덕이 들어갈 수 있다.

33-2
_{시운 잠수복의 역공지소 고 군자내성불구}
詩云 潛雖伏矣 亦孔之昭 故 君子內省不疚
_{무오어지 군자지소불가급자}
無惡於志 君子之所不可及者
_{기유인지소불견호}
其唯人之所不見乎

『시경』은 말한다: 「몸을 감추어서 겨우 숨긴다 대단히 크고 밝게 드러난다」 그러므로 군자는 마음을 살펴도 근심스럽지 않고 마음에 부끄러움이 없다. 군자가 미칠 수 없는 것은 아마 오직 사람들이 보지 못한 바일 것이다.

33-3
_{시운 상재이실 상불괴우옥루}
詩云 相在爾室 尚不愧于屋漏
_{고 군자부동이경 불언이신}
故 君子不動而敬 不言而信

『시경』은 말한다: 「네가 방에 있는 것을 보니 방의 서북쪽 모퉁이에서 부끄럽지 않기를 바란다」 그러므로 군자는 움직이지 않으면서 삼가고 말하지 않으면서 성실하다.

33-4

시왈 주격무언 시미유쟁
詩曰 奏假無言 時靡有爭
시고 군자불상이민권 불노이민위어부월
是故 君子不賞而民勸 不怒而民威於鈇鉞

『시경』은 말한다: 「아뢰니 도착하여 말이 없고 그때에 다툼이 없다」 이 때문에 군자는 상을 주지 않아도 백성들이 권면하고 성내지 않아도 백성들이 작은 도끼와 큰 도끼보다도 두려워한다.

33-5

시왈 불현유덕 백벽기형지 시고
詩曰 不顯惟德 百辟其刑之 是故
군자독공이천하평
君子篤恭而天下平

『시경』은 말한다: 「비록 덕이 드러나지 않아도 여러 제후들이 대개 그것을 본받는다」 이 때문에 군자는 성실하고 직분을 다하니 온 세상이 편안하다.

33-6

시운 여회명덕 부대성이색
詩云 予懷明德 不大聲以色
자왈 성색지어이화민 말야 시운 덕유여모
子曰 聲色之於以化民 末也 詩云 德輶如毛
모유유륜 상천지재 무성무취 지의
毛猶有倫 上天之載 無聲無臭 至矣

『시경』은 말한다: 「나는 밝은 본성을 생각한다 음성과 얼굴빛을 중요시하지 않는다」 공자가 말했다. 음성과 얼굴빛은 백성들을 가르치는데 있어서 지엽이다. 『시경』은 말한다: 「본성은 가벼움이 털과 같다」 털은 또한 비교할만한 점이 있다. 「하늘의 일은 소리도 없고 냄새도 없다」 지극하다.

원문 전석

33-1

詩曰 衣錦尙絅 惡其文之著也
故 君子之道 闇然而日章 小人之道 的然而日亡
君子之道 淡而不厭 簡而文 溫而理 知遠之近
知風之自 知微之顯 可與入德矣

『시경』은 말한다: 「비단옷을 입고 홑옷으로 장식한다」 그 무늬의 드러남을 싫어하기 때문이다. 그러므로 군자의 길은 어둡지만 날마다 드러나고 소인의 길은 선명하지만 날마다 없어진다. 군자의 길은 담박해도 싫지 않고 간략하면서 아름답고 온화하면서 편안하다. 먼 것의 가까움을 알고 바람의 유래를 알고 형체 없는 것의 나타남을 알면 함께 덕이 들어갈 수 있다.

분석

1	2	2	1	4	3
詩	曰	衣	錦	尙	絅
시경 시	말할 왈	입을 의	비단옷 금	장식할 상	홑옷 경

5	1	2	3	4	6
惡	其	文	之	著	也
싫어할 오	그 기	무늬 문	~의 지	드러날 저	~때문이다 야

『시경』은 말한다: 「비단옷을 입고 홑옷으로 장식한다」 그 무늬의 드러남을 싫어하기 때문이다.

풀이

시(詩): 『시경(詩經)』. 『시경(詩經)』「국풍(國風)」〈위풍(衛風): 석인편(碩人篇)〉과 『시경(詩經)』「국풍(國風)」〈정풍(鄭風): 봉편(丰篇)〉에 나옴. 그러나 그곳에는 「의금상경(衣錦尙絅)」이 아니라 「의금경의(衣錦褧衣)」으로 되어 있다. 의미는 같으며 〈경(絅)≒경(褧)〉으로 모두 홑옷이라는 뜻이다.

왈(曰): 말하다.

의(衣): 입다.

금(錦): 비단옷

상(尙): 장식하다, 꾸미다 혹은 더하다.

경(絅): 홑옷

오(惡): 싫어하다.

기(其): 그. 비단옷을 가리킴.

문(文): 무늬, 채색 혹은 빛깔

지(之): ~의

저(著): 드러나다. 드러남이라는 명사형으로 쓰임.

야(也): ~ 때문이다. 이유를 나타내는 종결형 어조사

☞ 비단옷과 홑옷의 비유를 통한 군자와 소인의 비교 군자는 알맹이로 꽉 차 있다! 반면 소인은 속은 비고 겉만 번지르르하다! 군자는 속이 차 있지만 겉은 화려하지 않다. 반면 소인은 그와 반대다. 군자가 실속을 감추고 있고, 겉은 화려하지 않다고 할 때 실속이 비단옷[錦]이고 겉이 홑옷[絅]이라고 볼 수 있다. 마치 군자가 홑옷[絅]으로 덧입어 비단옷[錦]을 감추고 있는 것과 같은 형국이다.
〈비단옷≒실속, 홑옷≒실속〉을 감추고 가리는 효과 이때 ≒는 메타포, 즉 비유적 장치를 뜻한다.

분석

그러므로 군자의 길은 어둡지만 날마다 드러나고 소인의 길은 선명하지만 날마다 없어진다.

풀이

고(故): 그러므로
군(君): 어진이[仁者]
자(子): 사람
군자(君子): 중용의 뜻을 알고 이를 실천하는데 노력하는 사람. 다시 말해 성인(聖人)이 되려고 꾸준히 노력하는 사람을 말함. 인격적 개념임.
　　　　　　군자(君子)↔소인(小人)
　☞ 군자에 대한 자세한 사항을 보고 싶으면 2-1을 참고하라.
지(之): ~의
도(道): 길, 기능 혹은 작용
암(闇): 어둡다.
연(然): 그렇다.
이(而): ~하지만
연이(然而): 그러나
일(日): 날마다. 부사
장(章): 드러나다 또는 밝다.

소(小): 소인
인(人): 사람
소인(小人): 중용에 반해서 사는 사람. 인격적 개념임. 소인(小人)↔군자(君子)
　☞ 소인에 대한 자세한 사항을 보고 싶으면 2-1을 참고하라.
지(之): ~의
도(道): 길, 기능 혹은 작용
적(的): 선명하다.
연(然): 그렇다.
이(而): ~하지만
연이(然而): 그러나
일(日): 날마다. 부사
망(亡): 없어지다.
　☞ 군자와 소인을 대비해서 말하고 있는 대목은 이곳을 포함해서 2-1과 2-2가 있다.

분석

군자의 길은 담박해도 싫지 않고 간략하면서 아름답고 온화하면서 편안하다.

풀이

군(君): 어진이[仁者]
자(子): 사람
군자(君子): 중용의 뜻을 알고 이를 실천하는데 노력하는 사람. 다시 말해 성인(聖人)이 되려고 꾸준히 노력하는 사람을 말함. 인격적 개념임.

군자(君子)↔소인(小人)

☞ 군자에 대한 자세한 사항을 보고 싶으면 2-1을 참고하라.

지(之): ~의
도(道): 길, 기능 혹은 작용
담(淡): 담박하다, 담담하다 혹은 욕심이 없다.
이(而): ~해도
불(不): ~않다.
염(厭): 싫다.
불염(不厭): 싫지 않다.
간(簡): 간략하다 또는 질박하다.

이(而): ~하면서
문(文): 아름답다.
온(溫): 온화하다.
이(而): ~하면서
리(理): 편안하다[順也].

군자의 도의 세 가지 특징

군자지도(君子之道)		
①담이불염 (淡而不厭)	②간이문 (簡而文)	③온이리 (溫而理)

총평: 〈담(淡)+간(簡)+온(溫)〉은 홑옷[絅]에 대한 특징을 말하고, 〈불염(不厭)+문(文)+리(理)〉는 비단옷[錦]에 대한 특징을 말하고 있는데 모두 군자의 도에 대한 기술을 나타내고 있다. □而○에서 而를 중심으로 왼쪽 □는 군자의 바깥[外]을 표현하는 대목이고, 오른쪽 ○는 군자의 속[中]을 표현하고 있는 대목이다.

분석

4	1	2	3	8	5	6	7
知	遠	之	近	知	風	之	自
알 지	멀 원	~의 지	가까울 근	알 지	바람 풍	~의 지	유래 자

12	9	10	11	16	13	15	14	17
知	微	之	顯	可	與	入	德	矣
알 지	형체 없을 미	~의 지	나타날 현	~할수있다 가	함께 여	들어갈 입	작용 덕	~이다 의

먼 것의 가까움을 알고 바람의 유래를 알고 형체 없는 것의 나타남을 알면 함께 덕이 들어갈 수 있다.

풀이

지(知): 알다.
원(遠): 멀다. 먼 것이라는 명사구로 쓰임.
지(之): ~의
근(近): 가깝다. 가까움이라는 명사형으로 쓰임.
지(知): 알다.
풍(風): 바람
지(之): ~의
자(自): 유래, 연유 혹은 출처
지(知): 알다.
미(微): 형체가 없다. 형체 없는 것이라는 명사구로 쓰임.
지(之): ~의
현(顯): 나타나다 또는 드러나다. 나타남이라는 명사로 쓰임.
가(可): ~할 수 있다.
여(與): 함께 또는 더불어. 부사. 군자와 함께라는 의미임.
입(入): 들어가다.
덕(德): 작용 또는 기능. 덕(德)은 군자의 도가 작용[德]하는 세계를 말함.
의(矣): ~이다. 추측을 나타내는 종결형 어조사

● **군자의 도가 작동하는 세계, 즉 입덕(入德)의 세 가지 조건**

①지원지근(知遠之近)	②지풍지자(知風之自)	③지미지현(知微之顯)
↑	↑	↑
저기에 나타난 것이 여기서 비롯한다는 뜻이다.	밖에서 나타난 것은 안에 뿌리를 두고 있다는 뜻이다.	속에 숨어있는 것이 밖으로 나타난다는 뜻이다.

총평: ↑의 아래의 풀이는 주자가 한 것이다. 〈①원지근(遠之近)+②풍지자(風之自)+③미지현(微之顯)〉과 같은 이러한 세 가지를 알고[知] 있어야 군자의 도가 작용하는 세계에 들어갈 수 있다. 이 점을 말하고 있다. 모두 다 군자의 마음 안에 근원을 두고 생겨나는 것들이다.

논평

군자와 소인을 대비시켜 군자의 도와 덕을 말하고 있다.

원문 전석

33-2

詩云 潛雖伏矣 亦孔之昭 故 君子內省不疚
無惡於志 君子之所不可及者 其唯人之所不見乎

『시경』은 말한다:「몸을 감추어서 겨우 숨긴다 대단히 크고 밝게 드러난다」
그러므로 군자는 마음을 살펴도 근심스럽지 않고 마음에 부끄러움이 없다.
군자가 미칠 수 없는 것은 아마 오직 사람들이 보지 못한 바일 것이다.

분석

1	2	1	2	3	4	5	6	7	8
詩	**云**	**潛**	**雖**	**伏**	**矣**	**亦**	**孔**	**之**	**昭**
시경	말할	몸을 감출	겨우	숨길	~이다	대단히	클	그리고	밝게 드러날
시	운	잠	수	복	의	역	공	지	소

『시경』은 말한다:「몸을 감추어서 겨우 숨긴다 대단히 크고 밝게 드러난다」

풀이

시(詩): 『시경(詩經)』.『시경(詩經)』「소아(小雅)」〈정월편(正月篇)〉에 들어있음. 그곳에는 원문이 이렇게 되어 있다.〈潛雖伏矣 亦孔之昭 → 潛雖伏矣 亦孔之灼〉다시 말해 소(昭)가 작(灼)으로 표현되어 있다.

운(云): 말하다.〈운(云)=왈(曰)〉

잠(潛): 몸을 감추다[藏也] 또는 숨기다[隱也].

수(雖): 겨우 또는 다만. 부사

복(伏): 감추다 또는 숨기다.

의(矣): ~이다. 추측을 나타내는 종결형 어조사

역(亦): 대단히. 부사

공(孔): 크다.

지(之): 그리고[而·and]

소(昭): 밝게 드러나다 또는 현저히 나타나다.

☞ 위 시는 물고기가 숨어있는 모양을 그리고 있다. 이때 물고기는 군자의 모습을 말하고 있는데 물고기가 아무리 숨으려 해도 자신의 모습을 완전히 숨기지 못하고 환하게 드러내고 있다. 이와 마찬가지로 군자가 군자의 도를 아무리 숨기려 해도 숨기지 못한다는 점을 비유적으로 말하고 있다.

분석

1	2		3	4	6	5	10	9	8	7
故	君	子	內	省	不	疚	無	惡	於	志
그러므로	어진이	사람	마음	살필	않을	근심스러울	없을	부끄러움	~에	마음
고	군	자	내	성	불	구	무	오	어	지

그러므로 군자는 마음을 살펴도 근심스럽지 않고 마음에 부끄러움이 없다.

풀이

고(故): 그러므로
군(君): 어진이[仁者]
자(子): 사람
군자(君子): 중용의 뜻을 알고 이를 실천하는데 노력하는 사람. 다시 말해 성인(聖人)이 되려고 꾸준히 노력하는 사람을 말함. 인격적 개념임.
 ☞ 자세한 사항을 알고 싶으면 2-1의 군자 풀이를 참고하라.
내(內): 마음

성(省): 살피다.
불(不): ~않다.
구(疚): 근심스럽다.
무(無): 없다.
오(惡): 부끄러워하다. 부끄러움이라는 명사형으로 쓰임.
어(於): ~에
지(志): 마음

분석

1		2	5	4		3	6
君	子	之	所	不	可	及	者
어진이	사람	~가	것	없을	~할수있다	미칠	~은
군	자	지	소	불	가	급	자

7	8	9	10	13	12	11	14
其	唯	人	之	所	不	見	乎
아마	오직	사람	~이	바	못할	볼	~일 것이나
기	유	인	지	소	불	견	호

군자가 미칠 수 없는 것은 아마 오직 사람들이 보지 못한 바일 것이다.

제33장

> **풀이**

군(君): 어진이[仁者]
자(子): 사람
군자(君子): 중용의 뜻을 알고 이를 실천하는데 노력하는 사람. 다시 말해 성인(聖人)이 되려고 꾸준히 노력하는 사람을 말함. 인격적 개념임.
　☞ 자세한 사항을 알고 싶으면 2-1의 군자 풀이를 참고하라.
지(之): ~가. 주격 조사
소(所): ~것
불(不): 없다.
가(可): ~할 수 있다.
불가(不可): ~할 수 없다.

급(及): 미치다.
자(者): ~은
소(所) …… 자(者): …… 하는 것은
기(其): 아마. 부사
유(唯): 오직. 부사
인(人): 사람. 사람들이라는 복수로 쓰임.
지(之): ~이. 주격 조사
소(所): ~바
불(不): 못하다.
견(見): 보다.
호(乎): ~일 것이다. 추측을 나타내는 종결형 어조사
기(其) ~ 호(乎): 아마 ~ 일 것이다.

> **논평**

군자의 도와 덕을 시를 가져와 칭송하고 있다.

원문 전석

33-3

詩云 相在爾室 尙不愧于屋漏
故 君子不動而敬 不言而信

『시경』은 말한다: 「네가 방에 있는 것을 보니 방의 서북쪽 모퉁이에서 부끄럽지 않기를 바란다」 그러므로 군자는 움직이지 않으면서 삼가고 말하지 않으면서 성실하다.

분석

1	2	4	3	1	2	10	9	8	7	5	6
詩	云	相	在	爾	室	尙	不	愧	于	屋	漏
시경 시	말할 운	볼 상	있을 재	너 이	방 실	바랄 상	않을 불	부끄러울 괴	~에서 우	방 옥	방서북 모퉁이 루

『시경』은 말한다: 「네가 방에 있는 것을 보니 방의 서북쪽 모퉁이에서 부끄러워하지 않기를 바란다」

풀이

시(詩): 『시경(詩經)』. 『시경(詩經)』「대아(大雅)」〈억편(抑篇)〉에 나옴.

운(云): 말하다. 〈운(云)=왈(曰)〉

상(相): 보다.

재(在): 있다.

이(爾): 너[汝·you].

실(室): 방.

상(尙): 바라다.

불(不): 않다.

괴(愧): 부끄러워하다.

불괴(不愧): 부끄러워하지 않다.

우(于): ~에서

옥(屋): 방

루(漏): 방의 서북 모퉁이

옥루(屋漏): 직역하면 방의 서북쪽 모퉁이를 말하지만, 나아가 집의 가장 깊숙하고 은밀한 곳을 옥루(屋漏)라 함. 다시 말해 다른 사람의 자취가 이르지 않는 곳이 옥루(屋漏)다

분석

1	2		4	3	5	6	8	7	9	10
故	君	子	不	動	而	敬	不	言	而	信
그러므로 고	어진이 군	사람 자	않을 부	움직일 동	~하면서 이	삼갈 경	않을 불	말할 언	~하면서 이	성실할 신

그러므로 군자는 움직이지 않으면서 삼가고 말하지 않으면서 성실하다.

풀이

고(故): 그러므로
군(君): 어진이[仁者]
자(子): 사람
군자(君子): 중용의 뜻을 알고 이를 실천하는데 노력하는 사람. 다시 말해 성인(聖人)이 되려고 꾸준히 노력하는 사람을 말함. 인격적 개념임.

　　　　　군자(君子)↔소인(小人)

☞ 군자에 대한 자세한 사항을 보고 싶으면 2-1을 참고하라.

부(不): ~않다.
동(動): 움직이다.
부동(不動): 움직이지 않다. 이때 부동(不動)은 옥루(屋漏)에 혼자 거처하고 있어서 이렇게 표현한 것임.
이(而): ~하면서
경(敬): 삼가다[慎也], 조심하다 혹은 신중히 하다.

☞ 이때 경(敬)을 공경하다라고 번역한 시중 유통본은 명백한 오역이다! 왜냐하면 공경이라고 보면 그 공경의 대상이 분명하게 드러나야 하는데, 지금 군자가 옥루에 거처하고 있으니 다른 사람들이 그를 보는 것은 논리상 불가능하다. 그런데도 마치 백성들이 군자를 보고 그런 군자를 공경한다고 번역하는 것은 텍스트의 원래 맥락을 완전 무시한 처사다.

☞ 이런 경(敬)의 맥락을 주자는 〈①경계하다[戒]+②삼가다[謹]+③두려워하다[恐]+④조심하다[懼]〉로 풀고 있다.

불(不): ~않다.
언(言): 말하다.
불언(不言): 말하지 않다. 이때 불언(不言)은 군자가 옥루에서 혼자 거처하고 있으니 말을 하지 않는 것은 당연하다.

☞ 이렇게 옥루(屋漏)는 부동이(不動而)와 불언이(不言而)의 조건이 된다!

이(而): ~하면서
신(信): 성실하다[誠也] 또는 믿음성이 있다. 지성[至誠·지극한 참마음]의 상태에 있다는 뜻임.

　　　　　신(信)≒성(誠)

논평

군자가 지극한 참마음[至誠]으로 존양(存養)하고 있는 공부 자세—경신(敬信)—를 말하고 있다.

원문 전석

33-4

詩曰「奏假無言 時靡有爭」
是故 君子不賞而民勸 不怒而民威於鈇鉞

『시경』은 말한다:「아뢰니 도착하여 말이 없고 그때에 다툼이 없다」
이 때문에 군자는 상을 주지 않아도 백성들이 권면하고 성내지 않아도 백성들이 작은 도끼와 큰 도끼보다도 두려워한다.

분석

1	2	1	2	4	3	5	8	7	6
詩	曰	奏	假	無	言	時	靡	有	爭
시경 시	말할 왈	아뢸 주	도착할 격	없을 무	말 언	그때에 시	않을 미	있을 유	다툼 쟁

『시경』은 말한다:「아뢰니 도착하여 말이 없고 그때에 다툼이 없다」

풀이

시(詩): 『시경(詩經)』. 『시경(詩經)』「상송(商頌)」〈열조편(烈祖篇)〉에 나옴. 원래 거기엔 주(奏)가 종(鬷)으로 되어 있음. 〈「주격무언(奏假無言) 시미유쟁(時靡有爭)」〉 → 〈「종격무언(鬷假無言) 시미유쟁(時靡有爭)」〉

왈(曰): 말하다.

주(奏): 아뢰다 또는 향하여 가다. 이때 주(奏)는 제사 지낼 때 신명[神明·영혼]에게 다가가서 제사를 지낼 준비가 다 되었다고 아뢴다는 뜻임.

격(假): 이르다 또는 도착하다. 신명이 흠족히어 제사지내는 장소에 도착한다는 뜻임.

무(無): 없다.

언(言): 말, 의견 혹은 견해. 이때 언(言)은 제사를 지내는 장소에 모인 사람들이 제사에 대해 다른 견해, 즉 이견이라는 뜻이다.

무언(無言): 완벽한 제사이기 때문에 다른 사람들이 제사에 대해 이견이 없다라는 뜻임.

시(時): 그때에. 부사

미(靡): ~않다.

유(有): 있다.

미유(靡有): 있지 않다.

쟁(爭): 다툼 또는 싸움.

☞ 이 시의 메시지는 모두 흠속하여 그 어떤 부쟁이 일어나지 않는다는 것을 말하고 있다.

분석

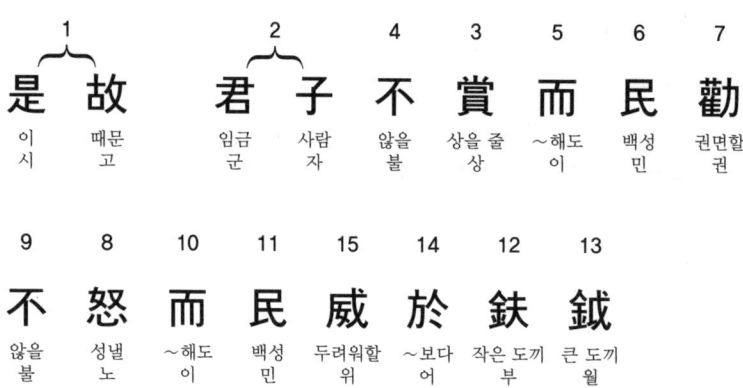

이 때문에 군자는 상을 주지 않아도 백성들이 권면하고 성내지 않아도 백성들이 작은 도끼와 큰 도끼보다도 두려워한다.

풀이

시(是): 이. 인용시의 전체 맥락을 가리킴.

고(故): 때문

시고(是故): 이 때문에

군(君): 임금

자(子): 사람

군자(君子): 임금[王·king]. 신분적 개념임.

불(不): ~않다.

상(賞): 상을 주다, 찬양하다 혹은 기리다.

이(而): ~해도

민(民): 백성. 백성들이라는 복수로 쓰임.

권(勸): 권면하다.

불(不): ~않다.

노(怒): 성내다 또는 화내다.

이(而): ~해도

민(民): 백성. 백성들이라는 복수로 쓰임.

위(威): 두려워하다.

어(於): ~보다

부(鈇): 작은 도끼, 즉 작도(斫刀)를 말함. 이 작도를 오늘날 작두라고 한다. 이때 작두는 약초나 여물을 자르는데 쓴다.

월(鉞): 큰 도끼

논평

한 국가의 최고 통치자인 군자[임금·king]는 백성들이 다투지 않게 해야 하고, 백성들이 그를 존경하고 따르는 자가 되어야 한다.

원문 전석

詩曰 不顯惟德 百辟其刑之
是故 君子篤恭而天下平

33-5

『시경』은 말한다:「비록 덕이 드러나지 않아도 여러 제후들이 대개 그것을 본받는다」
이 때문에 군자는 성실하고 직분을 다하니 온 세상이 편안하다.

분석

1	2	4	3	1	2	5	6	7	9	8
詩	曰	不	顯	惟	德	百	辟	其	刑	之
시경	말할	않을	드러낼	비록	작용	여러	제후	대개	본받을	그것
시	왈	불	현	유	덕	백	벽	기	형	지

『시경』은 말한다:「비록 덕이 드러나지 않아도 여러 제후들이 대개 그것을 본받는다」

풀이

시(詩): 『시경(詩經)』. 『시경(市警)』 「주송(周頌)」 〈열문편(烈文篇)〉에 나옴.

왈(曰): 말하다.

불(不): ~않다.

현(顯): 드러나다 또는 나타나다.

유(惟): 비록. 부사. 유(惟)≒유(維)≒유(唯).

덕(德): 작용 또는 기능. 군자(君子), 즉 왕의 도(道)가 작용[德]하는 세계를 말함.

백(百): 여러[many], 모든 혹은 다수

벽(辟): 제후. 왕이 하사한 땅을 다스리는 왕 아래 소국(小國)의 통치자를 말함.

기(其): 대개 또는 아마. 부사

형(刑): 본받다.

지(之): 그것[it]. 덕(德)을 가리킴.

☞ 이 시의 메시지는 비록 통치자인 군자의 덕이 구체물로 드러나지는 않지만 여러 제후들이 그 덕을 보고 따른다는 뜻이다.

분석

이 때문에 군자는 성실하고 직분을 다하니 온 세상이 편안하다.

풀이

시(是): 이. 인용한 시의 맥락을 가리킴.

고(故): 때문

시고(是故): 이 때문에

군(君): 임금

자(子): 사람

군자(君子): 한 나라의 최고 통치자인 임금[王·king]. 신분적 개념임.

독(篤): 성실하다, 충실하다 혹은 진실하다.

공(恭): 직분을 다하다.

독공(篤恭): 독공의 원래 사전적 의미는 인정이 두텁고 공순하다는 뜻임. 그러나 원문에서 독공(篤恭)은 이런 뜻으로 쓰이지 않았다. 이때 독공(篤恭)은 성실하고 직분을 다한다는 뜻이다.

이(而): ~하니

천(天): 하늘

하(下): 아래

천하(天下): 하늘 아래, 즉 온 세상

평(平): 편안하다.

논평

통치자의 덕은 고스란히 제후들이 본받는 덕이 된다. 통치자의 중용의 덕[德·작용 또는 기능]을 말하고 있다.

원문 전석

33-6

詩云 「予懷明德 不大聲以色」
子曰 聲色之於以化民 末也
詩云 「德輶如毛」
毛猶有倫 「上天之載 無聲無臭」 至矣

『시경』은 말한다: 「나는 밝은 본성을 생각한다 음성과 얼굴빛을 중요시하지 않는다」
공자가 말했다. 음성과 얼굴빛은 백성들을 가르치는데 있어서 지엽이다.
『시경』은 말한다: 「본성은 가벼움이 털과 같다」 털은 또한 비교할만한 점이 있다. 「하늘의 일은 소리도 없고 냄새도 없다」 지극하다.

분석

1	2	1	4	2	3	9	8	5	6	7
詩	云	予	懷	明	德	不	大	聲	以	色
시경 시	말할 운	나 여	생각할 회	밝을 명	본성 덕	않을 부	중요시할 대	음성 성	~과 이	얼굴빛 색

『시경』은 말한다: 「나는 밝은 본성을 생각한다 음성과 얼굴빛을 중요시하지 않는다」

풀이

시(詩): 『시경(詩經)』. 『시경(詩經)』「대아(大雅)」〈황의편(皇矣篇)〉에 나옴.

운(云): 말하다. 〈운(云)=왈(曰)〉

여(予): 나. 상제(上帝)를 말함. 즉 상제가 자신을 나[予]라고 말하는 자칭(自稱)이다. 상제가 문왕에게 말하는 구조를 가지고 온 것이다.

회(懷): 생각하다.

명(明): 밝다.

덕(德): 본성

명덕(明德): 밝은 본성. 문왕의 명덕을 말함.

부(不): ~않다.

대(大): 중요시하다.

부대(不大): 중요시하지 않다.

성(聲): 음성

이(以): ~과[and]. 이(以)≒여(與)≒이(而)

색(色): 얼굴빛, 안색 혹은 낯빛

제33장

분석

1	2	3	4	5	9	8	7	6	10	11
子	曰	聲	色	之	於	以	化	民	末	也
공자	말할	음성	얼굴빛	~은	~에 있어서	할	가르칠	백성	지엽	~이다
자	왈	성	색	지	어	이	화	민	말	야

공자가 말했다. 음성과 얼굴빛은 백성들을 가르치는데 있어서 지엽이다.

풀이

자(子): 공자. 유학의 창시자이며 그의 철학에서 핵심 키워드는 인(仁)임.

왈(曰): 말하다.

성(聲): 음성

색(色): 얼굴빛, 안색 혹은 낯빛

지(之): ~은. 주격 조사

어(於): ~에 있어서

이(以): 하다 또는 되다. 뒤에 나오는 본동사의 보조동사로 쓰임. 이(以)≒위(爲)

화(化): 가르치다 또는 교화하다.

민(民): 백성. 백성들이라는 복수형으로 쓰임.

말(末): 지엽

야(也): ~이다. 종결형 어조사

분석

1	2		1	2	4	3		1	2	4	3
詩	云		德	輶	如	毛		毛	猶	有	倫
시경	말할		본성	가벼울	~와 같다	털		털	또한	있을	비교할만할
시	운		덕	유	여	모		모	유	유	륜

1		2	3	5	4	7	6	1	2
上	天	之	載	無	聲	無	臭	至	矣
하늘	하늘	~의	일	없을	소리	없을	냄새	지극할	~이다
상	천	지	재	무	성	무	취	지	야

『시경』은 말한다: 「본성은 가벼움이 털과 같다」 털은 또한 비교할만한 점이 있다. 「하늘의 일은 소리도 없고 냄새도 없다」 지극하다.

풀이

시(詩): 『시경(詩經)』 처음 시―덕유여모(德輶如毛)―는 『시경(詩經)』 「대아(大雅)」 〈증민편(烝民篇)〉에 나옴. 다음 시―상천지재(上天之載) 무성무취(無聲無臭)―는 『시경(詩經)』 「대아(大雅)」 〈문왕편(文王篇)〉에 나온다.

운(云): 말하다. 〈운(云)=왈(曰)〉

덕(德): 본성

유(輶): 가볍다. 가벼움이라는 명사형으로 쓰임.
　　　유(輶)≒경(輕)

여(如): ~와 같다.

모(毛): 털 또는 머리털

모(毛): 털 또는 머리털

유(猶): 또한 또는 역시. 부사

유(有): 있다.

륜(倫): 비교할만하다, 견줄만하다 혹은 필적할만하다. 비교할만한 점이라는 명사형으로 쓰임. 륜(倫)≒비(比)
　☞ 본성의 가벼움은 털과 같이 가벼워야 하는데 본성이 오염되면 무거워진다. 이런 점을 비교할 수 있다는 뜻이다.

상(上): 하늘

천(天): 하늘

상천(上天): 하늘

지(之): ~의

재(載): 일[work] 또는 임무[task]

무(無): 없다.

성(聲): 소리

무(無): 없다.

취(臭): 냄새

지(至): 지극하다. 천도의 작용이 지극하다는 뜻임. 이는 자사(子思)의 말이다.

의(矣): ~이다. 강조와 단정을 나타내는 종결형 어조사

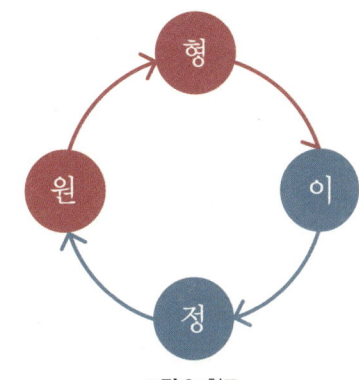

그림 8 천도

　☞ 그림 8을 다시 보자. 천도는 원→형→이→정으로 운동한다. 지극한 참마음[至誠]으로 말이다. 그러니 이러한 운동이 참으로 지극할 뿐이다! 운동을 하는데 소리도 없으며 냄새도 없다. 이것은 오로지 하늘의 일[載]인 것이다.

논평

인간의 본성은 명덕(明德)이고 하늘의 본성은 지성(至誠)이다.

맺음말

세간에 동양고전을 두고 이런 우스갯소리가 있다고 들었다. 그 일례를 보자.『중용』을 예로 들겠다.

질문: 『중용』에 대해 알고 있습니까?
대답: 책의 이름은 들어본 적이 있지만 그 내용은 잘 모르겠습니다.

우리에게 동양고전이란 무엇인가? 책이름은 들어본 적이 있지만 그 내용은 자세히 모르는 것, 이것이 바로 동양고전인 것이다. 지금 우리에게 동양고전은 외계어가 된 지 오래다. 왜냐하면 한문은 이제 현대인에게 더 이상 유통되지 않는 사어의 세계이기 때문이다. 이를 더욱 부채질하는 것은 시중에 범람하고 있는 기존 번역물에 있다. 이것들은 한문의 문법구조를 완전 무시하고 자기 멋대로 오역하여 대중과 만나고 있다. 이러하다 보니 이것들은 한문을 더욱 신비화시켜 대중에게 한문을 일반인이 범접하기 어려운 신비어로 각인시키고 있다. 그 전형적인 예를 하나 들어보겠다.

1-3 莫見乎隱 莫顯乎微 故 君子愼其獨也

隱(숨겨진 곳)보다 드러남이 없으며 微(드러나지 않는 작은 일)보다 나타남이 없으니, 그러므로 君子는 그 홀로를 삼가는 것이다(한국인문고전연구소,『현토신역부안설중용집주』, 2016, 48쪽).
☞ 바른 번역과 문법구조를 알고 싶은 독자는 1-3을 찾아가서 대조하여 읽으면 된다.

동양고전은 한문 뒤에 숨은 신비 세계도 아니고 동시대에 뒤떨어진 반시대적 폐기물도 절대 아니다! 동양고전은 우리가 반드시 읽고 그 속의 진의를 파악하여 전통의 사북을 섭취해야만 하는 고갱이가 되어야 하리라. 이런 작업을 이 책이 수행했다. 부디 독자 여러분은 이 책을 통하여『중용』의 참맛을 슬ㅋ장 즐기시길 부탁드린다.

부록
원문집성

1-1
天命之謂性率性之謂道修道之謂教

1-2
道也者不可須臾離也可離非道也是故君子戒愼乎其所不睹恐懼乎其所不聞

1-3
莫見乎隱莫顯乎微故君子愼其獨也

1-4
喜怒哀樂之未發謂之中發而皆中節謂之和中也者天下之大本也和也者天下之達道也

1-5
致中和天地位焉萬物育焉

2-1
仲尼曰君子中庸小人反中庸

2-2
君子之中庸也君子而時中小人之反中庸也小人而無忌憚也

3-1
子曰中庸其至矣乎民鮮能久矣

4-1

子曰道之不行也我知之矣知者過之愚者不及也道之不明也我知之矣賢者過之不肖者不及也

4-2

人莫不飲食也鮮能知味也

5-1

子曰道其不行矣夫

6-1

子曰舜其大知也與舜好問而好察邇言隱惡而揚善執其兩端用其中於民其斯以爲舜乎

7-1

子曰人皆曰予知驅而納諸罟擭陷阱之中而莫之知辟也人皆曰予知擇乎中庸而不能期月守也

8-1

子曰回之爲人也擇乎中庸得一善則拳拳服膺而弗失之矣

9-1

子曰天下國家可均也爵祿可辭也白刃可蹈也中庸不可能也

10-1

子路問强

10-2

子曰南方之强與北方之强與抑而强與

10-3
寬柔以教不報無道南方之强也君子居之

10-4
衽金革死而不厭北方之强也而强者居之

10-5
故君子和而不流强哉矯中立而不倚强哉矯國有道不變塞焉强哉矯國無道至死不變强哉矯

11-1
子曰素隱行怪後世有述焉吾弗爲之矣

11-2
君子遵道而行半途而廢吾弗能已矣

11-3
君子依乎中庸遯世不見知而不悔唯聖者能之

12-1
君子之道費而隱

12-2
夫婦之愚可以與知焉及其至也雖聖人亦有所不知焉夫婦之不肖可以能行焉及其至也雖聖人亦有所不能焉天地之大也人猶有所憾故君子語大天下莫能載焉語小天下莫能破焉

12-3
詩云鳶飛戾天魚躍于淵言其上下察也

12-4
君子之道造端乎夫婦及其至也察乎天地

13-1
子曰道不遠人人之爲道而遠人不可以爲道

13-2
詩云伐柯伐柯其則不遠執柯以伐柯睨而視之猶以爲遠故君子以人治人改而止

13-3
忠恕違道不遠施諸己而不願亦勿施於人

13-4
君子之道四丘未能一焉所求乎子以事父未能也所求乎臣以事君未能也所求乎弟以事兄未能也所求乎朋友先施之未能也庸德之行庸言之謹有所不足不敢不勉有餘不敢盡言顧行行顧言君子胡不慥慥爾

14-1
君子素其位而行不願乎其外

14-2
素富貴行乎富貴素貧賤行乎貧賤素夷狄行乎夷狄素患難行乎患難君子無入而不自得焉

14-3
在上位不陵下在下位不援上正己而不求於人則無怨上不怨天下不尤人

14-4
故君子居易以俟命小人行險以徼幸

14-5
子曰射有似乎君子失諸正鵠反求諸其身

15-1
君子之道辟如行遠必自邇辟如登高必自卑

15-2

詩曰妻子好合如鼓瑟琴兄弟旣翕和樂且耽宜爾室家樂爾妻帑

15-3

子曰父母其順矣乎

16-1

子曰鬼神之爲德其盛矣乎

16-2

視之而弗見聽之而弗聞體物而不可遺

16-3

使天下之人齊明盛服以承祭祀洋洋乎如在其上如在其左右

16-4

詩曰神之格思不可度思矧可射思

16-5

夫微之顯誠之不可揜如此夫

17-1

子曰舜其大孝也與德爲聖人尊爲天子富有四海之內宗廟饗之子孫保之

17-2

故大德必得其位必得其祿必得其名必得其壽

17-3

故天之生物必因其材而篤焉故栽者培之傾者覆之

17-4

詩曰嘉樂君子憲憲令德宜民宜人受祿于天保佑命之自天申之

17-5

故大德者必受命

18-1
子曰無憂者其惟文王乎以王季爲父以武王爲子父作之子述之

18-2
武王纘大王王季文王之緒壹戎衣而有天下身不失天下之顯名尊爲天子富有四海之內宗廟饗之子孫保之

18-3
武王末受命周公成文武之德追王大王王季上祀先公以天子之禮斯禮也達乎諸候大夫及士庶人父爲大夫子爲士葬以大夫祭以士父爲士子爲大夫葬以士祭以大夫期之喪達乎大夫三年之喪達乎天子父母之喪無貴賤一也

19-1
子曰武王周公其達孝矣乎

19-2
夫孝者善繼人之志善述人之事者也

19-3
春秋脩其祖廟陳其宗器設其裳衣薦其時食

19-4
宗廟之禮所以序昭穆也序爵所以辨貴賤也序事所以辨賢也旅酬下爲上所以逮賤也燕毛所以序齒也

19-5
踐其位行其禮奏其樂敬其所尊愛其所親事死如事生事亡如事存孝之至也

19-6
郊社之禮所以事上帝也宗廟之禮所以祀乎其先也明乎郊社之禮禘嘗之義治國其如示諸掌乎

20-1
哀公問政

20-2

子曰文武之政布在方策其人存則其政擧其人亡則其政息

20-3

人道敏政地道敏樹夫政也者蒲盧也

20-4

故爲政在人取人以身修身以道修道以仁

20-5

仁者人也親親爲大義者宜也尊賢爲大親親之殺尊賢之等禮所生也

20-6

在下位不獲乎上民不可得而治矣

20-7

故君子不可以不修身思修身不可以不事親思事親不可以不知人思知人不可以不知天

20-8

天下之達道五所以行之者三曰君臣也父子也夫婦也昆弟也朋友之交也五者天下之達道也知仁勇三者天下之達德也所以行之者一也

20-9

或生而知之或學而知之或困而知之及其知之一也或安而行之或利而行之或勉强而行之及其成功一也

20-10

子曰好學近乎知力行近乎仁知恥近乎勇

20-11

知斯三者則知所以修身知所以修身則知所以治人知所以治人則知所以治天下國家矣

20-12

凡爲天下國家有九經曰修身也尊賢也親親也敬大臣也體群臣也子庶民也來百工也柔遠人也懷諸候也

20-13

修身則道立尊賢則不惑親親則諸父昆弟不怨敬大臣則不眩體群臣則士之報禮重子庶民則百姓勸來百工則財用足柔遠人則四方歸之懷諸侯則天下畏之

20-14

齊明盛服非禮不動所以修身也去讒遠色賤貨而貴德所以勸賢也尊其位重其祿同其好惡所以勸親親也官盛任使所以勸大臣也忠信重祿所以勸士也時使薄斂所以勸百姓也日省月試既禀稱事所以勸百工也送往迎來嘉善而矜不能所以柔遠人也繼絕世擧廢國治亂持危朝聘以時厚往而薄來所以懷諸侯也

20-15

凡爲天下國家有九經所以行之者一也

20-16

凡事豫則立不豫則廢言前定則不跲事前定則不困行前定則不疚道前定則不窮

20-17

在下位不獲乎上民不可得而治矣獲乎上有道不信乎朋友不獲乎上矣信乎朋友有道不順乎親不信乎朋友矣順乎親有道反諸身不誠不順乎親矣誠身有道不明乎善不誠乎身矣

20-18

誠者天之道也誠之者人之道也誠者不勉而中不思而得從容中道聖人也誠之者擇善而固執之者也

20-19

博學之審問之愼思之明辨之篤行之

20-20

有弗學學之弗能弗措也有弗問問之弗知弗措也有弗思思之弗得弗措也有弗辨辨之弗明弗措也有弗行行之弗篤弗措也人一能之己百之人十能之己千之

20-21

果能此道矣雖愚必明雖柔必强

21-1
自誠明謂之性自明誠謂之敎誠則明矣明則誠矣

22-1
惟天下至誠爲能盡其性能盡其性則能盡人之性能盡人之性則能盡物之性能盡物之性則可以贊天地之化育可以贊天地之化育則可以與天地參矣

23-1
其次致曲曲能有誠誠則形形則著著則明明則動動則變變則化唯天下至誠爲能化

24-1
至誠之道可以前知國家將興必有禎祥國家將亡必有妖孼見乎蓍龜動乎四體禍福將至善必先知之不善必先知之故至誠如神

25-1
誠者自成也而道自道也

25-2
誠者物之終始不誠無物是故君子誠之爲貴

25-3
誠者非自成己而已也所以成物也成己仁也成物知也性之德也合內外之道也故時措之宜也

26-1
故至誠無息

26-2
不息則久久則徵

26-3
徵則悠遠悠遠則博厚博厚則高明

26-4
博厚所以載物也高明所以覆物也悠久所以成物也

26-5
博厚配地高明配天悠久無疆

26-6
如此者不見而章不動而變無爲而成

26-7
天地之道可一言而盡也其爲物不貳則其生物不測

26-8
天地之道博也厚也高也明也悠也久也

26-9
今夫天斯昭昭之多及其無窮也日月星辰繫焉萬物覆焉今夫地一撮土之多及其廣厚載華嶽而不重振河海而不洩萬物載焉今夫山一卷石之多及其廣大草木生之禽獸居之寶藏興焉今夫水一勺之多及其不測黿鼉蛟龍魚鼈生焉貨財殖焉

26-10
詩云維天之命於穆不已蓋曰天之所以爲天也於乎不顯文王之德之純蓋曰文王之所以爲文也純亦不已

27-1
大哉聖人之道

27-2
洋洋乎發育萬物峻極于天

27-3
優優大哉禮儀三百威儀三千

27-4

待其人而後行

27-5

故曰苟不至德至道不凝焉

27-6

故君子尊德性而道問學致廣大而盡精微極高明而道中庸溫故而知新敦厚以崇禮

27-7

是故居上不驕爲下不倍國有道其言足以興國無道其默足以容詩曰旣明且哲以保其身其此之謂與

28-1

子曰愚而好自用賤而好自專生乎今之世反古之道如此者災及其身者也

28-2

非天子不議禮不制度不考文

28-3

今天下車同軌書同文行同倫

28-4

雖有其位苟無其德不敢作禮樂焉雖有其德苟無其位亦不敢作禮樂焉

28-5

子曰吾說夏禮杞不足徵也吾學殷禮有宋存焉吾學周禮今用之吾從周

29-1

王天下有三重焉其寡過矣乎

29-2

上焉者雖善無徵無徵不信不信民弗從下焉者雖善不尊不尊不信不信民弗從

29-3

故君子之道本諸身徵諸庶民考諸三王而不謬建諸天地而不悖質諸鬼神而無疑百世以俟聖人而不惑

29-4

質諸鬼神而無疑知天也百世以俟聖人而不惑知人也

29-5

是故君子動而世爲天下道行而世爲天下法言而世爲天下則遠之則有望近之則不厭

29-6

詩曰在彼無惡在此無射庶幾夙夜以永終譽君子未有不如此而蚤有譽於天下者也

30-1

仲尼祖述堯舜憲章文武上律天時下襲水土

30-2

辟如天地之無不持載無不覆幬辟如四時之錯行如日月之代明

30-3

萬物並育而不相害道並行而不相悖小德川流大德敦化此天地之所以爲大也

31-1

唯天下至聖爲能聰明睿知足以有臨也寬裕溫柔足以有容也發強剛毅足以有執也齊莊中正足以有敬也文理密察足以有別也

31-2

溥博淵泉而時出之

31-3

溥博如天淵泉如淵見而民莫不敬言而民莫不信行而民莫不說

31-4

是以聲名洋溢乎中國施及蠻貊舟車所至人力所通天之所覆地之所載日月所照霜露所隊凡有血氣者莫不尊親故曰配天

32-1

唯天下至誠爲能經綸天下之大經立天下之大本知天地之化育夫焉有所倚

32-2

肫肫其仁淵淵其淵浩浩其天

32-3

苟不固聰明聖知達天德者其孰能知之

33-1

詩曰衣錦尙絅惡其文之著也故君子之道闇然而日章小人之道的然而日亡君子之道淡而不厭簡而文溫而理知遠之近知風之自知微之顯可與入德矣

33-2

詩云潛雖伏矣亦孔之昭故君子內省不疚無惡於志君子之所不可及者其唯人之所不見乎

33-3

詩云相在爾室尙不愧于屋漏故君子不動而敬不言而信

33-4

詩曰奏假無言時靡有爭是故君子不賞而民勸不怒而民威於鈇鉞

33-5

詩曰不顯惟德百辟其刑之是故君子篤恭而天下平

33-6

詩云予懷明德不大聲以色子曰聲色之於以化民末也詩云德輶如毛毛猶有倫上天之載無聲無臭至矣

원문 글자 수 집계표(총 3569자)

장	절	글자수	장	절	글자수	장	절	글자수	장	절	글자수	장	절	글자수
1	1-1	15	13	12-4	17	19	19-1	11		20-21	13		28-2	12
	1-2	32		13-1	18		19-2	15	21	21-1	20		28-3	12
	1-3	15		13-2	33		19-3	18	22	22-1	61		28-4	29
	1-4	36		13-3	17		19-4	42	23	23-1	34		28-5	29
	1-5	11		13-4	85		19-5	31	24	24-1	52		29-1	12
2	2-1	12		14-1	12		19-6	39		25-1	10		29-2	32
	2-2	25		14-2	37	20	20-1	4	25	25-2	18	29	29-3	42
3	3-1	13	14	14-3	30		20-2	24		25-3	38		29-4	22
4	4-1	39		14-4	15		20-3	15		26-1	5		29-5	35
	4-2	11		14-5	17		20-4	17		26-2	7		29-6	34
5	5-1	8		15-1	18		20-5	28		26-3	14		30-1	18
6	6-1	36	15	15-2	26		20-6	14		26-4	21	30	30-2	26
7	7-1	39		15-3	8		20-7	36		26-5	12		30-3	32
8	8-1	24		16-1	11		20-8	56	26	26-6	15		31-1	52
9	9-1	25		16-2	16		20-9	43		26-7	21	31	31-2	8
	10-1	4		16-3	25		20-10	17		26-8	16		31-3	26
	10-2	16	16	16-4	14		20-11	36		26-9	98		31-4	50
10	10-3	17		16-5	12		20-12	43		26-10	43		32-1	31
	10-4	17		17-1	30		20-13	64		27-1	6	32	32-2	12
	10-5	38		17-2	19		20-14	127		27-2	11		32-3	16
	11-1	16	17	17-3	21		20-15	16		27-3	12		33-1	62
11	11-2	15		17-4	26		20-16	33	27	27-4	6		33-2	37
	11-3	19		17-5	7		20-17	73		27-5	11	33	33-3	23
	12-1	7		18-1	26		20-18	41		27-6	34		33-4	27
12	12-2	74	18	18-2	44		20-19	15		27-7	41		33-5	21
	12-3	16		18-3	92		20-20	64	28	28-1	30		33-6	42

부록

용어풀이

계신(戒愼)
〈경계하다+삼가다〉의 결합임. 볼 수 없는 도를 파지하기 위한 전략을 말함. 도에서 멀어질까 경계하고, 도에서 벗어날까 삼가는 마음의 태세를 말함.

공구(恐懼)
〈무서워하다+두려워하다〉의 결합임. 들을 수 없는 도를 파지하기 위한 전략임. 도 자체에 대하여 무서워하고 두려워하는 것을 말함.

교(敎)
솔성으로 나아가도록 하는 가르침을 말함. 예악형정의 프로그램을 뜻함.

군자(君子)
〈어진이+사람〉의 합성어로 어진 사람[仁者]을 말함. 이러한 의미를 넘어 중요한 두 가지 의미 층위가 있음. ① 신분적 개념: 지배자 계층을 말함. 그 중에서 국가의 최고 통치자가 대표적 예임. 이때 군자는 왕을 뜻함. ② 인격적 개념: 중용을 알고 중용을 실천하려고 노력하며 사는 사람을 말함.

귀신(鬼神)
귀는 음을 말하고 신은 양을 말함. 이때 귀신은 음양의 다른 이름임.

덕(德)
인품 또는 품격을 말함. 어진 이를 말함. 본성을 뜻함. 행위를 말함. 능력 또는 작용을 뜻함. 덕행을 뜻함. 은혜를 말함. 어진 정치[仁政]를 말함. 이와 같이 덕은 원전의 맥락에 따라 그 의미가 다양함.

도(道)
인간이 살아가면서 마땅히 가야하는 길. 이런 도는 인도라는 뜻임. 하늘이 원·형·이·정으로 돌아가는 길. 이런 도는 천도를 말함. 도리 또는 원칙이라는 뜻임. 이런 뜻은 길이라는 뜻으로 수렴됨. 기타 근원, 바탕, 기능, 작용, 방법, 인의, 덕행, 법도, 중도, 솔성 등의 뜻이 있음.

물(物)
만물이라는 뜻임. 만물: 생명을 가지고 있는 동식물+형체를 가지고 있는 물체. 사태라는 뜻도 있음. 그 밖에 환경이라는 뜻도 있음.

성(性)
본성 또는 성품.

성(誠)
원·형·이·정으로 천도가 운동하는 것임.

성기(成己)
자신의 완성을 말함.

성물(成物)
사회의 완성을 말함.

성인(聖人)
천도대로 사는 사람 또는 중용을 완벽하게 구현하며 사는 사람을 말함.

성지(誠之)
천도의 원·형·이·정처럼 인·예·의·지라는 인도를 구현해 내는 것을 말함.

소인(小人)
① 인격적 개념: 중용과 반대로 사는 사람을 말함.
② 신분적 개념: 피지배 계층을 말함.

솔성(率性)
본성을 따르는 것을 말함.

수도(修道)
천명을 밝히도록 하고 본성을 따르도록 하는 모든 프로그램의 총화를 말함.

수신(修身)
자신의 본성을 찾아 지키려고 몸과 마음을 다스리고 통제하는 행위를 말함.

시중(時中)
변하는 시간과 공간에서 최적의 알맞음을 찾아 유지하는 것을 말함.

용(庸)
① 동사: 쓰다[用也]. ② 부사: 늘 또는 항상 ③ 동사: 일정하여 변하지 아니하다[常也]. ④ 명사: 법 또는 법칙[法也]

인(仁)
사람다움 혹은 어짊을 말함. 공자철학의 핵심임.

종시(終始)
끝나면 다시 시작한다는 뜻임. 순환적 시간관을 말함.

중(中)
① 일반적 의미: 알맞음. ② 철학적 의미: 과불급이 없는 상태를 말함.

중용(中庸)
중도의 법을 말함.

중정(中正)
〈알맞음+바름〉의 결합어임.

중화(中和)
마음의 중용을 말함.

지성(至誠)
지극한 참마음으로 천도를 말함.

천명(天命)
① 일반적 의미: 하늘의 뜻 ② 철학적 의미: 하늘이 인간에게 내려준 선한 본성을 말함.

충서(忠恕)
〈참마음+그러한 마음[仁·어짊]〉을 펼쳐 보이는 것을 말함.

화(和)
공간과 시간에 따라 본성을 알맞게 조절하는 것을 말함.

부록

인명정리

구(丘)
공자의 이름을 말함.

무왕(武王)
주나라를 창건한 왕임.

문무(文武)
주나라의 문왕과 무왕을 말함.

문왕(文王)
주나라 무왕의 아버지임.

순(舜)
중국 상고시대 순임금을 말함.

애공(哀公)
노나라의 군주를 말함.

왕계(王季)
주나라 문왕의 아버지이자 무왕의 할아버지를 말함.

요순(堯舜)
중국 상고시대 〈요임금+순임금〉을 말함.

자(子)
공자의 약칭임.

자로(子路)
공자의 여러 제자 중의 한 사람으로 중유를 말함.

주공(周公)
주나라의 제도와 문물을 정비한 인물로 무왕의 숙부임.

중니(仲尼)
공자의 자(字)를 말함.

태왕(大王)
주나라 문왕의 할아버지를 말함.

회(回)
공자의 여러 제자 중에서 안회를 말함.

부록

참고한 도서

〈공구서〉

강식진(편), 『진명 중한대사전』, 서울: 진명출판사, 1993.

김원중, 『한문해석사전』, 파주: 글항아리, 2013.

단국대학교 부설 동양학연구소, 『한한대사전』 1~15, 용인: 단국대학교출판부.

대한한사전편찬실, 『교학 대한한사전』, 서울: 2000.

동아출판사 편집국, 『동아 한한대사전』, 서울: 동아출판사, 1987.

중중한사전편찬위원회, 『연세 중중한사전』 상·하, 서울: 연세대학교 대학출판문화원, 2015.

〈주요 텍스트〉

김수길, 『집주완역 중용』 상·하, 서울: 대유학당, 2019.

장기근, 『중용장구신강』, 서울: 명문당, 2005.

Confucius, *The Doctrine of the Mean*, London: The Big Nest, 2018.

Legge, J. (trans.), *Doctrine of the Mean*, USA: Dragon Reader, 2016.